东京游学丛录

严加红 著

学苑出版社

图书在版编目（CIP）数据

东京游学丛录 / 严加红著．
—北京：学苑出版社，2016.4

ISBN 978-7-5077-4996-0

Ⅰ.①东… Ⅱ.①严… Ⅲ.①日本—概况
Ⅳ.①K931.3

中国版本图书馆 CIP 数据核字（2016）第 079088 号

责任编辑：任彦霞
封面设计：陈四雄
出版发行：学苑出版社
社　　址：北京市丰台区南方庄 2 号院 1 号楼
邮政编码：100079
网　　址：www.book001.com
电子邮箱：xueyuanpress@163.com
销售电话：010-67601101（销售部）、67603091（总编室）
经　　销：全国新华书店
印　刷　厂：保定市彩虹艺雅印刷有限公司
开本尺寸：710×1000　1/16
印　　张：15
字　　数：230 千字
版　　次：2016 年 4 月北京第 1 版
印　　次：2016 年 4 月北京第 1 次印刷
定　　价：60.00 元

序言 Preface

无论是韩国还是日本，传统上都属于"大中华文化圈"的范畴，而中国大陆正是"大中华文化圈"的核心地域。但中国却与韩国、日本在文化性向和价值取向上存在明显的差异：中国选择儒家体系作为"正统"思想，倾向于选取社会伦理的视角；韩国和日本则选择中国传统经典《易经》作为文化范本，注重其中的"变易"思想，将自然物质世界的变幻作为视角，更加关注物质世界方面，而精神和伦理层面上则坚持"主体意识"，强调"本土化"特色。这样，在"大中华文化圈"中就出现悖逆传统中华文化的诸多现象，并形成"去中国化"特征。现实日本社会存在浓烈反华制华的思想、意识、观点与行为，实为近现代以来日本文化所决定的结果，这是需要认识与理解的重大问题，并需要寻到应对性的战略与策略。显然，这对中国乃至中华文化的持续发展而言至关重要。

日本并非魔幻的国度，而是现实的存在。日本自有其社会运行的系统状态与基本规律。从系统角度来讲，日本文化和社会的特性决定其教育存在诸多特征。现代日本文化的延续也是其社会发展的内在需求，毕竟日本社会存在特殊的环境与氛围，而破解日本文化和社会的双重困境，则是近邻中国所需要亟待解决的战略问题。日本文化和社会存在浓烈的"反华邪性"和侵华本质，现实社会存在诸多反华制华的思想、意识、观点与行为，但也不能抹杀其教育上的光辉，虽然同样存在反华制华的成分。对待日本，适用鲁迅先生提出的"拿来主义"策略，要有鉴别地取其精华、去其糟粕，去伪存真、取长补短，关键要看中国如何进行战略性和策略性的应对。认识与理解日本文化、社会和教育，需要采取战略与客观的态度：战略上要认清日本文化和社会的本质规律；客观上要理解日本教育的优势经验。在本质和现象层面上，需要有差别地认识与理解日本文化、社会和教育中的诸多事情，更为深刻地辨析中日之间所存在既关联又特殊的关系，并在历史与现实之间找寻处理中日关系的新路径与新方式，从而开创东亚社会稳定和中日关系发展的新局面。观察和认识日本社会中的诸种思想、行为与现象，需要进行伦理换位的过程，绝不可以凭借中国的社会伦理来看待。在中国社会被视为大逆不道和有悖常理的事情，在日本社会则完全顺乎其文化的逻辑，这样的事情经常会发生。日本"右翼"思想和行为适应日本文化的基本逻辑、本质规律和思维过程，但毕竟与人间正道、正义以及中国的社会伦理相违，并成为悖逆传统中华文化的存在。由上可见，中日冲突属于文化冲突范畴，只是处于东亚文化冲突范畴，甚至可以在"大中华文化圈"内部来加以认识与理解，即明治维新以来的中日文化冲突，而并非美国在世界范围内推行文明冲突的行为逻辑。但中国需要在战略和策略层面上对日本文化和社会的诸种现象给予谨慎对待，并提出应对性的有效构想。

从现实社会和政治角度来讲，虽然文化并非是最为重要的事情，但对民族和国家的存在而言，文化却是最为重要的标志物。当然，文化也是民族和国家对外部施加影响与作用最为持久而有效的工具。其实，日本文化就是这样的鲜明实例。日本文化强调"主体意识"和"本土化"特色，这对保持其民族和国家的独立性存在文化上的价值与意义。但这样的特色发展到明治维新之后的阶段，却踏上另外的发展方向，即呈现出"膨大化"和"极端化"的倾向，并与近代西方法西斯主义合流，从而产生军国主义思潮，并在近代东亚侵略和殖民战争中体现出反人类性特征，其实这是过度强化日本民族和国家的"主体意识"与"本土化"特色所导致的社会后果。在日本教育系统的建构及其职能配置中，社会教育系统的确立、发展与完善具有比较上的优势，毕竟由此确立大教育系统模式。其实这也就是在社会大系统中构建学校与社会"两大"教育系统并行的发展模式，并在两者之间建立相互联系和交互作用的运行机制，由此摒弃传统教育模式，形成大教育系统模式，即实现由"学历教育"到"学力社会"的理念转变过程，从而超越传统教育中的诸多樊篱与障碍。同时，日本还通过系列法律、法规、规章、政策和制度等规制措施，确保其大教育系统实现有序、顺畅和高效的运行。善于学习是日本人的鲜明特质，这与日本国民的岛国根性存在显著的差异。这样特质的主要性向在于注重学习外部的物质世界，并且在现实社会中表现为注重学习某种自然观和"化物"的成分。借重西方科学技术是日本注重"化物"的突出表现，这也是日本善于学习特质的显著呈现。善于学习的特质也正是日本在教育上的比较优势，中国应加以吸收与借鉴。但在文化和社会伦理中，日本坚守"主体意识"，强化"本土化"特色。其实从客观角度来讲，这也是日本人善于学习的重要表现。但明治维新以来，日本文化存在显著的侵华本质，日本社会充溢浓烈反华制华的思想、意识、观点和行为，这对中国乃至中华文化长远发展而言，存在潜在性和现实性的冲击与威胁，因此中国应在战略和策略层面上给予现实性的必要应对。

著述以书面、观感和理性为基石，坚持以日本文化、社会和教育为主体内容，但始终贯彻以中国为基本视角，划分为"观学博识录"、"访见广闻录"、"感议著思录"和"品察论说录"四大部分，并附录归国之后撰述的"凭窗夜语录"：以东京游学札记为基础，表达对日本文化、社会和教育的感性认识与理解；基于日本的经验，阐述对中国的启示与借鉴。同时，针对日本文化、社会和教育中存在的诸多现象，特别是日本文化中的"反华邪性"，以及日本社会中反华制华的思想、意识、观点与行为，强调要坚持应对性的战略与策略思维；针对中国教育改革与发展中的诸多问题，强调要吸收和借鉴日本大教育系统模式，注重社会教育系统的整合与构筑，从而形成学校与社会"两大"教育系统，建立相互联系和交互作用机制，由此寻求中国教育改革与发展的新路径，从而开创中国教育改革开放和社会系统发展的新局面。

2015 年 8 月 17 日

目　录
Contents

序言

第一部分　观学博识录 …………………………………… 001

日本会馆接待的最初印象 ……………………………… 001

日本社会和文化的初始感受 …………………………… 002

日本社会和文化的再认识 ……………………………… 005

日本社会的细节文化 …………………………………… 010

日本假造历史现象 ……………………………………… 011

日本发达的动漫产业 …………………………………… 012

日本教材编写的国际特色 ……………………………… 013

日本人著书的特有细节 ………………………………… 014

日本"古本"书店印象 ………………………………… 015

日本大学生活和学习感受 ……………………………… 016

日本大学的"法人化"改革 …………………………… 018

日本社会教育系统与学校经营策略 …………………… 019

日本会馆生活和学习感受 ……………………………… 021

日本命名的汉字选择 …………………………………… 023

日本博士的获取与用人制度 …………………………… 026

日本教育的研究问题 …………………………………… 029

1

日本培养中国游学生的态度与政策 ………………………… 032

第二部分　访见广闻录 ………………………………… 042

　　体验日本大学防震演习 …………………………………… 042
　　参访日本国家博物馆 ……………………………………… 044
　　前往华人聚集地：新宿和大久保 ………………………… 046
　　高尾山观感 ………………………………………………… 048
　　崎玉"见学"行记 ………………………………………… 050
　　崎玉"见学"补记 ………………………………………… 052
　　参加在日游学生"忘年会" ……………………………… 055
　　亲历开放式教学与访寻"古本"书店 …………………… 057
　　观看影片《原口鹤子の青春》 …………………………… 060
　　亲历东京有轨电车交通事故 ……………………………… 061
　　游览日本皇宫 ……………………………………………… 061
　　前往靖国神社 ……………………………………………… 063
　　参观昭和馆 ………………………………………………… 065
　　日本设置"中国二课" …………………………………… 068
　　会馆游学生年末聚会随感 ………………………………… 069
　　观看介绍中国教育的电视节目 …………………………… 070
　　大学归途中遭遇的非常事情 ……………………………… 071
　　参访东京江户古民居主题公园 …………………………… 072

第三部分　感议著思录 ………………………………… 076

　　日本社会大系统的建构及其功能定位 …………………… 076
　　"日本型"文化的本质精神 ……………………………… 078

日本的"镜像":武士道与"恶邻" …………………………… 081

"鱼牛"梦境及其本源 …………………………… 084

高桥是清府邸:历史与反思 …………………………… 085

日本人眷恋明治时代 …………………………… 088

日本超越中国的梦想 …………………………… 092

日本"右翼"思想和行为的成因分析 …………………………… 095

日本"右翼"石原参加北京奥运开幕式 …………………………… 097

日本"反华邪性"及其行为示例 …………………………… 105

日本"反华邪性"的历史分析 …………………………… 108

促进中琉的合作与交流 …………………………… 112

美日对琉球的盘算 …………………………… 115

部分富裕中国游学生的在日情形及其成因 …………………………… 117

中日关系的现实反思 …………………………… 120

认识与理解中日间诸问题 …………………………… 122

游日教育的历史与现实再考察 …………………………… 128

第四部分　品察论说录　　143

樱花与阴谋 …………………………… 143

日本之大 …………………………… 144

天皇制度印象 …………………………… 145

日本民族性理念 …………………………… 146

日本人的"反华邪性" …………………………… 149

"日本や":对石原思想的观察 …………………………… 151

"日本衰运论"与"中国威胁论" …………………………… 153

"归化日本说"与"日本优越论" …………………………… 155

日本社会和科研的制度设计 …… 156
日本政治的现实性与艺术化 …… 161
日本矛盾制衡的外交策略 …… 163
日本产学研与社会结合的发展模式 …… 165
日本生态型城市建设 …… 167
日本确有可能建有"地下城" …… 168
日本电子"废品"的循环利用 …… 170
恶心的日本人 …… 171
日本侵华反华的策略及对中国的危害 …… 173
日本NHK电视台的"避讳" …… 175
从日本"毒饺子"问题到日本"毒饺子"事件 …… 178
由美日改变奥运排名的方式说起 …… 181
反华制华策略：归日韩国人的事例 …… 183

附录 凭窗夜语录 …… 189

撰述缘起 …… 189
日本近代教育相关事件记述 …… 190
日本社会和政治情形的再分析 …… 192
日本文化中的阴谋与复仇意识 …… 194
中日关系戏剧性场景及其展望 …… 196
日本前财务相中川突然去世随想 …… 199
日本医生在手术台上的报复行动 …… 201
建议举办在日中华文物回归故里展览 …… 203
持续开放战略的思维模式 …… 205
家国省思 …… 206

文化决定社会的法则 …………………………………… 207
中式餐饮改革 …………………………………………… 210
杰出人才的培养与育成 ………………………………… 213
思维、对话和发表的教学模式 ………………………… 214
新中国成立"甲子"喜庆时刻的随想 ………………… 216

参考文献 ……………………………………………… 221
后记 …………………………………………………… 227

第一部分

观学博识录

日本会馆接待的最初印象

从北京到达东京之后,日本文部省派专人到机场接待,登记并馈赠部分生活费用,接下来的工作就由各游学生会馆负责。在祖师谷会馆旅居,最初的印象并非特别奇特,因为会馆也就是国际游学生支援性质的服务机构。仍然记得当时祖师谷会馆派出人员和车辆,前去接待同机赴东京中国游学生的情景。说实在的,当时处于很被动的状态,因为大多数赴日博士生都参加过长春日语培训,相互之间已相当熟悉,作为教育部特别选派的人员,笔者没有参加这样的语言培训,而且同期三人分赴日本:一位到广岛大学,另一位到名古屋大学,而笔者则选择到东京学艺大学,也并非同乘航班赴日。后来认识同来会馆的许君,而她与笔者的经历也存在显著的差别,即她要通过考试环节,特别是要接受中日联合面试,而在这一点上并没有实施于教育部特别选派的人员。当然,这要感谢中日达成的协议和教育部实施的计划。

到达会馆之后,工作人员先是召集会议。记得在当时接待中有一位罗马尼亚女生,通过介绍知道她也旅居在会馆。因其具有较好的中文基础,会馆临时聘请参与接待中国游学生。据了解，她曾经在南京大学攻读博士学位，毕业之后在中国没有找到合适的工作。听闻只有一家民办大学表示愿意接收，但显然她对这家民办大学并不满意，因此决定离开中国。现在看来，她并不愿意回到自己的国家，遂委身日本继续修学，因而也就旅居在会馆。从当时接待使用的中文来讲，确实她对中文比较熟练，而且对中国游学生的态度还相当不错。印象深刻的就是她通过不同于日方人员的表达，提醒和帮助初来东京的中国游学生。在会议期间，需要填写日方提供的表格，笔者刚到时不懂日文，有些地方就要咨询，她很热情地给予回答。此后，她与同行中国游学生都建立了良好的关系。

从到达会馆时起，会馆的日方人员就开始提供比较周到的服务，包括与日本文部科学省、地方政府和各大学等机构保持联系。比如，安排填报登记注册和奖学金表格；派人带领前往政府机构办理各种在日证件，并提供心理咨询与志愿服务。各大学国际课人员也负责提供必要的联络，比如派人前来会馆，带领前往各大学报到；派员提供引路服务，以及介绍出行路径和大学服务；组织各种教学、体验、"见学"及其他各类活动。总体上来讲，对日本文部科学省、地方政府和大学，甚至会馆，最初的印象都非常良好，但尚需经历熟悉和认知的过程。上述方面成为此后在东京及日本社会中的生活经历与札记素材。

日本社会和文化的初始感受

在东京会馆安居之后，到"学艺"学习日语，觉得还很有意思，虽然感觉有点吃力。就拿日本文字来讲，它与中文的汉字存在部分关联。在学习时发现，日本文字通常将中文的"且"字结构写成"市"字；中文"姐姐"的称呼，日文则写成"姉姉"；中国古文"福"字写成"沛"字，徐福即"徐沛"。其实，这里体现出日文与中文之间所存在微妙的历史与文化联系。

近代之前，日本文化在东亚处于边缘的地位。明治维新之后，随着在东亚侵略和殖民活动的展开，日本在社会、经济与文化等各领域都获取前所未有的迅猛发展，并走上崛起之路。随着军国主义思潮的发展与膨胀，日本社会充盈东亚侵略和殖民的热潮，这就造成臭名昭著的"十五年战争"——由此揽括日本走向东亚侵略和殖民的历史过程。伴随近代日本政治和军事等在东亚影响与作用的日益增强，日本文化也逐步由东亚的边缘走向中心。就中日文化关系而言，日本可谓由文化上的"入超"变为"出超"，最为显著的表现就是近代中国出现史无前例的"游日浪潮"。从上述角度而言，近代以来日本逐步确立东亚文化中心的地位。

在学习过程中，逐步对日本语言的形成、发展及其特点具有了深刻的认识，并由此思考和分析近代中国"汉字拼音化运动"与"日本语言注音"之间的内在关系。所谓"日本语言注音"，就是指日本语言所存在的平假名注音问题。毕竟通过明治维新，日本在东亚实现时代性的崛起，日本文化也随之对中国产生重要的影响与作用。近代以来，随着中国在日人员的逐步增多，日本文化对中国的影响与作用也逐渐增强。在游日浪潮期间，近代中国泛起"汉字拼音化"思潮，这就是在文字改革上通常所称的"汉字拼音化运动"。"汉字拼音化"现象的出现表明在近代特殊阶段日本文化对中国所存在的影响与作用。近代中国文字改革运动与日本平假名注音存在某种程度上的内在关系，并且还与清末中国游日浪潮的出现存在紧密的历史关联。

同时不可否认，日本文化也广泛存在某些对中国文化的悖逆现象。上述词义上的截然差别就是鲜明的例证。在此问题上，还存在其他的表现，特别是体现在近代中日所存在发展差别之后的时期，比如近代以来日本文字出现很多悖逆中文的色彩。在日文对汉字的选取中，除了读法上的差异之外，很多选择的中国文字都存在日本传承中的悖逆成分。在日本地名的选取中也存在这样的悖逆现象，比如日本存在"御岳山"和"洞爷湖"的名称。在日本诸多历史文献和著述中，对中国的研究不再是中国何朝代的某项研究，而直接以朝代名之，比如唐代文教政策和宋代财政制度，给人感觉就是在完成日本国内的某项研究，其中所体现对华文化战略的用意很深刻。可以这样说，日本文化对中国文化存在长远和重大的冲击，并将影响中华文化的持续发展。

时至今日，逐步适应东京会馆和日本社会的平常生活，摆脱用好奇眼光注视日本的初始阶段，同时开始以分析目光审视东京的土地。东京都区域是日本的政治中心，虽然算不上经济和文化中心（还有大阪和京都）。东京都知事是日本著名"右翼"石原慎太郎（2007），而且他长期占据这把"交椅"，足见日本社会和政治的实际状况。说句实在话，任何优美的言辞都难以掩盖日本社会存在"右翼"的现实，而日本政治正是这样的势力所获取存在与发展的现实支撑，根本因素在于日本的社会制度。从上述角度来讲，"中日世代和平友好"只是日本外交的美妙托辞，并不能反映日本社会的真实情形。真实的情形却是：日本社会充斥浓烈的"右翼"和反华氛围，这不仅体现在各种中国人反政府组织及其人物长期盘踞于日本列岛，而且还体现在所形成的国际反华阵线，并且各种反华政治力量相互勾结，共同从事有害于中国社会和政府的事情。比如，李登辉常借访日宣扬"台湾独立"的主张；中国人反政府组织和团体以日本社会为基地，在日本攻击中国共产党；日本社会和媒体借中国所发生的各种事件，在日本兴风作浪；日本人在国际社会大唱"中国威胁"和"围堵中国"等论调，竭力破坏中国社会的稳定，以及阻止中国崛起与复兴大业。当前的中国主流媒体遵从政治和外交需要，渲染所谓"中日世代和平友好"的思想与理念，单向性地宣传这样的对日外交政策，容易导致中国社会民众对中日形势的发展做出错误的判断，这是需要及时给予矫正的事情。旅居东京之后，对上述方面更加具有感性的体验，从而也就存在更为深刻的认识与理解。

经过对日本社会和文化的观察与分析，感受到这是转变思想和观念的机会。过去在国内社会中，存在太多"中日世代和平友好"的政策宣传；旅居日本之后，才更加深切地体会到日本社会和文化的真实状态：其实并不存在中国那样的核心政策宣传，而处于多元化的状态，特别地反映在对华态度上，更多体现为"右翼"的反华色彩，而并非"中日世代和平友好"的定势宣传，并且体现出浓烈的"反华邪性"，突出地表现为反华制华的思想、意识、观念与行为。由上可见，"中日世代和平友好"是中国政府对日政策中的虚幻，这就给中国人敲响了警钟：需要及时转变对日战略思维与政策观念。东京游学提供了近距离观察和思考日本社会和文化的良机，更不用说还可以对日本教育进行更深层的分析与探究。上述诸多观点还有待于寻到具体的史实依据，并需要在今后进行更为深入和细致地观察、思考与分析，这样才能获取具有说服力和实证性的研究结论。

二 日本社会和文化的再认识

在东京旅居一段时间之后，对日本社会的陌生感消失。通过观察、交流和思考，逐步对日本社会和文化的诸多方面具有了感性的认识：首先，对日本文字有了初步的看法。日本文字是由平假名和片假名及汉字为主体组成。近代之后，西方术语开始大量地渗入。从目前日本文字来讲，基本上由四部分组成，即平假名和片假名，以及中文汉字和西文音译（当然，后两部分可以通过平假名和片假名的形式呈现出来）。日本文字充分体现出日本文化的多样性和不成熟性（或成长性、发展性），具有不断吸收其他文明成果的特别气质。在学习日语过程中，观察和思考到这样的问题（或许只是思维隐射的现象）：日本文字在表达钟点时，半小时用"HAN"，通常与中文汉字中"汉"同音。站在近代历史的角度审视，不知与近代发生的日军屠杀中国人事件是否存在部分的关联或影响？若存在这样的思维，则近代日本社会和文化极有可能存在种族灭绝政策的思维模式。确实可能存在某种程度上的思维联系。因为存在潜在的"反华邪性"，所以导致出现上述残暴的行为，反映出日本文化对其社会行为所存在潜在的影响与作用，无论这样的影响与作用是具有个人性还是社会性特征。其次，对日本社会有了初步的认识。初次走出国门，在感觉上存在好奇的成分，甚至出现敏感性的社会意识。在出国之前，从书本或其他渠道已获知日本社会的诸多事情，但相比上述感性观察和认识，尚存在诸多差别。现实与心目中的日本情形相对照，能更深刻领悟到此前难以思索到的道理。在短期观察和思索中还发现一些典型事例，或许由此改变对日本的某些看法，或许什么也没有改变。但毕竟是日本社会和文化的事实反映，于是进行简要的记录，作为今后思考、分析和解决相关问题的参照。

一是社会规制。日本具有相当严格的社会规制，居民垃圾全部自己分类、打包，环卫工人只开车到门外，收拾已打包的垃圾袋或垃圾筐，居民表现得相当自觉。其中除了存在文化上的原因之外，应还存在社会规制上的原因。可以从路牌提示发现，日本社会规制宣传到位、执行有力，并已形成自觉的行为，以及国家化的内容与形式。日本社会很少闲杂人员，人们每天迈着快速的脚步，乘有轨电车去上班或上课。若奥运会竞走项目没有日本人的名次，真的有点冤枉。日本社会也难得见到小偷，社会秩序相当良好，其中可能也存在社会规制，比如某类破坏社会秩序的人员，应受到什么样的惩处。或许这也并非政府行为，但日本社会不允许存在这样的现象，这种人会被日本社会所不齿，当然日本人也不屑为之。因此，社会规制一旦成为文化，就可以成为道德约束。世田谷区处于东京都的核心地带，附近多单体建筑的花园别墅，据传居住着日本社会的富达阶层。建筑的式样显得端庄、朴素，环境和绿化做得很好，有多种花卉和长青类的观赏苗木。建筑之间以狭窄街道（胡同里巷）相互隔开，两旁栽种似有年头的高大樱花树。日本公共地域中秩序井然，卫生状况极应称道。此处还存在重要的特色：在街道两侧的樱花树干和电线柱上，贴满社会规制，显得简洁、明了。日本社会规制无处不在，多以漫画和标语为特色。另外还存在流动广播的宣传形式，大街小巷中有时能见到流动标语和广播车辆，煞是绝妙的社会风景。当然这也并不排除日本存在严格法治的社会事实，但在社会法治基础上又存在上述具有特色的社会规制，就更能凸显日本在政府管理和社会治理方面做得相当细致入微，而且极其具有实际的成效。

二是日常服饰。日本人非常注重日常服饰：男人西装革履，具有绅士风度；女士长短裙裤，甚有淑女气韵。学生日常服装也很有特色：男生统一穿届服（学校每一届学生穿不同颜色的上衣）和织带，下穿与上衣配套短裤；女生统一穿裙子和中长袜，即使在炎热夏季和寒冷冬季。在来去"学艺"路途中，经常遇见过往的成群学生，排队前行至公共汽车站口或有轨电车站台，表现出井然的秩序。小学低年级的学生会有一至两位教师陪同至公交车站口或有轨电车站台。日本成人社会与儿童世界都注重统一着装，这样社会习俗和现象的出现是否因为存在明确的社会规制？上述男女社会成员的日常服饰已成为日本社会习俗的常态，具有社会文化的特色，已成为日本社会中的亮丽风景和重要现象，体现出作为群体日本人的基本认同，并成为日本社会习俗的惯例，以及具有日本特色的社会文化，甚至成为其民族素质的社会象征与符号。按照季节推算，虽然已进入深秋季节，但东京的景象却并没有给人以这样季节的鲜明感受，街道及其周边仍然翠绿如春、花团锦簇。虽然气温存在一定程度上的下降，但在东京有轨电车站台上仍然穿梭着打扮时髦的少女与贵妇，光鲜超短裙、时髦首饰、精致提包，以及快速节奏，给人以无限的美感与思索。难怪很多国际女游学生，到日本之后再也不愿回去，以致即使生活在日本社会的最底层，甚至遭遇非人对待的境地。日本中小学生也是如此，即使正值深秋，已经明显存在凉意袭人的感觉，但依然穿着短袖裙裤，同时学校还专门开展耐寒训练。

　　三是交通管理。日本铁路系统比较完备，城市交通以有轨电车为主要类型，东京城市有轨电车交通系统更为发达，用密如蛛网形容并不为过，有轨电车过站时限甚至精确到用秒计算。同时，城市有轨电车通过"特急"、"急行"和"站停"等分类区别缓急，购票、验票和通行等程序都由机器完成，体现出东京有轨电车交通系统的现代化与自动化程度。东京城市轨道交通应成为中国城市交通系统建设的榜样。目前中国铁路建设（2007）多关注于城市之间，成为中国城市之间最重要的交通方式。空中交通主要关注于国家之间，现在城市之间也正在兴起空中交通，即飞机航线，但城市内部交通系统还是以公路交通为主要。公路交通存在很大的弊端：效率较低，空间浪费较大；需要消耗很多汽油，造成这种不可再生资源的大量利用；造成不同程度上的环境污染，影响社会生活和公民健康；容易形成拥堵的现象，并极易发生交通事故；驾驶员需要高度集中精力、技术娴熟，不符合人力集成的现代特点。由上可知，公路交通存在诸多弊端，而且很明显。但公路交通也存在某些优势，比如行动灵活、便捷，以及乘坐者舒适、清净。日本汽车公交也很发达，但给人最突出的印象还是和谐的乘车秩序。日本人习惯于恪守文明乘车规则，在汽车与行人之间绝对保证行人优先，而非中国社会较多的是汽车优先。日本很多停车设施内也处于无人把守的状态，往往在停车设施外面设有标志，进出处设有拦网铁链，并通过红外线自动升降，借以便利车辆进出。由上可见，停车设施附近的标志和进出处的铁链也体现出日本社会交通方面的规制状况，而且自动化的优势表现得很明显。日本电车（国内地铁）票价很昂贵，但存在临时与月票之间的区分，而且具有较大的价额差距。比如，从会馆到大学之间，购买临时车票，每次往返需开销千日元，若按照每月 20 天计算，每月交通费用是两万日元，但购买月票却具有较大的优惠，仅需开销一万日元左右，而且月票还可以无限次数地使用。因此日本交通定价对长期居住人有益，而对短期居住和旅游人员则极为不利，这样的做法也应为中国仿行。毕竟这可以为国家获取大笔额外的财源，而且还不损伤长居人口的利益，利于保证本国居民在更大程度上享受到相关国民福利待遇。显然，中国社会正在更大程度上走向对外开放，中外人员往来也日益增多，当前定价体系就是让外国在华人员也享受到中国人的社会福利，然而却在很大程度上由中国人的税收承担，其实是对中国人自身利益的损害。针对近些年来中国城市人口剧增的实际情形，中国应大力发展有轨电车事业，以减轻城市汽车交通所面临日趋严重的压力。在未来发展时期，中国应让有轨电车铺进边缘的乡镇，让便捷的交通方便公民出行。从有轨电车发展的步骤而言，第一步应着力解决城市内部的有轨电车问题，借以方便城市居民的出行，并减少汽车量及其污染源，让清洁、量大和快捷的有轨电车成为城市交通的主要工具，这才是发展应设定的目标。第二步应着力解决城市之间的快速有轨电车问题，并尽力增加轨道建设密度和电车开行数量，减少开行电车的间隔，从而推进有轨电车交通的发展。第三步应增强人性化交通管理系统的建设力度，并将轨道交通建设与社区、商业等社会事业建设相结合，从而形成大社会和大交通的系统工程。上述是由东京城市有轨电车，以及日本有轨电车交通发达所引发的思考，值得相关决策者给予足够重视，从而建设与完善中国大交通系统，造福中华民族与中国人民，为民族崛起和国家繁荣创造必要的条件。

　　四是社会秩序。日本社会秩序向来受人称道,当然也早有所闻。但亲赴东京才具有了切身的感受。日本人在公共场合养成了排队的习惯。无论是在车站候车还是在商场购物,一旦遇上人多时,都很自觉地排队、等候。再以排队乘车为例,日本人乘车者都要排队、等候,按先后顺序上车,这已不需要专人负责疏导。无论是等候还是上下车,肯定能做到无人拥挤、秩序井然。非但如此,日本社会也很少存在酗酒滋事、打架斗殴和惯盗小偷等不良现象,社会治安和治理秩序表现得相当好。在东京游学期间,在前往大学路途中,经常会见到成群结伴和单个小学生往返于住处与学校之间,肩上背着定式的书包,有的学生手中还拿着提包。中国社会所讲减轻中小学生课业负担已多时,但日本中小学生的课业负担看来也并不比中国的轻。由上可见,现存中国教育的问题并不仅是学生课业负担的问题,而且包括体制性的问题。若不改革现行教育体制和制度,就难以改变应试教育的社会现状,难以实现素质教育和全面发展目标,也就难以实现时代赋予科教兴国和可持续发展的战略任务。日本中小学生往返于住处与学校之间,并没有成年人陪同,而由学生自己作为独立个体实现,这也是日本具有良好社会秩序的证明与体现。

　　五是生活消费。没有到过日本的人,对日本社会的高菜价,就没有切身的感受,更不用说体验到日本高昂的生活消费。在东京超市中,一根葱定价约97日元,按汇率时价(2007)标准,相当于人民币7.5元左右,而且其他蔬菜类的食品更为昂贵。刚到日本时,甚至不敢走进超市,经常简单食用一些面包类食品,何况还是作为公费研修人员,可谓真切地感受到自费游学人员在日本学习和生活的艰辛与忧虑程度,特别是高昂学习与生活消费所造成的求学艰难,因此也就理解自费游学生为了学习和生活在日本拼命打工的原因。若认真分析这样的现状对日本的社会影响与作用,有值得深思和借鉴的地方。比如,日本社会的生活用品昂贵,特别是住房价格更高昂,但这却有利于其社会的发展;日本社会的工作节奏快是出了名的,无论是在有轨电车站台还是在大街小巷,日本人总步履匆匆;东京的房价高昂,但建筑和环境规划得相当好,显得非常宜居;日本农村的城市化表现得很明显,虽然街道普遍显得狭窄,但给人以秩序井然的感觉。

日本社会的细节文化

在中国，经常会听到这句俗话："细节决定成败。"但说到成败，总让人感到只是针对大事情。然而到达东京之后，在日本社会生活中领悟到注重细节的重要。暂且不提日本居民的垃圾分类，以及自行车前的电灯安装，也不提日本社会规制的宣传，单看看日本在日用方面的设施，就可以有所醒悟。日本社会生活的某些细节体现出日本的文化特色和人性光辉。平时多在会馆中，独自享受安详与寂寞的氛围，比如看看书和思考点问题，不时地处理日常的事情。然而，在观察和分析会馆小事情之后，领悟了日本社会存在的一些实质精神。集中体现在：

一是抽水马桶的节水功效。日本抽水马桶的设计与中国的存在某些不同，前者更为考虑清洁、节水与便利，体现在原本只是某些微观改动举措，却给人以无限的感慨。日本马桶的节水功效令人称羡，其进水管并非深藏于水箱，而是通过小水管，延伸至马桶的上方，进水时可以对用过的马桶刷进行自动冲洗，解决了中国常用的马桶所没有解决的问题，既对马桶刷进行清洗，节约了用水，同时还可以用来便后洗手，而这并不影响需要的进水量，上述细节值得中国相关制造商深思与借鉴。

二是卫生用纸的使用细节。日本人给人的最初印象总很抠门儿，充分地体现东方式或西方资本主义的吝啬气质，当然这只是对日本所存在特殊情感上的认知。在社会生活的某些必要方面，日本却又显得比中国人还要大方，这是不能不承认的社会事实。但在有一点上值得提示，日本绝不会像中国人，为了所谓面子，而摆大方与阔气，比如日本公厕都免费提供卫生纸，但中国大多数公厕难以做到这一点，这是中日社会的事实。中国人可以在客人或外国人面前摆阔气，酒宴上不惜花费巨资，特别是公款消费的东家，但即便每年的公款宴请花费上百万元人民币的部门或单位，也不愿在公厕中免费提供卫生用纸，这样的部门或单位在中国不在少数。然而在日本社会中，即便是再小的公司（"会社"），公厕内也必定免费提供卫生用纸。然而在公款消费方面，即便是大型企业也能做到节俭，而且在日本公厕中虽然基本上全部提供免费的卫生用纸，但都为单层用纸，这又体现出日本社会中的节约意识。这样公厕用纸的做法具有多方面优点：节约林业资源；用过的卫生纸可以直接由下水道冲走，既卫生又方便。日本社会的这些小细节可以改变人们的看法：由吝啬转成节俭的印象。中国普遍使用厚实的双层或多层卫生用纸，难以显示环保、卫生和便利冲刷等方面的比较优势。

三是公共消费的调控杠杆。日本公共场所的照明设施一般设计为声控模式。在这样的模式下，只要存在脚步声，立即具有必要的照明服务。日本卫生间都备有卫生纸和洗手液，并为公厕共有的特点。因此，应认识到日本社会和日本人吝啬的反面就是在公共场所显得大方。在这一点上述已充分的展现。但对个人使用的水电资源，日本社会的价格却又较高昂，与中国的做法又存在明显的差异。中国在个人空间使用电、燃气、水等资源的价格，力求保持较低，而在公共空间使用的相关数额，则尽量保持较少，即没有体现消费公共资源时的公共性和普遍性特征，造成个人空间鼓励极度浪费，而公共空间的资源投入却处于严重不足的状态。因此，中国离节约型的社会状态还相差较远。由上可见，中国需要重构社会治理的结构体系，必须进行相应的政策调整，亟须设计利于公共空间资源投入的体制与机制。要在上述方面做得更好，吸收与借鉴日本的有益经验就存在必要性，这有助于实现和谐社会和"以人为本"理念，也有利于节约资源，并在更大程度上于细微处体现出社会公平。

日本假造历史现象

日本盛行假造历史，已成为不争的事实，特别是中国人早已深知。比如，日本人对侵华战争罪行采取断然否定和无赖态度，甚至否定像"南京大屠杀"这样的重大罪恶行径。况且日本"右翼"组织及其势力是以假造历史起家，并仍然在其社会不断地假造历史，混淆日本和国际社会的舆论视听，妄图达成复活军国主义思想和重建天皇制国家的战略目标。应该这样说，假造历史已成为日本社会的常态现象，并不让人感到特别稀奇。然而日本人并不都这样认为，"右翼"组织及其势力更对假造历史的存在采取否定的态度。阅读日文报纸，无意中发现这样的消息：日本有一位历史学家，将石器时代的文物埋入地下，然后挖掘出来充当出土文物，结果记者发现了这样的行为，并在报纸上揭载出来。由上可见，在日本还有人想在出土文物上作假，伪造日本的文明历史。这样假造历史的事情在日本社会可谓屡见不鲜，比如创设日本史前文明，并将天皇家族的历史延伸到"神武"时代，但在中国人眼中，这已不具有新闻的价值，然而日本人却还是这样的认为，显然日本对自身历史的品性还并不自知。在伪造日本文明方面，日本人可以做到这样的程度。在遮掩历史罪行方面，日本人则更能采取这样的行径，因此不难理解某些日本人在历史教科书问题上采取肆意歪曲的手段。在报纸上还见到这样的记载：日本前文部科学省大臣承认日军战时曾经强迫冲绳居民自杀的事情，当然这是对前段时期文部科学省说法的背离行为，但却坚持了历史的真实。由此，这位前文部科学省大臣却成为了日本政府和社会进行舆论讨伐的对象。历史是现代对过去事情的记载，历史本体的真实不能歪曲，即只有坚持历史本体的真实，才能真正地成为真的历史，而不是野史、逸闻与笑谈。然而诸多日本人却还将这样的野史、逸闻和笑谈，当成真的历史，日本"右翼"组织及其势力更刻意而为。对此，需要给予特别的警惕，以免在相关认识、理解和分析中误入歧途，不为日本人这样假造的历史所羁绊与欺骗，从而更为清晰地看待日本的本真历史与社会，以及其中出现和存在的事情。

日本发达的动漫产业

　　动漫已成为现代日本文化的重要标志。日本动漫产业非常发达，已形成日本文化中重要的产业和出口部门。伴随着国际影响的日益扩大，现今日本动漫作品不仅出口到东亚诸国，而且还向美欧等西方国家输出，并成为日本作为东亚文化中心的显著标志。现今日本社会明显存在"两大"文化的活动热点：东京迪士尼和动漫产业，包括动漫游戏和影片，前者体现出西方文化在日本社会的影响与作用，后者体现出日本文化在其社会的影响与作用。在东京大街小巷特别是有轨电车站口，经常可见动漫游戏场所，并且在正常营业时间基本上处于满员的状态，其中的玩家可谓遍涉日本人所有的年龄段，而不仅仅是青少年，甚至还包括家庭主妇、壮年职员和老年人群。日本动漫游戏的种类繁多，创作了适合不同年龄和兴趣者的动漫作品，从而促动并形成了这样的社会和文化风气。目前中国电视台及相关制作公司都关注日本动漫作品及其产业，虽然中国动漫产业近些年来也获取较大程度上的发展，但总体而言影响力还远未及日本，更遑论国际性的社会影响与作用。日本动漫作品在中国营业市场占有较大的份额，这是中国社会和文化发展中需要关注的重要问题。中国大学现在也设置动漫研究专业，育成专门研究动漫技术的人才，但还只是起步的阶段。虽然中国的动漫制作已有开端，并且也生产出有影响的作品，但还存在较大发展空间。其实，日本动漫源于中国的影响与作用，比如中国传统影视剧《西游记》中孙悟空的俏皮形象，就是较好的动漫原型，对中日动漫研究和产业发展都具有重要的影响与作用。动漫产业具有广阔的发展前景，可以称为"朝阳产业"，不仅具有较大市场价值，而且还具有教育上的意义。中国应关注教育动漫产业的发展，建议成立教育动漫研究机构与推广公司，专门从事教育动漫的研究与创作，并广泛运用于教育的用途。当然尚需采取必要的措施，不仅应有效地助推中国动漫产业的发展与壮大，而且还应更大程度上地发挥在国际社会中的影响与作用。

日本教材编写的国际特色

在东京游学期间，钟爱徜徉于图海书山，因而对"学艺"图书馆多几番光顾。在语言学习期间，习惯在课间或课后浸濡其中，享受特别的闲适与安逸。其实这也只是心绪排遣的方式，更多时候仍然感到愤懑与无奈，毕竟中日存在诸多观念冲突,特别是在历史观方面尤为凸显。但阅书毕竟还是存在享受感的行为,其中存在诸多教益,无论是在欣赏还是激愤中度过。尤其偶尔获取特别的发现,比如认识与理解到日本著者的独特视角。阅书时,随意翻到《近代日本社会学者小传》,这只是普及性读物,并不存在过于高深的理论,但却发现涉及的并非仅有日本社会学者,尚包括欧洲和美国、韩国、中国等国家的社会学者,比如严复和费孝通,感觉到这是具有国际性特色的社会学者传记。随后仔细地斟酌,最后归结到著者独特的编辑视角——国际性特色。由上可见,日本著者在完成此书时,充分考察了学术国际化的现实与问题,考虑了诸多国家和地区的社会学者对近代日本产生的重要影响与作用,因而把海外相关人物也全部列入其中,并冠以《近代日本社会学者小传》书名。概括地来讲,这样的编辑方式充分地体现出日本著者所注重的国际性特色,由此避免因地域选择的原因,造成学科逻辑上的断裂。其中是否渗入"大日本"概念的内涵,值得进行更为深入的思考与分析,但单纯从学术无国界角度来讲,这样的经验和做法值得学习与借鉴。

日本人著书的特有细节

阅读日文版图书时,习惯地对中日诸方面进行横向比较。时间稍长之后,存在诸多新的发现和收获,其中感到存在这样的现象:日本人著述诸多中国历史的文献,图书的名称具有规律性的特征。其中尤为引发思考的方面:有关中国朝代的研究著述,大多不冠以中国的国名,而通常直接以朝代命名。当然,这也很符合中国的纪元特色。冠以中国的国名是近现代中国人常用的历史撰述方式,但并非就是全部。然而,日本却大多不冠以中国的国名,甚至体现于现代诸多著述,这里存在迷惑的感受。

从中国人和外国人角度差异来讲,在标题中如何处理中国历史朝代的问题,尚需存在区别性的表达方式。中国人的著述可以在标题中省略国名,毕竟这是国内特定的朝代,大可不必出现太多的重复。而对外国人而言,还是需要对中国的国名给予特别的申明，因为相对而言，这并非是其本国朝代的名称，因此需要进行特别的标注，比如"唐代中国科举制度和明治日本文化"。若只称为"唐代科举制度和明治文化"，则有一点不分国家的历史朝代之嫌，虽然对专业人士而言也并不难以理解。日本人著述涉及有关中国研究问题时，则采取这样无分别的处理方式，而且几乎已形成惯例，这样的处理方式就存在商榷之处。

其中值得深思与分析的至少表现在如下方面：一是体现出传统中华文化对日本产生了深刻的社会影响与作用，致使日本文化已潜在地融入传统中华文化，并处于附庸的地位，或可以理解是日本传统著书命名方式的延续。二是体现出日本人认祖归宗的文化意识和复杂心态，毕竟某些日本人存在中国人祖先的情结，以致认为在中国历史朝代问题上，已不必再做特别的阐明，即不需注明"中国"字样，这也是需要考虑的深层含义。三是体现出日本人另类的野心与策略，即企图将中华文化纳入日本文化的范畴，视中国的历史朝代为日本社会和文化的组成部分，因而特别以朝代命名而不加以国别名称，在这一点上也应给予特殊的关注，毕竟这样特有的细节表达出日本社会和文化中的某种独特内涵。

日本"古本"书店印象

在日本社会中，对旧书店存在深刻的印象。东京都的街巷密布这样的旧书店，日文称为"古本"书店。日本物价昂贵，图书的价格同样也高得惊人。因此，前往日本的游学者，确实会感到东京的书贵。

日本图书的定价和出售很有意思：以"本体"定价，再加上消费税，而日本的消费税是统一的比例，即商品价格的5%。只有将两类钱数相加之后，才算是图书的实际价格。当然，这与中国图书的定价存在很大差异：中国图书按实际定价出售，并没有显性地附加这样的消费税。中国也并非消费的天堂，可以不缴纳消费税，其实仅仅在征收的具体做法上，中日存在显著的差异。中日的做法孰优孰劣，可以由专业人士评论。日本图书"本体"也不便宜，新版图书大多会在3000日元以上，折合人民币约两百余元，因此价格较昂贵。但由于天性嗜书如命，有时不自觉地想购买，甚至不去想明天生活的开支。这话并非虚言。由于日文新书太贵，自然会把目光转移到街巷开设的"古本"书店。

"古本"书店可以带来意想不到的收获，比如购买日本刀剑的系谱、香港版《方望溪全集》，以及中国清代山水画《漓江山水画集》，还斩获更多的日文图书，其中以历史类为最多。经常前往早稻田大学周边、神田古本街和武藏小金井站口等处的"古本"书店，购置的图书经过多种途径运送回国，以致整理之后发现已满三书柜，确有不菲收获。在"古本"书店中，发现诸多日文反华或战争题材的图书，为研究反证的需要，收集了某些这类图书，比如涉及中日关系的"右翼"言论和石原莞尔传记等，还收集到著名"右翼"石原慎太郎和盛田昭夫等的相关著述。

值得一提日文图书在装帧设计上的巧妙构思，版式、规格和印制尤为精美：日本图书版式非常利于进行原始创新和独立思考，对比中文图书的版式，篇幅只在20万字左右；规格尺寸方便携带，或称为"口袋书"，便携性的特点尤其适合现代社会生活的快节奏；印制纸张非常考究，不刻意追求俭省成本而忽视图书质量，而且还做到图书印制质量的整体统一，除了存在软硬封皮上的差别。另外，日本在图书规格上也并非保持完全的同一样式，比如日文图书也存在大开本或正版样式，但更欣赏日本图书这样"口袋式"的装帧设计和印制质量。

三 日本大学生活和学习感受

日本大学实行三学期制度：每年划分为三学期，每学年划分为三个时间段。到达东京之后，恰逢日本大学的第一学期。依照游学计划安排，本学期主要学习基础日语，划分为听说、文法、汉字和作文，以及日本文字的计算机输入，同时穿插体验式的教学活动，比如地震体验、消防参访和崎玉"见学"等。在语言和课程学习之余,"学艺"国际课还组织参观附近的东京江户古民居主题公园。

开始课程学习时,存在一些不适应的感觉。时间相对较久之后,似乎麻木了一些,每周五天按时起床,前往"学艺"上日语课程,行程需要花费三时余。有时感觉很累,甚至真不想去上,但每次都被理性所折服,还是按时从会馆出发,前往"学艺"教室,上完整天课程,到校内书店阅读和购买日文图书,或在图书馆阅读和复印一些图文资料,生活也就形成了这样的规律。有时信步前往东京的街头,寻找"古本"书店,购买日文历史图书,比如武藏小金井站口附近就有一家"古本"书店,曾经多次在那里购书,有时还真能有新的发现,以致寻到很有价值的图书。

"学艺"课程教学具有某些特色的方面,比如采用多媒体教学方式。"学艺"教室都配有多媒体设备,包括电视、录像、图影和网络等。教室内部的布置也具有特色,比如研讨室或发表室的空间明显较小,内部桌椅采用环形布置,并配有多媒体和黑白板等设备。由上可见,"学艺"的教室内部设置与课程教学方式存在某种程度上的关联,而并非中国大学的讲堂模式设置。其实,从教室设置特色也可以反观日本大学教学方式所存在的多样性特征,而并非僵化和灌输的课堂教学模式。

其实可以一堂多媒体日语课为具体事例,切身感受"学艺"的课程教学特色。日本语言老师放映一盘VCD影碟,内容和解说都很精彩,显然存在事前精心挑选的过程。课程内容的创意类似于美国影片《金刚》,论述父女二人在老屋中居住,附近存在巨型树木群落,内部住有巨兽,并拥有超现代变形的交通工具,其中巨兽原型可能由金刚创意而成。播放的内容属于儿童剧的类型,采用动画手法制作而成,做得精细、到位,用于语言教学,效果确实相当好。欣赏结束之后,日本语言老师提出一些情境性问题,要求运用日语回答,并且采用集体与个别应答相结合的方式,甚至要求学生展开相互研讨与交流,最终获取正确的信息和感受。

日本大学的"法人化"改革

依照事先电邮的约定,前往日方导师办公室商谈。开始时每月两次,后来改为每月一次,即"月见制度"。日方导师办公室位于"学艺"办公楼六层,可以乘电梯上去。记得第一次寻找办公楼时,遇见攻读雕塑专业的中国游学生,在他的介绍之下又在办公楼一层,认识学习教育专业的中国人游学女生,于是由她带往日方导师办公室。当时她正在楼下复印材料,结束之后还盛情邀请到研讨室喝茶。此后还曾请她帮忙复印《中国月报》资料。她很爽快,听闻目前在攻读硕士(修士)学位,同时在一所著名大学兼工,借以补贴在日求学的生活费用。自费赴日游学生都是在以自己的能力求取来日之后的生存和学习权利,确实令人钦佩。公费出国研修者虽有离别之忧,却无生活之虞,因此应感谢给予这样的访学机会。

日方导师办公室较拥挤,三面墙都是书架,上面摆满图书、资料,门后安置复印机,临窗装有电脑,中间的空间是研讨桌,旁边还有助手使用的电脑桌。估计为带好研修生,才聘请了助手。助手看上去很谦和,听闻正在攻读博士学位,兼职担任教授的助手,协助做些辅助工作,这就是日本大学的"助手制度",虽然只是兼职的形式。助手把笔者请进日方导师办公室,热情招呼坐下,忙着沏上咖啡,然后接着工作。日方导师按照半点时限,与笔者商谈教育相关的研究问题。商谈的主题是日本大学"法人化"改革。咨询的主要问题:日本国立大学"法人化"改革对公立大学和私立大学产生何种影响与作用;目前日本公立大学改革的基本情况,以及与国立大学相比存在哪些显著的区别?

日本国立大学"法人化"改革起始于21世纪初(2004年),是从企业法人制度中获取的改革理念,但办理学校教育毕竟不同于企业经营,学校教育存在自身的社会评价标准,主要是强调社会效益优先于经济效益,因此存在不同于企业法人制度的地方。近些年来,日本国立大学"法人化"改革日益面临更多的现实问题，难以获取完全的解决。从改革成效方面来讲，国立大学"法人化"改革获取了较好的成效，提升了办学的效益，不仅体现在经济效益上，更为重要的还是体现在社会效益上。从国立大学"法人化"改革出发，属于地方政府主管的公立大学也借鉴了国立大学的经验与做法，推行"法人化"改革。私立大学因为本身已具有法人的地位，所以不存在"法人化"改革问题。但这样存在于国立大学和公立大学的"法人化"改革，还是促进了私立大学的内部管理改革，也就反映出这项改革对公立大学和私立大学产生了深刻的影响与作用。

在推进国立大学"法人化"改革过程中，日本积累了经验与做法，但同时也存在实践教训，当然经验与做法是主要的收获。随着国立大学"法人化"改革的进展，部分公立大学也逐步实行了"法人化"改革，但仍然存在部分公立大学保持过去偏重集权的体制，而私立大学以前就依照法人程序建立起相应的管理机制。由上可见，日本大学"法人化"改革已成为普遍和基本的发展趋势，但也还存在个别的例外，这也正体现出日本社会中所惯常存在"活性化"和"圆滑化"的办事原则，即不搞"一刀切"的事情。即使实施"法人化"改革之后，日本政府在政策层面上还是强化了对大学的掌控，但大部分的举措涉及大学内部管理体制层面上的改革与发展，充分表达和体现了科学和民主的实质精神。

日本社会教育系统与学校经营策略

时常奔波于会馆与大学之间，沿途存在观察日本社会和思考研究问题的时空便利，因此在东京游学研修中，观察与思考相关研究问题成为生活的常态。乘坐有轨电车时，经常可见中小学生翻阅教科书或复习册，社会人则喜欢利用这时的余暇，浏览报刊、杂志和图书。受到电车中这样情形的启发，也注重利用闲余时间观察与思考，并借机更为感性和现实性地认识日本，包括日本人和日本社会，更为深刻地去了解日本民族的特性，以及日本社会的习俗与风尚。沿途的观察与思考也是札记主要的素材来源，此即在日本社会中的采风。在近些时期，关注点在于日本社会教育和学校经营等方面。

从社会教育来讲，日本已形成完整的社会教育系统，而且与学校和文化等领域有机地结合起来，形成文化、社会和学校，甚至包括家庭在内完整和统一的系统，上述领域的有机整合也就构成社会大系统。日本教育的发展处于这样的社会大系统之中，而且形成大教育系统，即包括社会教育、学校教育和家庭教育，甚至文化涵在内的整合系统，从而摆脱单纯关注学校教育的局面。日本社会和教育研究者注重对大教育系统相关问题的调研与探究，而不仅仅分析学校教育的相关问题。因此，日本教育具有较强战略性的系统结构和功能设计，强调"学力社会"环境和"教育服务社会"的基本思想，以及"科学技术立国"的战略理念，并惯常在大社会和大教育系统中进行相关教育决策，上述方面值得吸收与借鉴。

通过对日本社会教育相关图文资料的收集与整理，特别是对日本社会教育设施及其教育功能的观察与分析，逐步对日本社会教育系统及其功能具有了更为深刻的印象与感受，以致认识到日本教育发达的根本缘由。在上学路途的余暇中，思考与探究日本社会教育的机构设置及其运行机制，包括具体的经验与做法，其实存在不同的基点就在于中日在社会教育的系统建构和功能配置上所存在的巨大差距。

中国谈论教育相关问题，大多指学校教育，以致很多应由社会教育系统及其机构负责的职能，逐步转嫁到学校教育系统及其机构职能之中，比如有政协委员甚至在"两会"中，建议教育部把戏剧纳入中小学课程，借以强化美学教育"进课堂"，就是很明显的例证。这样的课程更适合设置在社会教育机构课程之中，但上述建议通过在政府层面上提出之后，教育部就必须及时落实，然而方式是将戏剧纳入学校教育课程。这样的事例还有很多，应该说是中国现实国情所决定的结果。因此在中国社会和教育发展过程中，需要提升对社会教育的关注程度，以及推进社会教育的系统建构和功能设置，并在大社会和大教育系统中，考虑目前中国教育改革与发展中所存在的诸多问题，即要加强教育战略和系统建构等方面的探究，比如教育体制及其机制设计,以及政策生成与发展体系重构,上述都是中国社会和教育实现战略发展的重要方面。

近些时期以来,思考与研究的问题远不止于社会教育方面,而且还涉及学校经营和质量保障等,比如日本学校教育运营机制及其教育质量保障策略方面的问题,这是在阅读日本学校教育评价制度文献时所考虑到的内容。主要可以归结为如下方面:一是机制保障,即"活性化"与"圆滑化"——日本学校教育运营研究的关键词;二是制度保障,即日本学校教育运营的制度保障——"见学"旅行、产学"连携"和社会服务;三是教学保障,即日本学校教育质量保障的教学选择。上述方面都是从侧面分析与探究日本学校经营和质量保障的策略特征。

日本会馆生活和学习感受

在东京游学和会馆旅居期间,会馆志愿者的存在是难解的谜团。她们如何聘任,职责如何,待遇怎样?平时看到她们在会馆大厅、咖啡厅和电视房之间穿梭,主动地与游学生搭讪,有一点像中国车站附近的倒票者,表现得主动、热情,而且好像受过特殊的训练。会馆志愿者经常不经意间出现在面前,有时连我们自己都感到很纳闷,她们怎么那么的热情、周到,而且免费提供帮助与服务?比如,指点会馆附近的休闲场所;帮助在会馆寻找日语辅导教师;指引与其他游学生建立联系,甚至亲自指导和训练日语的口语。

会馆志愿者经常在咖啡厅举办小型聚会,往往三五位志愿者参加,而且基本上是四五十岁妇人,具有丰富的社会和生活经验。会馆还有几位年轻的正式职员,提供日常的正规服务,并有固定的办公室。然而,会馆志愿者则在会馆没有固定的办公室,只是时常在大厅、咖啡厅和电视房之间穿梭,并千方百计地寻找各种机会,借以与游学生对话,感觉像是拉皮条的,觉得很滑稽,有时甚至令人厌烦,但却都很积极,经常主动地提供学习和生活等各方面的服务。

有段时间，与许君在咖啡厅合作学习日语，但随后感觉效果并不满意，于是决定放弃这样的语言学习方式。在那段时间，经常碰上日本志愿者，主动地寻求沟通与交流，使用日语或英语作为交际语言。许君在英语口语上存在明显的优势，经常与她们进行长时间的对话。除了运用英语对话之外，有时还利用这样的机会，用日语进行交流。会馆志愿者也经常详细询问其他国家的一些事情，其中可能会存在一些意图，这可以从问话内容中觉察到蛛丝马迹，看来笔者让她们很失望。但也存在很多并不更事的中国游学生，经常与志愿者聊国内的事情，并表达自己的政治思想与观点。有时，暗示中国游学生不要过分深入地与会馆志愿者进行这样的沟通与交流，特别是存在敏感性的事情。会馆志愿者还不断地向游学生灌输反政府思想，甚至进行策反，在某种程度上来讲这是事实。有时笔者也与中国游学生进行对谈，分析会馆志愿者所询问相关问题的内容与动机，都感到明显存在上述的感受。会馆经常出现上述这样的事情，并非耸人听闻。在会馆资料架上，有时会出现邪教组织的宣传材料，这是真实的事情。因此身处海外的环境，必然会接触到与个人境界、思想产生抵触与对立的东西，需要具有国际政治的鉴别能力，适时并恰如其分地处理好上述东西。在会馆电视房中，有一次发现反政府组织的宣传材料，不管是否为在日中国人所为，或日本人反华组织借名所为，但出现在会馆让人感到很意外。

　　最近感觉日语学习很不如意，但也存在较大收获，即掌握了一些日语词汇和文法知识，阅读日文图书和资料明显顺畅了不少，查找资料也简单了一些。比如，上网寻找行车路线，查找日文信息，诸多生活方面也都方便很多。在语言学习上注重文献资料，这样的学习方式有助于拓展资料信息的来源渠道，感觉阅读范围明显拓宽很多，甚至可以阅读《福泽谕吉全集》和《明治天皇记》等大型丛书。在会馆阅读的图书和资料远不止上述两套丛书，还存在很多卓有学术参考价值的图书和资料。另外的收获就是可以翻阅日文报刊，以及顺畅阅读其中的新闻资料，从而有助于深入思考与分析日本社会的现实言论与事件，了解、认识日本政治、经济和文教等社会领域的发展趋向，以及日本在国际事务处理与决策中的诸多策略问题。在阅读相关报刊时,会收集到日本社会存在的反华材料,这对认识、理解日本对华政策的思想基础,具有很大的价值与意义。但目前日语学习还存在一些差距和问题,以后要更多地进行口语学习与训练。今后若能进行深度的专业交流,就可以对相关问题进行更为深刻地分析与探讨,以及可以撰述更有价值和意义的东西。因此,还要努力学习日语,力争掌握日语工具,以便在学习和研修中获取更有深度的研究成果。

  会馆设有资料室,平常从大学回到会馆之后,都是先用完晚餐,然后照例前往自习日语。日语的汉字学习并非很大的问题,至少在书写上不会存在困难,只是在读法上与中文存在差异。但这样的优势也并不会对日语学习产生多大的帮助,毕竟语言学习的关键在于提升听说的能力与水平。日语学习之余,利用资料室的藏书,收集和整理一些信息与素材,甚至获取分析与探究的灵感,比如感觉池田清著《海军与日本》具有蛮高的撰述质量,分析得也很详细、透彻,当然且不去看具体内容和主要思想,毕竟其中存在"反华邪性"的成分。看完之后,内心很想复印全书,因为某些内容可以作为相关分析与研究的反证材料,但随后抑制了这样的短暂冲动,打算今后在"古本"书店寻找,借以节约在日学习和研修的经济成本。

日本命名的汉字选择

  到达东京之前,对日本的了解很肤浅,主要限于表面和书本的层次;到达东京之后,对日本才有了感性的认识,也才真切体会到日本人的特质,其中存在日本民族性的成分,包括"反华邪性"和武士道精神。中华文化的远播并非仅限于日本列岛,而是波及世界范围的广大地域。但总体上来讲,对日本影响与作用的深度仅有朝鲜半岛(朝鲜、韩国两国)可比。然而,日本对中华文化的保存与影响却明显超越朝鲜半岛,毕竟后者经历日本长期的殖民统治。从上述层面上来讲,日本文化又对朝鲜半岛产生深刻的社会影响与作用,日本文化在东亚最可以作为中华文化的传承者与影响者。

从日本文化发展角度来讲，唐朝中国文化对日本产生了最为巨大的社会影响与作用。日本传统文化大多表现为唐朝中国文化在某种程度上的遗存与发展，以致当前诸多研究者以日本文化为"铸模"，探究唐朝中国文化的究竟，可见唐朝中国文化对日本列岛所产生社会影响与作用的深刻程度。日本文字的起源就是绝好的证明。在日本文字生成与发展中，日文汉字具有重要的标志性意义。从目前统计来讲，日文约有四千余常用汉字，并与片假名、平假名共同组合出日本文字。日文汉字并非随便选择而来，而是存在审慎的抉择过程，比如"日本"的名称就存在特别的典故："日出之国"的含义。日本还有"瑞穗"的别称，其中也存在历史的渊源。在封建时代及其之前的漫长时期，日本只是难以养活居民的贫瘠地域，而且只有在丰年才可以堪称达成国家的理想，即获取温饱。由上可见，那时日本只是典型以农业为主的地区，虽然存在渔业的发展，但也只可以归结到"大农业"范畴。在历史和文化发展中，"瑞穗"逐渐成为日本的别称。

由上述日本名称及其别称的由来看，日本文字对中文汉字存在精挑细选的过程。除了日本国家的名称之外，诸多地名也存在如此的做法，比如某些岛屿、山川和名胜等地图标识的名称，都具有特殊含义和内容选择过程。日本有一座山，称为"御岳山"。"岳"字在中文汉字中统称名山，比如泰山有"五岳之尊"的说法，日本的"御岳山"借用了中文汉字"岳"，而且还连用"山"，并在前面增加"御"，表达出身份尊贵的意思。"岳"与"山"在中文汉字中基本上不可连用，因为"岳"中就已内含"山"的意思，因此这里就存在意思重复的问题。但在日文借用的中文汉字中，很少考虑这类事情，而是以日本人的文化和思维为依据。日本人的这样借鉴方式在英文中也存在充分的体现，以致英文翻译成日文时，经常会出现具有典型日本特色的翻译方法。

日本文化具有强烈的"反华邪性"，特别是体现在明治之后的近现代文化之中。最为典型的是战后日本伙同美国，阴谋灭亡琉球，并将琉球改称为冲绳。在这一点上，只要熟悉中国、琉球和日本之间的关系，就很清楚其中的用意。这里存在强烈的"反华邪性"。在近代之前的较长历史发展中，日本和琉球同为中国的藩属国，依照当时的朝贡制度，日琉两国每年要向中国朝贡。对中国而言，这样的朝贡制度是外交政策性的安排，但对日琉两国而言，这样的朝贡在较大程度上是国际压力之下的社会和外交行为，虽然也带有自愿的成分，因为当时的中华文化处于输出的地位，物质和精神文化在东亚都具有强大的社会影响与作用。当时的中国政府通常给予属国更多的回馈，借以补偿上述的朝贡，主要做法是采取显性的物质回赠和隐性的文化交流：前者回馈的是中华物质文明，后者回馈的是中华精神文化，特别是接受属国派出的游学生（僧），以及派出名流学者前往属国，进行讲学与交流。

但相比而言，琉球对中华文化的认同，要比日本更为深切。在东亚历史发展中，琉球与中国的关系非同一般，以致现今琉球居民还存在浓厚的传统中华文化因素。甲午中日战争的导因也就是清末中国为了保卫濒临日本侵凌的属地——朝鲜半岛和琉球。但日本完全不是这样。日本在奉行朝贡制度时，完全采取阳奉阴违的态度，对中华文化采取有选择性的吸收策略，融会日本民族性的诸多因素，并且还产生浓烈的"反华邪性"。上述日本奉行的侵略和殖民琉球政策，就是典型的历史例证，近现代日本对中国的军事和文化侵略，更是明证。战后日本阴谋侵占中国的固有领土——钓鱼岛及其附属岛屿，妄图侵吞中国的东海主权和自然资源，更是上述特性的延续与发展。这样的"反华邪性"已渗入日本历史、文化、社会和教育等诸多领域，并成为"日本型文化"构建的重要组成部分，这是中国人不可忽视的国际事实与社会现状。

在历史和现实中，冲绳的名称明显带有"反华邪性"的意味。对日本而言，这样的策略具有极强的一贯性特征。在东亚诸国中，琉球的独立已有几百年的历史，虽然长期作为中国的藩属国而存在，但并不会影响琉球作为国家名义下的既有生存状态。近代之后日本走向富强，产生吞并琉球的野心：首先把琉球变成中日共有的属国，然后促使琉球渐失独立国家的性格，最终吞并琉球——这个独立的国家。在二战中，琉球更成为日美军队进行决斗的最后战场，造成琉球生灵涂炭，传统文化几近灭绝。在战后国际演变中，美国将琉球的管治权转让日本，并保留美国在琉球驻军的权力。其实这是日美政府之间的邪恶交易，然而却牺牲了琉球的民族独立和国家主权。在霸权盛行的时代，琉球也只能在遭受战争蹂躏之后，再次承受这样的灭国安排。

然而仍不止于此，日本还将琉球改称"冲绳"，基本上要从根本上抹除琉球——作为独立王国的历史延续与发展。

日本改琉球为"冲绳"，尚存在更为深层的考虑："反华邪性"的意味。"冲"者，呈现的是力量之威；"绳"者，此乃束缚的缰绳。因此"冲绳"的名称是要显示日本的强大力量，呈现日本在东亚的霸权地位，更重要的是要摆脱所谓的束缚，从而将日本扮演成为琉球居民的拯救者。其中的含义很清楚，"缰绳"暗指中国。无论是从历史还是现实角度来讲，上述的解读都存在坚实的立论依据。与中国台湾相隔间还存在小岛屿，名称为"与那国岛"。从表面上来讲，"与那国岛"并无特殊的含义，但若通过对日本文化和社会进行深入分析，则可以发现其中"反华邪性"的意味。比如，当某人遇见自己的邻居，并非直呼其名，而是说遇见"那人"，大概邻居也不会高兴。在借用中文汉字命名岛屿之际，日本人就是采用了这样的手法，形象地表达出"反华邪性"的意味。

在日本命名中，还存在更多的具体内容，难以用简单的方式阐述清楚，但细究依然存在丰富的现实内涵。其实上述方面可以构建出专门的研究学科，或形成研究的专门领域：日本汉字命名学。曾经见到一则笑话，说日本人都是私生子，即日本是"杂种"民族。证据就是日本人的起名特性。日本人惯常在人名之前加缀田中、松下和藤野等汉字，让人感到日本人取名时在中文汉字选择上的怪异方面。但上述内容也只作为笑料，其实是传统日本文化的体现形式。在很长历史发展阶段中，日本都处于典型的农业社会，上述中文汉字的选取充分体现出日本所处农业社会的发展特征，并与"瑞穗"名称相吻合。由上可见，日本命名的中文汉字选择在本质上具有特定的含义，需要进行深入、细致的分析与探究。

二 日本博士的获取与用人制度

在东京的生活具有规律性的特点，比如除日本日历中的"红日子"，从周一到周五都前往武藏野的"学艺"上日语课程，往来于会馆与大学之间，似乎已成为习惯性的动作，以致每天五点多起床、洗漱，六点多出发，八点多抵达，八点半开始上课。日语学习接近尾声，各种考试蜂拥而至，因此下课之后立即回到会馆，留出更多时间复习日语知识。

翻阅日文教科书时，感到很劳累。有时经常走出会馆的阅览室，前往会馆的图书馆看点闲书，或从二层下来喝点咖啡，以及前往电视房，观看日本相扑、国际新闻、中国题材和世界信息类节目，但更多时候邀请其他游学生相与闲聊，获取更多中日信息，了解在日游学生的思想动态与社会认同。有时在这样做了之后，感到很充实，无疑也拓展了知识和信息的来源。毕竟在日游学生在学识和见识上都较渊博，特别是对日本的情形较了解，可谓是获取相关信息的重要方式，而且获取的还是可信的感性信息，这对更为深入和细致地探究日本文化、社会和教育，都具有重要的价值与意义。当然，这并非经济学上的筹资，而是从研究角度收集相关的研究资料。

在休息日，不需要按部就班地前往大学上课，可以待在会馆。会馆生活很有规律，虽然晨起比平常晚一些，但相对其他游学生而言还算较早。起床之后外出散步，带上相机，尽量把见到的景色摄录下来，以便留念和编辑。会馆附近有两幢企业职工宿舍，楼体为普通板楼结构，与中国同样风格的建筑相比，形体上略显单薄。宿舍近旁是卓有年头的柏林，树干高大、直插云霄，具有古典和历史气质。会馆周边有樱花树，以及其他花卉、树种，剪修一新，而且经常可见繁花点缀，熠熠然而有夺目之感。会馆周边的道路两旁很卫生，基本上难以见到人为制造的垃圾，比如碎纸屑和包装袋，而只有落叶，让人产生叶落归根的感觉。

有时，会偶遇中国游学生，于是在路途中相与攀谈，交流信息与思想。当然这样的时候太少，毕竟其他游学生大多都很忙。公费游学生自然好说一些，但也还有毕业升学的压力。对自费游学生而言，则更难有时间来会馆周边闲逛，因为他们还需要抽出时间打工，挣取在东京学习和生活的费用，包括高昂的学习和生活费用。笔者表现出这样的安逸，主要因为存在公费奖学金的保障，以及没有升学和就业压力等，但还是自己添加一些压力，比如修订博士论文和撰写研究论文。相对而言，上述事情能自行安排，即可以规划到日常行事之中，因此也就多了一分休闲与雅致。当然还存在观察与认识日本社会的意味，毕竟这是陌生的处所，闲逛也就成为调查研究的重要活动方式。

早晨散步之后，回到宿舍早餐。此过程自己完成，显得简单和随意。早餐之后，前往阅览室（相谈室），阅读日文教科书，准备日语考试等事宜。在阅书间隙，到电视房看报纸，偶遇已在东京一家银行就业的中国博士游学生——曾经公费在东京大学攻读法学博士学位，享受日本政府提供的文部科学省奖学金，但在日十年没有获取博士学位，这是日本学位授予制度造成的结局。从更深层次上来讲，则是日本社会的人事制度造成的结果。日本社会已度过"学历教育"的发展阶段，并步入"学力社会"的理念层次，在用人制度上更强调人才的适用性，而很少考虑学历因素。当然，这与日本社会的工薪制度也存在紧密的关系。

日本明确规定不同学位获得者的起点工薪标准：博士学位获得者的起点工薪标准很高，而其他学历者则相对而言都不很特别关注，比如硕士学位只看成博士学习的前期阶段，而不属于严格意义上的学位制度范畴，因而在入学和毕业门槛设置上也较宽松，属于宽进严出的培养方式。日本企业不愿招收博士学位获得者，除了特殊的研究性岗位。这样的做法对日本人的教育观念存在较大的现实影响，很多日本青年人在读完本科或专科之后，就自愿踏入职场，而并非去追逐学位。对具有深造潜质的学生，日本的大学则存在支持性的政策与措施，比如免试推荐入学，而且教授具有较大的招生权力。

日本博士学位获得者大多接受大学和研究院所，以及企事业单位的研究性机构的聘任，当然多走学术职称升迁的道路，比如聘任为副教授和教授。日本大学职称评定也并不只看学历程度和成果数量，主要考察科研成果的前沿与创新程度。教授岗位很有限，只能在前面教授退休之后才可以补足，并存在严格的评定规制，看重学术声誉、注重学术质量。博士生阶段发表研究性论文，需要至少两名教授提供鉴定意见。大学教授非常关注自己的学术声誉，一旦出现学术作弊或鼓励学术腐败的问题，教授在学术界就会名誉扫地，难以获取日本社会中的学术地位，或造成学术地位的下降，这在日本社会是相当忌讳的事情，当然其中存在学术文化因素的影响。

　　在日本社会中，上述中国博士游学生的情形并不奇怪。后来虽然在东京工作和生活下来，但内心仍然难以放弃获取博士学位的想法，关键的问题是很想学成归国，并想在国内大学中找到合适的教学和研究岗位，但现实的问题是中国社会招聘制度不完善，存在"唯学历"倾向，不仅大学和科研院所只招聘博士，而且其他社会单位也优先录用博士。关键问题在于：一是国内博士待遇并没有与其他较低学历待遇存在较大的差距，特别是在最低工资限界方面，并在办公条件、科研经费提供和社会身份地位等方面，难以满足学术研究的实际需要。二是国内博士门槛容易跨越，造成博士的批量生产，然而日本却严格博士学位授予标准，以便提升博士群体的学术素质与水平。

　　日本教授进阶存在两条路径：一是在获取博士学位之后，大多进入大学和科研院所等机构，通过讲师、副教授和教授等进阶，从而获取学术职称的发展。二是在大学本科毕业之后，聘任到大学和科研院所担任教授的学术助手，然后依照讲师、副教授和教授等进阶，获取学术上的确认与发展。其中的关键是建立完善的学术伦理和规制体系，坚持奉行以学术研究质量标准作为评审职称的唯一原则，而并非"唯学历"论，或"唯关系"论，更不应"唯权力"论。否则，在社会和学术界，只会造成更大范围与更深层次的混乱局面。

日本教育的研究问题

　　在日本社会中学习、生活和游走，时常存在深刻的感触，比如发现日本社会组织异常绵密与发达。比如在教育领域，不仅有教育组织、学术组织、行政组织和学生组织，而且还有教育机构与社会之间的关联组织，以及以教育为职能的社会组织，包含各种类型的社会教育组织，以及担负教育职责的非营利性组织，从而构成复杂、完善和发达的社会教育系统，以及赋予实现教育职能的其他社会子系统，更多表现为各种类型、具有教育职能的社会组织。在东京游学期间，除了关注日本社会教育系统及其他相关社会组织之外,还注意观察与思考日本学校与社会之间所建立的紧密联系,包括学生课外教育形式与机制等相关研究问题,典型的就是"见习"、"见学"和"修学旅行"制度。

观察与分析日本的教育,关键要结合中日教育特色来选择研究问题,即从日本教育经验中获取有益的借鉴。中日教育存在较大的差异:一是在教育理念目标方面,日本强调建成"学力社会",而不仅仅为了培养人和发展人,中国是实施素质教育,致力于培养人和发展人。

二是在教育系统建构方面,日本已形成完善和发达的教育系统,并存在学校和社会"两大"教育系统,后者包含社会系统中诸多子系统的教育职责,即建构了"社会参与教育"的系统,而中国教育系统在很大程度上是指学校教育系统,造成对教育的狭义认识与理解,只能培养个体人,而难以培养社会人。

三是在人才培养实践方面,日本教育更强调学生能力培养和教养育成,注重教学内容的多样性和教学方法的启发性,并引导学生深入社会实际,在人才考核和评价上更倾向于第三方的作用,而中国教育则更强调知识的灌输和掌握,在实践方面更注重应试教育,难以真正落实素质教育,学习内容严重脱离社会现实生活,教学方法更倾向于灌输式和记忆式,学生适应社会生活和工作的素质与能力较低下,同时人才考核和评价主要依靠学历与学位的标准,这也与当前中国相关社会制度的缺陷存在紧密的联系。

中日教育方面的差异性主要体现在学校与社会之间的关系上,即如何促使学校教育与社会之间建立必然的联系,以及如何让社会参与到教育事业发展中来?在上述问题的解决方面,社会教育系统可以起到重要的作用。但并非说中国社会教育系统就不存在,而是说中国社会教育系统还不完善与发达,而且体制与机制尚未理顺。

由上可见,中国需要强化社会教育系统的整合与构筑,以便寻求新的教育增长点或生长点。教育是面向未来的事业,中国社会要实现健康、科学和持续发展,就必须首先建构出完善与发达的大教育系统,并赋予各种社会组织以教育职责,从而形成"社会参与教育"的局面。从上述方面来讲,社会教育系统的整合与构筑又是中国实现和谐发展的战略选择，并且还具有社会发展策略层面上的重要价值与意义。

日本学校教育的场域并不局限于学校的范围。在学校课程教学中，日本教师不仅注重课堂教学，更为注重课堂之外的教学，比如鼓励学生在校园内或社会中完成课业，以及参观和访问社会相关机构，甚至在课堂教学中也注重师生及生生等之间的互动交流。日本学校教育存在"见学"、"见习"和"修学旅行"制度，形成具有特色的课外教育形式。

"见学"的词义相当于汉语中的参访，即参观与访问，主要以观察和听取为主要学习手段，大多选择日本国内外具有特色的历史、文化、景点、消防和军营等场所，同时注重互动交流，比如野营、研讨和辩论，甚至撰写"见学"报告。

"见习"与"见学"只存在一字差别，但词义具有细微的区别，"见习"更倾向于实际操作，比如工厂技能、办公室和企业管理等"见习"，在很大程度上是作为实习生的角色，深入社会组织的实际工作，而不仅仅通过参观和访问的形式。概括地讲，在教学内容上，"见习"比"见学"显然更为深入、细致，已存在现实角色的扮演活动。在学期或学年计划安排中，日本学校总会存在上述这样的课程，并形成固化的程式，即"见学"和"见习"制度。

在日本学校，"修学旅行"也很普遍。相比"见学"而言，"修学旅行"更倾向于时间较长、学校范围之外的活动，比如前往冲绳（琉球）和中国，往往由学校与其他社会组织，包括社会教育组织和其他社会组织协同完成，并要求学生承担部分的费用。相比而言，"修学旅行"与"见习"的区分较明显，前者主要是参观与访问，类似于长时"见学"活动，即中国所称的长时游历，而后者则倾向于时间或长或短的实际技能操作和训练活动。

无论是"见学"和"见习"还是"修学旅行"制度，都是沟通学校与社会的重要形式，并与学校教育形成互补关系，体现出日本学校与社会之间所存在的紧密联系，这也与日本旨在建立"学力社会"的教育理念目标存在深层关联。由上可见，"见学"、"见习"和"修学旅行"制度是日本学校课外教育的重要形式。

三 日本培养中国游学生的态度与政策

在指导中国游学生的态度上，日本大学导师存在两种颇具差异的特别现象：一是在表面上对中国游学生采取维持友好关系的态度。其中又可以划分为两类：部分导师本着专业指导的精神，无论动因如何，能兢兢业业地传授相关专业知识与技能；部分导师则纯粹只是表面上表现出的友好印象，或许存在某种因素的影响与作用，比如利用和诱导及其他现实性的原因，包括中国游学生的个人原因。对中国游学生而言，无论是何种原因导致采取上述的友好方式，都可以归结为上述这种友好类型。但必须特别阐明，即使是上述这种类型的日方导师，很多还是不想真正培养掌握日本先进科学技术的中华精英人才，并且想借机灌输亲日和反政府等思想意识，实现日本社会和政治的意图：培养中国人亲日和反政府的所谓精英人物，包括一些政治人物。

二是对忠诚中国政府的中国游学生采取恶劣刁难的态度。过去中国游日学生多为官员和富裕子弟，日本人极为看重，给予的待遇也很不错，其中以公费游学生为最多。近些年来，随着中国经济的跃升，普通公民子弟也前往日本游学。日本使馆在办理中国人游日签证时，要求提供详细的档案信息，据此了解中国游日学生的身份，并及时对信息进行系统管理，提供给日本相关接待单位，包括大学和国际游学生支援机构等。同时，上述接待中存在诸多管理人员和志愿服务者，专门对国际游学生进行组织、管理和服务。中国游学生则更作为重点关照的对象，并且还甄选合适的对象，进行重点观察与攻关，以便获取有利的信息，建立最初的"人脉"资源，灌输亲日和反政府的意识形态，服务于国际反华和中国反政府组织及其势力。同时，另一种可能就是对忠诚祖国的中国游学生进行相关迫害，比如采取迟滞学位获取，以及故意给予考试不及格等措施。反之亦然，可以轻易获取及格成绩和相关学位，或提供就业机会，诱导继续为其服务，即进行变相的学业交易。但这样事情发生的对象并非日本学生，而是中国游学生，这是问题的关键。由上可见，实质上日本人这样的做法是在糟蹋中国的英才。

在同期前往东京的中国游学生中，单君经历了这样的遭遇。对这样典型的现实个案，中国政府、游学服务机构和赴日中国游学生，应对事件过程和本质问题进行深入的思考、分析与甄别。日本存在上述两种社会行为，也符合其政治、经济和文化等领域中所充斥灵活原则的表现特征。日本时常提及"活性化"和"圆滑化"等词汇，实质上是在处理与日本相关的事件中，奉行所谓的灵活性原则。日本社会的运行可以概括为"虚实共生论"和"泥潭论"：前者揭示虚像与实像之间的变幻规律；后者揭示社会现象的实际状态，核心是阐述日本天皇制度和首相内阁制度的社会功能。分析与探究日本社会的制度设计及其深刻内涵，特别需要将上述两种社会理论紧密地结合起来，从而更为深刻地分析与探究日本社会现象的本质特征。

日本人对待中国游学生的态度差异也难以脱离上述灵活性原则，究其根本的目标，就是为日本自身的利益服务，而并非为培养和育成中国的英才。在上述方面，已存在较多研究，有的还就游学日本和欧美的学生对中国的贡献进行比较分析。当然并非否定游日学生对中国的贡献，而是分析与阐述游学生数量与对中国贡献之间的相对比率。无论是在近代游日浪潮掀起时期，还是在现代中国特色社会主义建设时期，日本与欧美诸国游学在贡献率上都具有较大的差距，重要原因在于：在对待中国游学生的本质精神与指导态度上，日本与欧美诸国存在显著的差异。欧美诸国也存在部分的歧视表现，但对中国优秀学生还采取欣赏的态度，并且不分国籍，着力于培养和育成英才，比如钱学森和陈寅恪。无论是在科学还是人文社会领域，上述英才都对中国社会的现代发展做出了重大的贡献。改革开放之后，中国派往欧美的青年才俊日益增多，获益者也很多。

当然，上述看法并非完全否定赴日游学的成效。其实从另外角度来讲，赴日游学生在日本复杂的社会环境中更能获取成长，毕竟日本是绝好的社会熔炉，能对中国游学生的祖国忠诚度起到应有的锻造作用，同时也能更为深刻地看清日本"反华邪性"本质，可谓需要弥补的社会功课。因此，可以将日本作为社会教育的补习课堂，从而提升中国游学生的爱国心与忠诚度。同时在日本复杂的社会环境中，部分中国游学生深陷其中，出现亲日和反华等思想情绪，这是需要给予特别关注与思考的社会问题。

据统计，中国赴日技能研修生现已达十余万人，数额已相当庞大。这样状况的出现存在深刻发展因素的原因，比如国际产业分工，以及中日社会和经济发展上的差距。日本社会朝向高科技化发展，势必造成其社会分工日益精细，出现处于社会日常和技能层面上劳动力欠缺现象，而中国技能研修生弥补了其社会这样的劳动力需求。究其根本，日本产业日益趋向国际化分布，日本年轻人求职出现朝向国际地域分流。但中国技能研修生工作和生活在日本社会的最底层，甚至很多人遭到资本家的盘剥，更有甚者命丧东瀛。

原因在于：一是近代日本军国主义和法西斯主义思想的延续与发展，并在社会现实中转化为具有"反华邪性"特征的社会行为。二是由于受到中日政治因素的影响，某些日本政治团体和势力借助这样现实性的社会现象，制造不稳定的情绪，从而有效地影响中日关系的深化发展，牵制国际舆论和日本政治的发展方向，明显存在"右翼"思想观念的社会影响，同时也体现出日本社会和文化中鲜明的"反华邪性"，并由思想观念扩展到社会行为层面，从而不时地出现中国技能研修生所受到虐待或死亡的社会事件。这样的事件出现之后，就会形成具有社会性热点的国际问题，从而在中日社会中产生舆论躁动，起到激化中日关系的社会作用。这样的方式对中国是沉重的代价，也是难以消受的状况。但日本社会还是经常出现这样的事件，应引起中国社会进行深刻的反思。

中国技能研修生如何规避在日本所遇到的厄运与不幸，现在已成为系统性的社会问题。同时当问题出现之后，需要通过一定的途径，确立起中国技能研修生在日工作和生活的权益保障机制。除了上述惨烈的情形之外，日本人对中国技能研修生的盘剥现象也不容忽视。中国技能研修生存在非法和合法赴日的两种情形。非法赴日人员还要支付赴日之前的中介费用，往往遭遇中日双方利益者的肆意操纵，同时权益保障问题更为复杂，很多人面临驱逐出境的风险。合法赴日人员同样会遭到社会风险，比如在日工作和生活环境的恶劣状况；难以沟通与交流的问题；克扣和停发工资与奖金的情形，以及业主故意刁难和恶意虐待等。

日本业主的盘剥方式可谓多种多样，比如扣发工资和加班费，或几个月不发工资或加班费，或索性蒙骗研修生，声称用工结束之后才发工资和加班费，更有甚者让研修生成为现代包身工，不提供劳动工资和加班费，或采取提升生活费的办法，收取在日生活中的电话、卫生和器具租赁等费用，回收研修生的劳动所得。上述费用相加之后，基本上将研修生工资和加班所得全部收回，甚至还要通过延长加班，才能维持在日的基本生活。相对而言，研修生工资和加班待遇也很低，难以获取过多的盈余。对广大研修生来讲，遭遇上述一至两种情形，在日本社会非常普遍。

针对中国技能研修生在日本社会所面临的上述情形，中国政府和社会应在根本上解决：着力推进中国社会和经济的发展，缩减中日科技和经济差距，以及塑造主体优势的社会心态等。当然，合法寻求问题的解决也是必要的选择路径。在东京游学期间，曾经参加早稻田大学中国游学生组织举办的"在日中国技能研修生的权益保障问题"专题研讨会，参与者包括日本研究学者和在日华人记者莫邦富、湖北在日遭难女工、中国游学生组织成员，以及自愿参加者。但运用这样的方式解决问题案件的比率过于弱小，更多案件最终以中国技能研修生被驱逐出境而宣告结束。

中国游学生在日本社会兼职中的权益保障问题也不容小觑。随着中国社会和经济的发展，近些年来中国游日人数迅猛增长，其中的成因较复杂，主要包括：日本政府采取措施，扩大国际教育规模，在更大程度上吸纳其他国家的人才和智力资源；中国社会和经济出现较大程度上的发展，中国人更能自主选择接受教育的机会。据统计，近些年来，增长最大的是自费游学生，这已成为中国游日学生的主要组成部分。

游学生到达日本之后，首先要接受一至二年的预科学习，大多只是补习日语。况且，游学生在中国的学业处于高中毕业甚或更低层次，大多在中国没考取理想的大学，甚至没考取大学，因此在家庭经济许可的情况下，凭借父辈经济实力和社会关系的支撑，赴日继续完成大学教育，其中不乏优异俊秀者，但毕竟少数，比如陈君就是其中的非常优秀者。赴日游学生基本上都是为了实现人生目标，以及求取更大的发展。但众多游学生经过几年甚至十年及以上学习之后，最后的结果存在较大差别：少数凭借自身努力完成学业，并获取专业学位，有的甚至获取名牌大学的博士学位，但大多只完成本科或硕士学业。日本容易通过前两个阶梯，而博士学位则普遍较难获取，主要的原因是异域求学艰辛，需要解决生存问题。

在日本社会中，学习和生活并非易事，因为在日生活费和学费相对都较高昂，富裕家庭也难以全部支撑这样庞大的消费。据数据推算，中国游学生每人每年在日消费应在10万元人民币以上。为解决在日学习和生活问题，大多选择在日本社会担任兼职，或承担计时工，此即所谓半工半读，借以完成在日本的大学学业，可谓充满艰辛与磨难。对公费游学生而言，则较少存在上述的情形，但也有不少打工者，目的是弥补日常生活和学习消费，甚或补贴家用。事情都具有两面性。中国游学生在日打工，虽然获取的是日本最低工资水准，有时还会遭受雇用者的肆意克扣，但相对中国社会工资收入还处于较高水准，比如时计900日元至1000日元，基本上相当于60元至70元人民币/时的劳动报酬。

对中国游学生来讲，在日打工与学习语言、业务实习相得益彰，很多人将打工行为看成在日历练，以及学校与社会、知识与实践的结合。有的游学生甚至利用业余时间，参加义工活动，以便更好融入日本社会。有些游学生甚至利用在日打工，结交日本人、中国人和国际游学生。由上可见，中国游学生在日打工，并非完全不可取，关键是打工的出发点对在日游学生活，以及学习专业和课程，是否存在有效的补益。

在日游学生为日本社会提供了大量廉价和低级岗位上的劳动力，这是日本借扩大游学规模的名义，引进其他国家青壮年劳动力的重要措施。日本还借机通过收取高额学费、住宿费和其他生活费，大量地搜刮外汇。同时采取降低学业标准等措施，比如在本科阶段最为常见的是允许及时毕业，甚至变相贩卖学历和学位，目的是吸引低级岗位工作的青壮年劳动力，为日本社会提供廉价的劳动力服务，而日本人却从事科技产品的研发与应用等高级岗位上的专门职业，这也是日本社会呈现科技发达的深层原因。通过出口具有高附加值的科技产品，日本在诸如中日双边贸易中又出现大量的"出超"，从而形成更为发达的社会状态，并以此构成长期的循环，由此中国就成为日本低级岗位工作链中的廉价劳动力输出国。

中国赴日自费游学生规模明显偏高，这是清末以来普遍的社会现象。从历史视角来讲，日本接受大量的中国游学生，本意并非为中国培养实用的科学技术人才，而是造就亲日和反政府的政治投机者，以及为日本提供非高科技领域中的低端人才。当然也为中国培育了学有专长的人才，但并非日本接受中国游学生的本意。清末时期如此，现今日本还保持这样的战略目标。日本已形成知识和信息保密的严密机制与处置措施，因此即使具备参与研究和开发的能力，中国游学生也难以接触到日本高科技研发的机会。

由上可知，日本与欧美诸国都奉行对外保密策略，但在知识和技术等层面上，日本的防范有过之而无不及。日本人的对华围堵及对中国人的保密是显然的事实，用"昭然若揭"形容也不为过，甚至在某些时候很符合中国人的逻辑，以致诸多中国人也认为他们可以这样做，或应该这样做，或许这是中国人针对日本人的习惯进行换位思考的缘故。但对日本或日本人，中国人不应都采取换位思考的做法，有时还需要从另外的视角考察，这也存在历史的前例。从对日本或日本人的态度上，"以小人之心，度君子之腹"的做法具有一定的历史必要性。向来不妄自揣摩日本或日本人，但游日之后逐步用审视的眼光或心情观察与思考，发现日本或日本人相异于欧美或欧美人，更不同于中国或中国人，虽然日本文化与中华文化之间存在特别的形似。

中日社会发展阶段表现出巨大的差异，社会福利和工资待遇等也存在较大的差距。从劳动者获取的日均工资角度来讲，在日本特别是东京地区，劳动报酬在1000日元左右/时，相当于人民币70元至80元，但在中国即便是北京地区，以每天工作8小时计，平均劳动报酬只有100元，相当于在日本1.5小时的收入，这就是中日劳动报酬差距。在国际劳动力转移中，这样的差距导致和吸引大量中国人赴日务工。虽然具有较大风险和歧视，但还是有大量中国游学生和研修生在日务工，为日本经济发展提供低级技术和服务岗位的廉价劳动力。廉价是与日本社会的平均务工待遇相比而言的，这是中日社会发展和劳动报酬存在差距所造成的结果。

对中国游学生而言，在日本社会兼职务工，主要是筹措学习和生活等费用。正是由于存在中日汇率上的巨大差别，特别是在相同报酬之下存在劳动强度上的差别，致使从家庭获取在日费用已得不偿失，因而在适应日本社会之后，中国游学生就开始在日本寻找合适的兼职，以释放家庭经济压力。但也有富裕家庭的子弟，比如听闻在新宿街头飙车和放荡的官员子弟。但就大多游学生而言，还是感到在日学习和生活费用较昂贵，因此珍惜家庭的支持，尽量通过社会兼职，获取劳动报酬，从而有效减轻家庭经济上的负担。除了大量中国游学生之外，还有部分借用研修生名义前来务工的人员，其中大多是技工人员，也有服务行业人员和农业工人。技能研修生在日本社会主要从事低级技术工作和社会服务，以弥补日本社会低层岗位劳动力的不足。来日务工人员在社会和经济等方面存在诸多更大风险，尤其是在日安全难以保障，受到伤害也就不足为奇。

在东京游学期间，参加早稻田大学中国游学生支援团体研讨会，旅日著名华人记者莫邦富和两位受伤害湖北女工参加，讨论的主题是如何为受到伤害的在日湖北女工提供法律援助的问题。像这样的案例还有很多。《中文导报》也曾经报道中国技能研修生在日工作中受到伤害的事件，比如轧断手臂和卷入机器死亡，其中或许还存在人为的因素。发生这样悲剧事例的根源，还在于中日社会发展上的巨大差距。

中国人在日务工人员为日本社会提供了青壮年劳动力，部分地弥补了日本社会低层岗位的劳动力不足，比如技能和服务行业。另外，还有大量的华工，据不完全统计，仅2008年有70余万人。这样庞大的在日华工包括华侨群体，其已在日本社会立足，并呈现出家庭的社会形态，有的甚至拥有日本籍，成为法律上确认的日本人，但依然无法掩饰华裔的身份。每位华工在日经历都是故事，或刚刚开始，或已有丰富和跌宕的情节，甚至有些已度过几代人，或已淡忘自己华裔的身份，偶尔会追忆前辈在日追梦的历史。那些刚刚步入日本的华工，代表了群体中最艰辛和具有梦想的一些人。

偶尔在华人报纸上见到有关在日华工的调查报告，浮想联翩、感慨良多。无论是华工、华侨还是华裔，都会感受到来自日本人的异样目光，以及遭受特别的际遇。从调查结果来讲，大多都表示，在这样社会中工作，并非最佳的选择。但由于目前中日社会发展还存在显著的差距，因此还愿意留在日本社会，虽然生活和工作的环境等会存在特别的感受：有时对日本的社会秩序和生活环境充满欣赏；有的在内心中对中日社会发展差距进行对比，发表痛心疾首的言辞，毕竟根还在中国的热土。在日中国人群体存在复杂性特征，有的不愿这样称谓，或已出现健忘的迹象，甚至不认同是中国人或中国人的后裔，这里姑且将这些人排除在讨论之外。

无论是吸纳华工还是接收中国游学生和研修生，都存在深刻的社会原因，根本的是日本社会的现实需求。近些年来，日本政府制订接收国际游学生数达30万人的庞大计划，但计划的出台并非出于国际慈善的目的，而是基于日本社会的现实需要。当前国际社会之间的联系日益紧密与频繁，主要依靠人与人的联系，获取相互之间的联络。日本政府借用大量接收国际游学生的做法，不断地拓展日本人与外国人之间的联系，从而在日本与国际社会之间达成扩大沟通的目标。

在落实当前国际游学生政策时，日本就已充分地考虑到这一点，比如加强对来日游学生的管理，特别是传达日本的国家和民族意识，甚至不惜借用或盗用东亚其他国家的传统文化因素，比如日本教师在日语课堂中讲述"牛郎织女"的故事，并作为传统日本文化的内容。作为课堂中的中国游学生，当时不禁感到诧异，不吝奋起反驳，但依然无济于事。

不仅如此，日本人还采取其他途径和做法，从而达到自身的目标：在国际游学生居住的地点，依照日本人逻辑，经常举办一些活动，比如在会馆中悬挂世界各国的旗帜，其中有中国台湾地区的旗帜，但却没有中国香港和澳门地区的旗帜，更没有国际社会中不具备国家名义的其他地区旗帜，说明日本人依然将台湾视为中国之外的地域，甚至可以说存在制造"两个中国"和"一中一台"的嫌疑。日本人还故意地将国际政治因素掺杂到会馆小环境，借以扩大中国大陆与其他对华不友好国家学生之间的矛盾。比如，经常故意地制造中国人和印度人学生之间的纷争，或评论中印关系时局，从而激化中印历史和现实上的矛盾。同时，在会馆扶持其他反华国家的学生组织及其势力，借以排挤中国游学生在会馆的地位与作用。

  日本采取扩大接收国际游学生的政策，存在战略上的考虑，这是显而易见的事实。扩大招收中国游学生也存在这样的考虑，而且还具有更为深远的战略目标。由于受到日本政治和文化思想的影响与感化，导致中国游学生养成政治投机心理，归国之后就走向两种极端：现实政治投机和亲日反政府的思想与行为。但在日成长的社会风险难以避免，另外培养和造就了低质量和难以代表科技前沿的海归知识人。通过特殊的做法或途径，日本大学准许学习成绩低劣的国际学子毕业回国，并帮助其凭借海归的身份，获取突出的社会身份与地位，包括优质成长的机会。

  上述两种人和现象都是客观存在国际社会的事实，并非简单杜撰的谎言。亲身到达日本之后，在沟通与漫谈中，通过观察与交流，可以审视其中蕴藏的奥秘。同时，在会馆也会见到优秀且桀骜不驯的游学生，但最终难逃不予录取或不准予毕业的厄运。单君的经历就是鲜明的现实例证。但并非所有的日本大学皆如此，仍然有些正常的情形，并具有客观条件保障，而非必然的事实，比如中国游学生与日本导师之间的关系处理，特别是学生的素质与态度，尤其重要的是对日本的态度，即不能表露出厌日和反日的思想与意识。用中国俗语来讲，在日本要夹着尾巴做人，由此也印证"祸从口出"的道理。

  从获取博士学位的难易程度来讲，日本大学显著地存在如下两类：一是难以获取博士学位的大学，比如东京大学、早稻田大学和京都大学，其博士学位授予虽然适合日本社会的用人需求，但并不适合中国游学生学习目标的达成，即造成难以获取博士学位，而滞留在日本社会。但从另外角度来讲，迟滞了中国精英人才的成长，即未获取博士学位的高层次游学人才，难以适应中国社会用人制度对学位条件的要求，从而对上述人才在中国的成长造成巨大制度与人为障碍，由此导致大量这样的人才滞留日本。

  二是轻松就能获取博士学位的大学。据在日追寻近十年博士生陈君介绍，在日本大学攻取博士学位普遍较困难，但降低质量门槛的大学也不乏存在。在这种大学毕业的博士,相对日本境内其他著名大学而言,在学术素质上的差距明显较大。这里有事例可资实证。陈君讲述,曾经参加一个学术研讨会,目睹这样的情形:有一位日本博士进行学术阐述,由于缺乏学术规范、内容贫乏和逻辑混乱等问题,其间某位声望极高的专家打断发言,这在日本学术会议中较罕见,而且这位专家的第一句问话:"你毕业于哪所大学?"让这位博士很尴尬,顿时颜面无光。这种大学毕业的博士在日本社会中并不吃香,但却不断扩大招收国际博士生,其中不少来自中国。上述两种类型大学的博士授予具有较强典型性的特征:前者迟滞国际优秀博士人才学成归国,后者造就学术质量不高的博士,两者形成鲜明的对比。

针对日本大学博士授予的相关情形,切实需要采取相应的措施,既要利于让学有所成但尚未拿到国外名牌大学博士学位的英才,顺利归国并才有所用,同时也要通过必要的措施,对国外大学颁授的博士学位给予学术素质考察,做到量才使用。要做到上述方面,关键要切实转变人才观念,考察是否已具备从事学术研究的素质与能力,同时开辟国内认可和使用人才的绿色通道,摒弃在用人制度上的崇洋媚外思想,真正做到才有所用、依才使用,而并非仅仅依凭是否拥有博士学位。人才的素质与能力千差万别,个性与气质等方面也迥然有异,因此综合考察和量才适用非常必要。但目前中国在用人制度方面与这样的标准还存在较大的现实差距。若单凭学位和学历的标准,以及"海龟"与"土鳖"的差异逻辑,选择和使用人才,可能导致"非整跨中国不可"的用人风险与社会代价。因此,中国的用人制度应慎重地进行改革,实现中国人才和智力的健康、科学与持续利用,从而更为有效地推进民族复兴和国家崛起,并让中国有尊严地屹立于世界。

第二部分

访见广闻录

体验日本大学防震演习

依照往常通例,晨起便赶往"学艺",准备学习日语课程。但到达上课地点之后,国际课许老师前来通知,上午活动改为先参加防震演习,地点设在校内道路两侧,演习结束之后才上日语课程。许老师祖籍上海、来自香港,在日游学多年,然后就职于"学艺"国际课。随着上课时间的临近,同学们也都先后到达。大家很清楚,日本是多地震的国家,因此对参与地震演习都很感兴趣。于是很快组织起来,会聚在教室外,听从许老师的安排。当到达演习地点时,看到已停放多台特制的车辆,其中有模拟震灾的地震体验车、模拟火灾的烟雾体验车,以及各种防灾用具和饮食等体验展台,比如地震时用的非常食品、灭火器材和救护等场景。演习目的主要是为"防患于未然",日本社会经常会举办类似这样常态性的消防演习。

此时,日本学生已开始体验。日本学生很活跃,没有任何的拘束,但保持良好的纪律与秩序,自觉地排队,并有序地体验上述项目活动。在日本,学生参与体验的机会很多。国际游学生只参加其中的地震体验。到达日本之后，已历经多次地震，虽然震级并不高，最为严重的是感受到震动与摇晃，估计在三至四级的强度，但这在日本是平常的情形，不会引起恐慌。原因在于：一是中小强度的地震在日本时有发生，已有所适应。二是日本的楼房等设施都具有较强的抗震设计，一般能抗七至八级以上强度的地震。因而对日本人而言，遭遇三至四级强度的地震，如同处在母亲摇晃的"襁褓"之中，只有幸福的"快感"，而并无惊慌的感受。

经过一段时间的等待之后，终于轮到国际游学生参与体验。其实这样的体验在中国游戏场所也曾经历过，并没有感觉到特别的新奇，但经历的次数有限。在日本大学与国际同学一起体验，却另有一番特别的感受。体验时以三人分组，进入地震模拟车，当然要发扬女士优先的原则，让女同学先体验。在地震模拟车中，进行一些必要的练习动作，即当地震发生时，如何将头藏于桌子底下。日本的桌子大多钢筋制成，具有较强承重的能力，能起到对人体的保护效果，适合像日本这样多发地震的国家。上地震模拟车时，先脱去鞋子，接着就是"猫进"地震模拟车，然后手扶模拟车内的桌腿，当上述方面都准备好了之后，地震模拟车就颤动起来，大有地震发生时的感受。约持续两分钟之后，地震体验也就宣告结束。

在日本社会中，参与各种体验式的演习，显得较为平常。当这样的活动开展时，通常是社会机构与民众之间的互动过程，会馆曾经进行过两次消防演习。当时消防员将各种消防器具带入会馆天井处的地面，然后召集旅居会馆的国际游学生参与。消防员做示范性动作之后，国际游学生开始体验。这样的体验较受欢迎，参与的学生很多，现场的气氛也相当活跃。另外，在日本公园中见到消防演习的场景，这是消防员的日常训练课目，氛围自然比演习严谨很多，各种动作显得更为规范，具有军事训练的感受。再有，曾经前往东京消防局，参与消防"见学"活动，最感兴趣的当属体验人工呼吸的操作流程。在各种体验式演习中，都渗入了社会教育的内容，反映出日本社会机构参与教育的运行机制。当到达体验地点之后，一般都会有专门人员出面接待，然后进行项目活动内容的讲解与示范，最后组织"见学者"的模仿和参与，从而达成教育的成效。

中国在诸多场合中，也会开放一些社会性机构，但更多的情形是参观与访问，即参访，较少组织这样体验式的项目活动，更难以做到互动。主要是存在机制上的原因，因而也就难以发挥社会教育的功效。由上可见，增强社会机构的服务意识，不仅要改善接待的态度，而且更多应做好项目的活动设计与机制建构，比如如何实现接待员与来访者之间的互动；如何保证来访者体验活动的开展？更重要的是如何促使这样的项目活动达成社会教育的效果，同时还要处理好经济效益与社会效益之间的关系。在很多情形下，社会机构要以社会效益为主要目标，而不应以追求经济效益为优先。但中国社会机构却沾染了市场经济的恶习，甚至超越了诸如日本这样的资本主义国家，需要进行深刻的反思。重要的是要强化机制的创设，从而发挥"社会机构参与教育"的热情，并促使其承担起相关的社会责任。

参访日本国家博物馆

在会馆中，见到参观日本国家博物馆的海报。于是早晨起床，准备前往位于上野的日本国家博物馆。在厨房做早饭时，正巧碰上单君，于是邀请一同前往。但单君需要先到东京大学，然后才能前往。于是借机同行，参观东京大学。

早餐之后，出发前往东京大学。在东京大学校园中，还拍了一些照片，并在校内商店买了些蛋糕和牛奶等午餐食品，随后徒步前往上野公园。上野公园中有一处景点："不忍池"，池前有一座"不忍碑"，池中嬉戏的水鸟甚多，池中的荷叶呈现出行将枯萎的状态。园内游人往返不息，氛围很祥和。越过"不忍池"，前往"东照宫"，并观看卓有特色的兰花展。在前往"东照宫"的路上，见到一处神社，遇上几位上海游客，相互寒暄几句。随后单君要求在神社前照相留念，但笔者觉得气氛阴森，就没给自己拍照。在"东照宫"，除了连接路途的拍照景色之外，也不想过多拍照。在前往日本国家博物馆的路上，还有一处喷泉，觉得很有特色，于是相互拍了照。然后过街，进入日本国家博物馆。

参观日本国家博物馆之后，甚感日本文化的贫乏，其中较多展品为日本民间的寄赠，并没有明确的出土说明，更不要说注明出土的具体地点。即使注明，也只有国别的名称。可以这样地说，多数展品都来路不明，毫无日本文化的根底，比如"虾夷"（现今的北海道）和"琉球"（现今的冲绳）文化介绍，多半依据中国的典籍记载，字画作品也多模仿中国花鸟和山水的技法。

最痛恶的是东洋馆，内部展示大量的中华文物。无论从学术价值还是现实价值而言，展品都有连城之价，甚至在中国博物馆也难以找到。东洋馆的设置较独立，有好几层，除了朝鲜半岛的少数文物之外，大多都展示中华文物。文物的来源众所周知，也不排除某些展品存在正常的渠道，当然还有乘势收购的文物。在东洋馆中，见到好多位中国游学生，都在认真为每件中华文物摄照，表达出扼腕叹息的神态。这样的情形会让所有中国人无法掩饰内心的憋态，大家都充满忧伤的情绪，表情也显得异常凝重。若国内传统文化的学者观看，有何感想呢？

现代世界需要依靠实力说话，有实力方可言和，有实力方可言文化和尊严。日本借中华文化，渲染日本文化，其中的含义已很清楚。《中文导报》报道来日技能研修生的凄惨遭遇，其中诸多情节值得深思。在本质上来讲，明治维新以来，日本人开始瞧不起中国人，其中存在深刻的文化根源。从文化战略层面而言，在渲染日本文化的同时，日本人还借机对中华文化进行肆意的侵蚀与掠取，这样文化层面上的浸染具有在和平时代进行文化侵略的意味。文化对一个国家来讲，特别是在和平时代，更加具有战略的意味。在日本国家博物馆中，展示大量的中华文物，其实是对中华民族尊严的侮辱与挑衅，更是对中华文化的劫掠与亵渎。

对来日中国游学生而言，由此真切感受到中华民族的耻辱。除了陷入沉思与反省之外，还能干什么呢？应记住历史不会相信眼泪，必须依凭国家的综合实力。中国必须借势发达科学技术，发展社会经济，增强国防实力，更加需要团结起来，致力于推进中华民族的复兴。关键要努力促进科学知识和技术工艺的发展，实现科学技术的现代化，推进科学和技术的实用化，这是摆在全体中国人面前的战略任务与重要使命。

前往华人聚集地：新宿和大久保

晨起，邀单君同往华人聚集地：新宿和大久保。用完早餐之后，出发前往新宿。交通很便利，存在两条路线：一是从祖师谷会馆到成城学园前站，步行约一刻钟，然后乘坐小田急线有轨电车，到达新宿。二是从祖师谷会馆骑自行车，到达仙川站之后，乘有轨电车直达新宿。相比而言，第一条路线显然更为方便。

基于经济上的考虑，依从单君的意见，选择第二条路线。其中存在两个好处：一是交通的票价相对较便宜，虽然车速较慢、停靠站点较多。二是单君可以使用月票，更经济一些。到达东京以来，基本上没从仙川站乘过车，感觉不比成城学园前站，不仅站台陈旧和老化，而且也不比小田急线的车辆档次。车行新宿之后，待的时间不长，只路过而已，主要的目的地是大久保。

从新宿步行至大久保，沿途见到很多高档商店和其他行业的营业场所。在这里，着实感受到日本的资本主义特色，显著的是各种黄色的东西醒目标识在营业场所门前，比如黄色书刊店和记时宿店，以及其他娱乐场所。毕竟还不适应这样突然的变化，很快从新宿转往大久保。

已过晌午，决定在位于交叉路口的饭馆吃饭。没想到店主是来自中国长春的朝鲜族人，这位50余岁的妇人很好客，见俩中国人进入店内，热情地招呼，随后用中文攀谈起来。这样，知道了她来东京的经历，以及对中日的感受。她随女儿来日本，在东京近20年，开了家小饭铺。她谈到东京的安静氛围和良好的社会风气、人与人之间的相互尊敬、畅达和便利的轨道交通、和谐与优良的社会秩序、整洁而有序的街道，以及优美且洁净的环境，还谈到对中国和长春城市的印象，以及中国和长春城市的变化，特别是改革开放以来出现的新气象,包括环境、交通和人的素质,但依然感觉与日本相比存在的差距,比如盛行吃喝的问题。她谈到,中国存在大吃大喝的社会现象,日常生活中还存在不排队的恶习,常见酒后斗殴等不良习气,还有饮食卫生问题。然而,日本社会很少会发生上述事情,至少日常生活中是这样的情形。她还特别提到日本餐饮通常采用的份饭形式,而并非大碗共食,中国餐饮可以吸收与借鉴。

由上可见,中日社会治理方面存在较大的差距,既体现为中日文化上的差异,同时也体现为中日社会风气上的差异,更为表象地呈现为人的素质差异。中国应吸取与借鉴日本社会的长处,比如在中国社会,食品浪费已成为社会的常例,这并非文明社会应有的现象。在《中文导报》中,曾经见到日本"钱是你挣来的,但资源是公共的,浪费公共资源是可耻的"这样的论述。中国社会的大吃大喝问题在本质上是对公共资源的浪费,需要采取有效措施,尽速解决上述社会问题。

在东京华人社会中,大久保是让人倾心的地方。实质上这里已形成华人商业区。到达大久保之后,首先映入视线的是街道两边的华人商埠,店面并不大,有点像中国城镇的规模和特色。华人商埠内多中国货,物品较繁多,价格也相对便宜。但大久保街道两侧的卫生条件明显比其他地方的要差,商品包装也相对粗劣,感觉在销售低级的商品,虽然观感上这与质量不存在必然的联系,但优劣混杂很明显。光顾华人商埠的,大多是在日华人,而且多为大陆人,比如中国游学生。对来日中国人而言,华人商埠具有某种程度上的亲近感,在这里不仅可以直接用中文交流,以及充溢丰富的中国商品,而且价格上也较合意。

在大久保,逐个走过华人商埠,购了不少物品。额外收获免费提供的中文报纸,包括《中文导报》。在大久保的华人商埠,还见到多种反华性质的中文报纸,这是需要特别注意到的问题,体现出日本社会的"反华邪性"及其诸多现象。从大久保回来时已近黄昏时分,收获颇丰,不仅购买大量的日常食品和用品,而且还拿到精神上的食粮,虽然感到存在良莠区分的问题。然而对笔者而言,上述问题已不具有太多的影响力,毕竟已感性认识到日本社会的"反华邪性",并能近距离地观察与分析其中的现象,由此激增中国情怀。翻阅收集的报纸时,将有价值的内容裁剪下来,以便了解日本社会的华人个体或群体,加深对日本文化、社会和教育等方面的认识与理解,从而探寻剖析日本社会各领域的确切路径。

高尾山观感

在参加 2007—2009 年度项目的中国游学生和访问学者中,旅居会馆者达数十名,其中以接受长春日语培训者较多。在会馆居住日久,相互之间逐步熟悉起来,开始开展外出游览等集体活动。由东京大学博士生冯君组织,一行五人从会馆出发,随后又与居住其他会馆的两位博士生会合,总共七人(其中女生四人,男生三人)前往高尾山游览。

高尾山的红叶在东京较有名气,课堂上日语老师也给予推荐。但到了高尾山之后方觉很普通,国内如此景致的山很多,只是此处树木葱郁。据当地人讲,其中有一株古树,有 450 余年树龄。联想到国内城市周边的名山,应深刻反思新中国成立初期对林木和植被的破坏,需要选择环保型和可持续发展的社会生产方式,建立具有现代科技发展水平的工业系统与社会系统。

首先,必须确立科学知识和技术工艺在教育与企业等行业管理中的优先地位,放开思路并引入民间资本及其能量,构建多元发展模式。要注意做好如下几点:一是加强科技发展资金的管理与监督,将科研资金真正运用到科技创新,而并非消费在社会生活领域;二是树立知识产权意识,切实通过法律和规制等有效手段,鼓励科技专利的申请与开发,保障科研人员的专利开发权利;三是落实和制定鼓励科学研究的相关政策,引导社会重视科技创新;四是在推进国家高科技研发的同时,鼓励民间资金投入科技创新,提高社会管理领域的科技系统应用水平,从而提高国民社会生活质量,推进社会生活的现代化。

其次,加强资源供应和公共服务等方面的规制,激活资源利用的社会效率，提升公共服务的社会效益。在上述方面，日本模式具有很大程度上取舍的鲜明特征：一是秉持公共场所资源利用的最大化，提供充足的公共资源。资源由国民享用，但并非无效率的利用，而是运用科技系统等有效手段，确立和保障节约的理念。但针对个人消费资源的情形，日本社会则奉行最小化消耗的原则，缩小个人消费资源的空间，主要的做法是征收高昂的资源利用费用，比如对个人消费的电力和燃气资源，给予较高收费，即在社会公共场所内，可以提供充分的资源供应，但只要在个人居处使用，资源消耗的相关收费就会显著提高。二是开放公共活动资源，降低维护成本。比如在高尾山，便道就很普通，而且这里没有太多人工的痕迹，一般都是就地取材，取木桩代替中国广泛应用的水泥钢筋甚至石料栏杆。将木材做成护栏，既不存在人为地破坏环境，又显得朴素与典雅，做到自然景观与环境的有机融合。由于日本公共活动资源呈现出开放的状态，故而虽然景致给人感觉一般，但游客却相当多，这就是自然开发与保护环境相统一的结果。中国的情形是多建宾馆、饭店和人文景点。因而在这一点上，日本的经验值得吸收与借鉴。其实在自然景观中，游览者享受的是自然美景，收获的是保护自然环境的意识。高尾山没有设置垃圾桶，游人的垃圾自行带走，这已成为日本景区的通例与特色。游览中发现没有乱扔垃圾的现象，游人都表现出较高的环境保护素质。

然而在中国的游旅景点，虽然设置很多垃圾箱，但仍然有人乱丢垃圾和破坏环境，增加环境保护的成本，因此中国应提升国民的环保意识，改变不良的社会和生活习气。在这里，仍然想起那句谚语"金钱是你自己的，但资源是公共的，浪费资源是可耻的"，需要牢固树立珍惜资源的意识，同时还应改变公款吃喝等腐败现象。中国要在增大公共资源供给量的同时，采取提升个人空间资源消耗的费用，促使公民树立和保障节约社会资源的意识。

在高尾山游览过程中，不仅产生的垃圾专人负责带下山，而且保持井然的秩序，赏景和游玩的全过程也都很开心，感到收获颇丰，但对高尾山的景致不太赞赏。虽有红叶特色和古木参天，山中的景致感觉却很一般，似乎缺少点什么。或许，缺少的就是中国城市周边名山的人文气息。但就这一点来讲，暂且认为是中日文化上的差异。

三 崎玉"见学"行记

"学艺"国际课组织游学生参与"见学"活动。当日早起动身前往"学艺"，在正门前广场集合。进入"学艺"大门，就见到停放两辆中巴车，车前已有国际课老师在做签到服务，学生三三两两陆续上车。车内已坐不少学生，其中有中国博士生吴君和文君，以及尚未认识的其他中国游学生。随意坐到后排的位置，这样可以放开视线，尽情观看外面的风景，以及明了车内的情形。中巴车很快驶入正道。与北京公路相比，感觉东京公路普遍较狭窄，这与日本的地域特征存在很大的关联。"见学"的目的地是日本风景秀丽的县域——崎玉县的三处旅游景点，即在长瀞划船、在秩父参访酿酒博物馆和传统工艺博物馆。

车行约两时之后，中巴车顺利停在长瀞。长瀞因一条河流而出名，两岸满是护堤的树木。河流较宽，当然只是相对而言，没法与中国的长江和黄河甚至其他河流相比，只是在日本相对宽一点。组织者先行预约几条小船，每条船上有一位艄公，都是年富力强的乡村年轻人，约30岁左右，穿着统一的制服，这在日本是惯常的社会现象。看上去河水并非很深，艄公掌控小船前行的状态，游学生大多忙于拍照留念。长瀞并没有特别令人惊异的地方，只有潺潺流淌的河水，有的地方只能以涓涓溪流名之。偶尔会遇到转弯处，河水明显要深很多。最感兴趣的是艄公古朴的形象，很有中国电视剧《水浒传》中的剧照感觉。下船之后，步行前往附近的商业街，很像中国乡镇集市的门面，内外摆放很多本地的特产，大多是糖果、茶叶、点心和玩具之类，很像中国旅游点的场景，但都明码标价，不存在欺诈销售的行为。在这里，买了本地的小吃，准备回国时带给儿子尝尝，表达为父的心意。

游完长瀞的小街，登车前往秩父的酿酒博物馆。这是介绍日本酿酒工艺的文化场所。馆舍内部装饰很简朴，但具有历史与感性的特色。除了与中国同样的馆舍门楣，内部存在各种形象的设计，比如超大酒缸、酒瓶和酒类招贴，以及过去时代日本酿酒业的历史，还介绍酿酒的基本程序。馆内设有当地特色的酒类专卖柜台，形如超市、自由选购。比较喜好酒，对日本的清酒也很感兴趣。清酒味道较为平和，酒精度偏低，大多十几度，相当于啤酒的度数。

随后，登车前往"见学"的第三站：传统工艺博物馆，这里主要是日本的丝绸和造纸业。其间，观看日本传统的丝绸工艺，特别是旧式纺纱和织布机器，但看来是中国舶来的，同时体验日本的造纸工艺，日本人称这种纸张为"和纸"。组织者安排实践性的体验，每人尝试制造一张"和纸"。基本程序：拿个筛状的制纸物，将纸浆装入平摇，形成平滑的纸面，最后控干水分，形成所谓的"和纸"。看来是中国传统的制纸工艺，日本却保存了下来，并通过体验方式向外部世界宣传。而在中国，大多只能从历史书籍中看到它的剪影，难以体验到这样制纸的工艺流程，或许此即中日在对待社会文化和教育态度中存在的差异。相比而言，中国肯定存在差距，故而产生莫名的感受。

由上可见，教育的发展是社会系统工程，并非仅仅是接受到适宜的知识教育，学校更应提供丰富的社会体验机会，开展多种社会文化和教育活动。社会文化和教育机构更应主动地与学校等教育机构合作，开展具有教育意义的体验活动，把学校教育与社会教育紧密地结合起来，从而形成由家庭教育、学校教育和社会教育"三位一体"的大教育系统。但中国现行教育系统存在单一化问题，没有进行必要的大系统规划与设计。系统工程理论是钱学森奉献的超级宝藏，值得进行深入的研究与实践。当前中国学校的教育课程多设置在课堂，尚未超出学校——这个狭小的空间，要给予认真的思考。因此，需要解决如何将课程设置到社会之中的问题，让社会成为大课堂，从而实现陶行知所开设"社会大学"的梦想。这项举措关系到中国的发展和未来，需要给予特别的关注与重视。日本学校教育已与社会教育系统融为一体。从教育系统构建角度来讲，日本已形成学校教育系统和社会教育系统并行的大教育系统。中国教育系统图式仅仅描绘了学校教育系统，而将社会教育系统排除在教育系统图式之外,这是中国教育系统规划与设计中亟须改变和矫正的重要问题。

参访结束之后,登车返回"学艺"。总体上来讲,"见学"活动组织得很好,应当感谢"学艺"国际课老师和志愿者的精心策划与安排。

崎玉"见学"补记

崎玉"见学"之后,存在很多感触:一是日本城乡结合的宏观规划和农村城市化的情形。居住的会馆位于东京都核心区:世田谷区,周边坐落的是富达家庭的别墅,别墅周边有庭院,院内栽种名贵花木,修剪得也很齐整。会馆东边有公共花木种植和多处菜园用地。早晨菜园主人都会将新鲜的蔬菜整理好,摆放在附近的荫蓬之中,并标好价格,旁边放置投钱的罐状物,其实这就是小菜店,顾客自己选择、投钱入罐,并自行拿走合意的蔬菜。这是东京核心圈中城乡结合的奇妙景观,远不同于中国单纯的农贸市场。通过参与见学活动,又发现日本社会的另类景观:农村城市化的情形。日本城市的覆盖面较广,用土话来讲就是城市的摊子铺得很大,高层建筑不多,并多集中在点上,以有轨电车的设站相联系,而且大多都是城乡结合的状态,即城市中有农业生产,农村中有城市建设,城乡差距显得很小。而中国城市功能过于集中,城乡划分得很明晰,农村服务城市的功能表现明显,每天大批运输蔬菜的车辆从农村基地前往城市,同时存在大量城市的工业品运往农村,即中国城乡功能呈现出显著分化的特征,效益值得评估与分析,而日本城乡结合模式可以提供有益经验的借鉴。

二是日本公共设施的规范管理。初到东京,对日本公共设施的规范管理存在深刻的感受。有时走在大街上,可以在沿街民居附近见到有序放置的垃圾桶及其他废品装置箱或盒,卫生由居民自己清扫,可谓自扫门前雪。环卫人员每天的工作任务是将民居附近的垃圾进行分类装运与清理,并依据废品循环利用的规则,处理民居附近的垃圾与废品。另一表现是有轨电车的服务。日本公共服务具有标准化的特色，正如日本人的日常装束，每天都整齐划一，完全是全民职业穿着，虽然具有整体上的齐整，但也存在刻板的感觉。在对待工作和管理等方面，日本人也表现出这样规范化和标准化的特色。从最初的购票来讲，日本有轨电车已实现由机器自动购票；月票虽然由人工完成，但过程规范有序，职员办理时具有规定性，服务态度谦恭。购票之后是乘车。日本人的乘车秩序非常好，都是主动排队候车，这不仅体现在乘坐电车，在乘坐公共汽车时也存在这样的表现，而且没有维护秩序的工作人员。电车到站之后，乘客依次上车乘坐。但有点较特殊，即上车之后，依照先后次序坐定，很少见到尊老爱幼的情形。当然并非一点没有，还会存在一些个案，但这不具有道德约束的要求。在这一点上，有别于中国报章和网络所爆炒年轻人不让座等社会公德问题。在东京快节奏的社会，年轻人普遍工作艰辛，甚至比老年人的压力更大。因而年幼和老年人出行，一般（尽量）避开上班高峰期。中小学生多乘坐有轨电车，但在高峰期成人很少让座，而且日本社会也没见到太多非议，似乎已成为很正常的表现。坐定之后，看书、阅报和养神者皆具。到站之后是先下后上，虽人多拥挤，但秩序井然。下车之后都行色匆匆。电车内部配有引导和卫生等服务人员：引导员通常是恪尽职守，动作专业、规范；卫生员更是兢兢业业、认真细致。有一次，在电车地下站内卫生间，见到女卫生员正在男厕所内清洗卫生，男士们出出进进、川流不息，但女卫生员依然按照规范和标准的职业样式，蹲下擦拭男卫生间的器具，然而进出的男士们好像并无感到意外，解决问题之后依次离开卫生间。日本基本上已形成社会规范，即上述行为是职业的表现，就好像医生的职业，并无隐秘可言，不存在社会公德问题——这就表现出日本公共设施管理的规范化与标准化特色。上述这样的现象也反映了日本职员工作的职业态度与社会操守。初次见到这样的事情，感到有点不好意思，但此后想想也很正常，毕竟厕所是无间隙的工作地域，而非有闲的私密空间。由上可见，这样的社会现象在日本也具有存在的必然依据。

三是日本文化的社会渗透。日本已形成成熟的社会状态。集中体现在如下方面：社会组织发达，并深入社会的基层，形成系统的开放状态，社会组织异彩纷呈，对具体的事情总能产生多种甚至对立的话语，体现出多样性的社会特征；团地居民带有军事地域的色彩，公共地域具有组织性，比如在一定地域内设有专门的公民议事和活动机构，即公民馆。在地区行政事务处理中，公民及其社会组织具有话语权，并且有既定的社会规范与约束；社会文化和教育机构及其职能波及地域社会，设有地域文化馆、资料馆、图书馆和儿童馆等，并与地域学校的教育活动保持紧密结合，形成社会教育和学校教育相结合特征，以及大教育系统结构及其运行模式；建有地域性和具有民族文化特色的主题场所，设有主题公园、武道馆、剑道馆、相扑馆、书道馆和插花艺术中心等，遍布在东京社会或学校等文化教育设施之内；确立民族文化与习俗风尚之间的紧密联系，做到社会职能的高度融合，难以区分相互之间的职能属别，形成地域社会的系统状态；各地域社会的系统相互结合，形成具有民族特色的社会大系统，从而达到文化向社会渗透的过程及其特征。来日久了之后，更多观察日本社会的细节，开始对日本文化与社会，以及文化与教育之间的联系等方面，具有更为深刻的认识与体会，从而对日本社会的发展产生更为深刻的思考与分析，深切感受到日本社会治理经验值得中国吸收与借鉴。

四是日本学校的硬件设施看似简陋，但软环境显然很优越。会馆附近就有高中技校层次的学校，每次前往大学都要经过这所学校的门前，可以观察师生进出，以及正门建筑物内部大厅的陈设：学生的置物柜。日本学校多放有这样的置物柜，主要放置学生的待用物件，比如图书、文具和衣物，以及其他用品，学生都单独标配，并有密码锁钥，表明日本学校管理者秉持了"以学生为本"原则，而并非停留在口号上面。与中国大多数学校相比，日本学校的硬件环境不具有比较优势，初次看来可能还会比中国学校的逊色一点。日本学校大多有较长的校史，有些设施已呈现明显的老化状态，但观察之后很确信，性能不存在问题。教室内的设备很齐备，一般处于先进的水平，特别是配有数字化的教学设施。这样的特色体现出节俭和人本的价值理念，想必对教育质量也会产生深刻的影响与作用。除了硬软件设施保障之外，还表现在教育系统和管理体系等方面的设计方面，优势来源于日本社会的大环境和诸多系统的合理构建,特别是制度和政策方面的架构,体现出日本教育发展的理念与策略特色。

参加在日游学生"忘年会"

中国驻日本大使馆教育处发来邮件,邀请前往参加2007年度在日游学生"忘年会"。先有西方的圣诞节,后有日本的"忘年会",或许这就是日本善于学习的重要实证。据说日本的公司一般都在这一天邀请公司干部和职员会餐庆祝,这样的做法逐步地成为日本流行的社会习俗,其实不过是将西方的圣诞节改换门庭,成为具有日本特色的节日。"忘年会"的举办方会鼓励同事之间进行沟通,表示忘记过去一年的恩怨与情仇,重新开始新一年的工作与学习。这样的做法具有社会性的价值与意义,足见日本人对外来文化的处置态度,非常像鲁迅先生所讲的"拿来主义",但采取以日本为主体进行改造的态度与方法,而并非顽固不化或囫囵吞枣地对待西方的舶来品。依照邮件的约定,前往驻日大使馆教育处,同时带上单君和许君。其实早该前往,按照游学规定的要求,到达东京之后,首先应到教育处报到。但在与教育处联系之后,教育处老师讲可以电话报到,于是简化了程序。但采用电话报到的方式,将不再享有所谓"一报一刊"的待遇,这让人有些郁闷。好在东京的很多地方,都有各种中日文报纸和刊物,而且免费索取,由此可以填补缺憾。但需要提升信息鉴别能力,因为世界上没有免费的午餐,天上也不会掉下馅饼,因为在免费的报纸和刊物中掺有国际反华和中国人反政府等不良信息,并已成为日本社会对中国人甚至国际人进行思想、意识和观点影响与作用的重要阵地,更是国际反华和中国人反政府组织及其势力的舆论基地。当然也有正直华人创办的报纸和刊物,比如《中文导报》,其中的内容还很不错,至少没有"反华邪性"和反政府的言行。因此,在获取报纸和刊物时,需要进行立场鉴别,上述程序很重要。

前往教育处的经过很不顺利。教育处位于较偏僻的小巷,一行三人又不认识前去的道路，好在单君在沿途能用日语沟通。经询问过往的日本行人之后，在小巷的尽头找到了教育处。此时，教育处大厅中已人声鼎沸，呈现出喧闹的情形。大厅墙壁上悬挂"留日学生之家"的横幅，备感温馨。坐定之后，"忘年会"开始。首先是教育处参赞讲话，表达对在日游学生的问候，并阐述祖国的厚望，鼓励在日专心学习，学成之后报效国家，同时特别介绍受邀日本各大学的导师代表，并感谢日本政府和人民对中国游学生的关怀与培养。讲话之后，参赞安排与会游日学生发言。这时才关注到参加"忘年会"的大多是"在日中国人学友会"的代表，东京大学和庆应大学等著名大学中都有这样的中国游日学生组织。当然，也有特殊邀请的其他代表。这是可以理解的事情，毕竟在东京中国游日学生的数目惊人，访学人员和公费生也很多，私费生则更多。据统计，每年在日游学生达 7 万余人，而在日中国人则达 70 万至 80 余万人。在"忘年会"中，东京大学博士生的发言者甚众，讲话内容也较宽泛、丰富：比如来日学习的经历、感受、经验和教训；在日学习、交友和生活，以及在日打工的际遇；接受导师指导的感悟、学位获取之后的打算，以及中国文化的传播，即在日本社会和大学中，可以适时地弘扬中华传统文化。座谈会之后，教育处准备丰盛的凉食，这是日本"忘年会"的普遍样式。这样的情形只偶尔在会馆碰到，但很难出现众多中国游学生聚会的场景。中国游学生较少组织这样的活动，在会馆只参加过欢送 2006 年度赴日博士后归国，以及 2007 年度赴日游学生婚庆活动。在会馆参加这样的聚会活动，一般都采取自费的形式，即国内普遍称呼的 AA 制。

西方的本国学生或邻国学生，比如欧洲国家，喜好组织和举办聚会，经常齐聚在会馆外的空地，搭起会馆预备的灶具（不管器具是否卫生，只见长期放在外面），烧烤牛排、羊肉和鱼肉之类的食品，并一起喝酒、聊天，气氛很热烈，有时直至深夜，以致引起其他游学生的声讨。这样的事情不常发生，竭力保持相互克制，尽量不引起其他游学生的公愤。日本志愿者偶尔在迎送新老游学生，以及遇到日本的特殊节日之时，也组织游学生会餐活动。在会馆旅居年余中，发生约五六次，参加两三次。这样的场合不仅人多，馆方还拿出相机摄影，感觉很不舒服，后来索性不参加这样的聚会。参加教育处组织的"忘年会",感觉存在很大不同,没有任何拘束和不自在,有回到中国的情境。单君和许君很快融入这样的氛围,与很多学生交谈,虽然也只是问候的话语,但相互聊得很投机。参会的游学生较多,以致感到意犹未尽,仿佛要把在东京长期以来的话都想说出来,场面很热闹。待凉食尽净之后,依然没有席散楼空的迹象,而天色渐晚,外面的路灯陆续地亮起来。此时,催促单君和许君速回会馆。在向接待人员告辞之后,踏上回会馆的路途。好在同行者不少,顺利到达附近的有轨电车站,很快平安回到会馆。

亲历开放式教学与访寻"古本"书店

对社会人来讲,一年半集中在日访学,具有独特的优势。因无太多具体和琐碎的事务,同时又可以决定和分配自己的精力与时间,于是显得弥足珍贵,也格外珍惜。

日语课程老师一般采用较开放的教学方式,将东京生活的经历与感受融入日常教学活动,经常在课堂上进行口语交流,这是通过日语或英语中介达成的教学目标。同时还采取"task study"的教学方式,即通过完成工作任务的方式达成教学目标,比如开展分组采访的活动,要求根据采访的主题,寻找受访的对象,以此展开交流,可以理解为访谈。另外,还存在调查教学的方式,比如前往大学食堂进行伙食调查。无论是对人的采访,还是对物的调查,都采用日语的方式,从而达到在现实中学习日语的教学目标。从理论上来讲,很认同日语教学的上述方式,这对提升日常运用日本语言的能力,非常有帮助。

偶尔到东京街头,看看东洋的别样风景。从"学艺"出发,徒步前往武藏小金井站,踏上中央JR线,前往新宿。由于已过上学和上班时间,上下车的大多数是老年人。日本社会就是这样,上下班高峰拥挤时,老年人很少,确实繁忙时也不适合老年人的出行。日本老年人一般选择避开一天中的三个高峰期,在上午10点和下午3点左右外出乘车。电车不时停靠在中途站台，旁边也不再人流穿梭。相对而言，此时车厢内拥有相对宽松的活动空间。电车停靠新宿站之后，便下车沿着指示牌出站，转悠到较宽的街道，虽然是双向两车道的宽度，但在东京却是相对宽的街道了。沿着街道向前走，见到地面上的电车轨道。随着红色指示灯的熠熠闪烁，不时有电车从轨道上经过，驶抵新宿的地面站点。之所以这样表述，是因为新宿站为较大电车站，除了地面上的轨道和站点之外，还存在更为复杂的地下轨道和站点。就东京电车站点来讲，新宿站还只是中等型号的电车站，而在其他较大型号的电车站，有的站点足以达到地下百米以下，有三四层的地下站台，全部由滚动电梯传送旅客上下站台，并设有多个站台出口。这样的站台设计具有平时与战时的双重考虑。

经过地面轨道之后，见到一处"古本"书店，门牌上有"BOOKOFF"标识。每到东京一处，总关注类似这样的书店标识。旁边还有一家"正本"书店，专门出售新书。于是，首先前往"正本"书店。关注新近出版的图书，可以观察日本社会及其相关研究的现状。"正本"书店的规模明显地比"古本"书店的略小，反映出在日本"古本"图书受到欢迎的程度。当然还存在更为重要的缘由，日本新书定价普遍昂贵，"正本"与"古本"价格比通常达5至10倍。倘若并非做专门研究，仅凭日本人的精打细算，以及狭窄的居住空间，日本人还会偏爱购买"古本"书籍。在"正本"书店转了转，随手翻阅新版图书。不少图书值得购置，但无奈定价昂贵，感到难以承受之重，况且还存在从东京到北京的携运问题。于是，象征性地购买了一本图书。在日本有一点值得称道，即进店之后，无论是否购买物品，抑或购买数量，日本人都提供热心和周到的服务，让人在购物时感觉很愉悦。比如，绝不会跟随在身后，监督顾客的举动，追问是否购买，而是在需要帮助或结账时，及时服务引导、细致计算、清晰找零、耐心捆包和礼貌送行。现在看来，日本非常重视服务行业的经营。因此，有时进店之后，甚至不好意思空手而出，总要或多或少地购买一点，即使作为特殊小费的支付。从"正本"书店出来，转入隔壁的"古本"书店。进店之后，自然依然前往人多的地方。但在日本书店中，人多的地方集中在漫画出售区，并非学术研究图书的出售区。在东京待了一段时间，逐渐地形成快速浏览漫画图书的习惯。在"古本"书店中，漫画书架处人满为患、异常拥挤，只能穿插而过。途经工具图书处，仔细查看一些工具图书，比如《教育小六法》，感觉价格可以接受。于是，将此类工具图书列为将要购买的书目。随后翻阅历史类图书，其中有关于清末留日学生革命的图书，售价较为昂贵，但与定价相比尚有50%的折扣，因此也列入购买之列。后来见到的就是售价为百日元的图书，另加5%的消费税，即105日元，已感到极为便宜。

在东京，不仅"古本"书店有百元店，而且其他日用商品也有百元店，但大多出售中国货，也有少量亚洲其他国家的商品，比如越南、菲律宾、泰国和马来西亚，以及日本生产的小件商品。当然，以中国货为最多。这里存在一个国家生产和销售模式的区别，以及国际社会劳动和生产分配上的巨大差异，由此留有很大程度上的思考空间：中国如何走出劳动密集型产业的发展模式，以及如何实现商品生产上的技术含量。这是社会发展的系统性和战略性问题，而不仅仅是商品生产和销售的问题，其中包括科技进步程度、教育发展程度、生产技术程度、产品包装程度、销售宣传程度、商品质量程度，以及周到服务程度，甚至商业融入国际程度。上述方面会影响商品售往国外的定价。因此，实现中国商品的转型决不能依靠单一措施所能奏效，而需要制定全方位和系统性的战略步骤。由上可见，中国日常商品降幅到日本古本图书的售价，表明这已是商品价值的最低价位，因此到了非要改善这样境遇不可的地步。在百元书架中，挑选并绝定购入十余本有质量的图书，并且比"正本"售价实惠很多。在东京生活和研修中，因为存在项目经费的保障，基本上能保持在可以生存的状态，不需出卖劳动力来维持日常的生活和学习，若不考虑家庭消费的话，而且通常还有一点剩余，从而为在东京购买"古本"日文原版图书奠定了经济基础，以及提供了支撑条件。

笔者垂青日文原版图书，在东京已近疯狂。因为很珍惜这样的访学机会，总是抓紧时间收集一些图书资料，涉及日本文化、社会和教育等内容，以便回国之后能在充分占有资料的基础上，进行更为深入的分析与探究。具体做法集中体现在：一是在大学的图书馆，大量地翻阅和复印相关图书资料（复印费为 10 日元/页）；二是走上街头，收集免费提供的各类中日英文报纸和杂志资料；三是前往东京各处（包括早稻田大学周边和神保町古本街，以及"学艺"校内书店），购置"正本"和"古本"图书资料；四是在"学艺"和会馆等图书馆，翻阅各类报纸与刊物，并以札记形式予以记录；五是在会馆和大学，通过开展"学友论坛"，获取相关信息和资料，从而丰富札记的内容；六是在东京各处走访、观察和体悟，深化对日本文化、社会和教育的认识与理解，包括在会馆生活、与国际学生相处，以及在东京科研选题与研究过程，甚至在"学艺"课堂获取分析与研究思路。在"古本"书店共购 12 本图书，感到很有收获。从"古本"书店出来，感到心情很好，但途中开始忧虑：图书资料如何运回北京？后来经过多种途径与渠道：张君和李君赴日时，帮忙各带回一箱；妻儿赴日探亲回国时，又拖回一箱；中途归国完成博士论文答辩时，自行携回一箱，以及两次邮寄共达七箱；学成回国时，最后携回一箱。由上可见，将图书资料送回国内委实不易。

二 观看影片《原口鹤子の青春》

在"学艺"北楼大厅，悬挂了一条布幅，通告放映电影《原口鹤子の青春》事宜，包括简介、时间与地点，看后很感兴趣。于是按照通告信息，准时来到北楼礼堂。到场的以"学艺"教职员为主要，靠前排就坐，学生人数较多，靠后排就坐，但外国游学生并不多，应为大学内部团体举办的纪念活动。先是举办者发言，介绍原口鹤子的简历，以及放映电影和开展活动的意义。电影的内容：在 19 世纪末和 20 世纪初始，日本开展赴外游学事业，新井鹤子（结婚之后随夫姓，改称原口鹤子，这已成为日本女性婚后姓名称呼的惯例）前往美国游学的情节。原口鹤子在哥伦比亚大学专习心理学，后来获取博士学位，撰述了处于学术前沿的专著（博士论文），但 29 岁时因病逝去，度过辉煌而短暂的一生，但在日本心理学界具有重要的历史地位。为纪念原口鹤子的学术业绩，由日本财团助成，将原口鹤子的人生特别是游学美国的经历，拍成了电影，借以彰显原口鹤子的学术功绩，以及强化对日本年轻学者和学生的引领作用与教育意义。

亲历东京有轨电车交通事故

在东京游学，对日本有轨电车存在深刻的感受。穿梭在会馆与"学艺"之间，总是以有轨电车为交通工具，因此频繁活动在电车的站点之间，其中通常从成城学园前站经新宿，前往武藏小金井站，乘坐小田急线和中央JR线，换乘站点为新宿。在早晨上班和上学高峰期，电车内很拥挤，有时甚至没有转身的空间，站点中人头攒动，每个人都行色匆匆，在中国难以体会到这样快节奏的生活。下午回来时，空间相对宽松，但也有例外的情形。某日下午准备回到会馆，遂前往武藏小金井站乘车。站点中人流不息，站前挤满人，甚至已从一层排到上面的高架层，以致天桥上排队的场面显得分外壮观。站台停车处排出很长的队形，虽然表现有序，但也很显忙乱。上车之后，车内拥挤不堪，应算东京社会的奇观。但日本人似乎已习以为常，很多人甚至拿出事先准备好的图书、杂志和报纸，阅读了起来。这样的场景虽然在早晨见过，但在下午时分还出现这样的景象，有点出乎意料之外，因为之前从未遇到过这样的状况，顿时感到电车交通出了问题。事后才知道中央JR线发生了交通事故。之前对日本交通管理很有信心，但亲身体验这样的状况，感受到在日本这类事故也很平常。可谓在大千世界，平凡中往往蕴藏有神奇，怪异中同样也存在平常。

游览日本皇宫

依照日本的日历，天皇诞辰日标注为"红日子"，并作为社会普通民众的假日。大学也放假。闲暇中与诸位游学生相聚聊天，由此获悉东京大学将组织游学生前往皇宫游览，于是决定随同前往，实地感受充满神秘色彩的日本皇宫。晨起八点，与单君、许君一起，从会馆出发，依照东京大学的组织与安排，十点之前到达丸内大厦的大厅集合，之后在东京大学志愿者的带领下，徒步前往日本皇宫前的广场。途中戒备较严，设有两处检查点，巡逻警员较多，并有志愿者发放日本旗。

日本皇宫像一处大型公园，内有高大和葱茏的古树，以及宏伟的牌楼建筑，表面上并不华丽，但让人印象深刻，有些构造显得很有历史的意味。前来参观的很多，用"摩肩接踵"形容并不算过分。进入皇宫之后，重要"节目"是观看日本天皇、皇后和皇太子等皇族成员。在十点半，天皇家族的成员如约出来，但并非来到普通日本民众中间，而是站在建筑二层的特制防弹玻璃罩之中，大有从住户阳台上供人观赏的感觉。首先天皇发表讲话，时间并不长，欢迎日本民众前来皇宫，并感谢生日的祝福。日本民众则用力地挥舞日本旗，大喊"万岁"口号。

游学生抢拍日本天皇的镜头和日本民众的表情，大有给动物园稀有动物拍照时的感觉。天皇讲完话之后招手致意，随即退入屋内。人群开始离散，有的则绕路参观皇宫。单君意犹未尽，仍想近距离地再见到天皇，表示要在楼下等待天皇的"特别"召见，也还有部分其他人在等待。当时笔者已前行一段路，被单君电话叫回，但最终依然未获天皇的"特别"召见。随着人群渐次离散，单君也感到没有了机会与可能，笔者顺势催促离开，由此促使单君抛开接受天皇"特别"召见的幻想，下决心离开广场。

但因不熟悉皇宫的道路，而且人流已散，故而不知不觉地走出了皇宫，错失绕行皇宫和观赏风景的机会，只好站在皇宫护城河的堤岸上，等待许君归来。见到护城河，感觉很亲切，因为之前中国皇宫也是这样的设计，这是中华文化中皇宫建筑的传统样式。护城河中有很多游鱼，以红鲤和灰鲤为多数，看上去很肥硕，应已生活很长时间。电话联系之后，知道许君仍然在观赏皇宫，感到有莫名的失落与懊丧。但出来之地已离入口有很远的路程，徒步回到入口，再次进入皇宫，看来已没有可能。当许君走出皇宫，描述里面的情景之后，单君显得很落寞，仍想继续未完成的皇宫之旅，但此时笔者已没有太多兴致。

前往靖国神社

参观皇宫之后，决定先往吉野家用餐，然后商议前往附近的靖国神社。皇宫附近建有靖国通道，乘坐公交巴士几近直达。从远处望去，神社的"开"形门楣赫然呈现，还是第一次见到这样的规模。虽然没有中国大学门楣美观，但看上去很结实，显得朴素大方，反映出日本人的特质。靖国神社的"开"形门楣相形于日本其他建筑而言，可以称为庞然大物。无论在日本的城市还是农村，以致在街道巷里，比如房屋建筑、公园河渠和公共通道等，皆以精小和实用为显著的特点。但靖国神社却占有巨大的空间，在狭小的日本很罕见。

来到神社的门楣处，单君提及几年之前中国青年泼洒油漆，遭到日本警察拘禁，并驱逐出境的事情。但在神社遍地的列岛国度中，绵延百余年矗立这样大规模的祭祀处和宏伟的"开"形门楣，足见日本政府和社会对神社的重视程度，以及日本对武力征服东亚其他国家的强烈渴望与历史心态，深深感受到日本军国的罪恶与暴力，同时也陷入短暂的沉思。这就是日本文化的力量，既具有民族性特征，又具有非人性特征。日本"右翼"具有这样似人非人和人物难分的特征。既然来到靖国神社，还是要进去看看。前行不多时，即看到一处茶社。露天设有桌椅，旁边很多日本人围观，弹琴、吹笛，唱着战时陈旧的老歌，还有两个穿着旧军服，腰间佩长剑，满身战时军官打扮者，既可恶又滑稽，仿佛是从神社中钻出的幽灵。望着扮演幽灵的"右翼"，内心强烈感受到日本民族的"反华邪性"，到了应采取必要措施、尽速解决的时刻。

再往前走，到达靖国神社的祭祀处。这是古式结构的木制建筑。前面是燃香的香炉，像大型烤肉的器具。经过这处建筑，再往右转，见到一处连排建筑。靠右是靖国神社中的罪恶极处：游就馆，祭祀有十多位侵华日军头目，包括土肥原贤二和中井石根等甲级战犯牌位。游就馆看似气派，足见日本人的用心。走进游就馆，可以见到从甲午到二战时期的日本军备，包括大炮和战车，以及其他军事装备。门厅的右侧设有书店，销售有关靖国神社和"神道宗教"，以及"右翼"历史教科书之类的图书音像资料。简单地观看一层大厅的展品之后，到书店查看图书音像资料，购买《昭和天皇的学习：教育敕语》和《海军与日本》，用以探察近代日本军国主义和侵华政策及其结局的社会思想根源。到达东京之后，深切的感受就是日本文化、社会和教育存在的某些特征，以及日本海洋国家造就海军力量的历史与现实情形。《海军与日本》在会馆图书室已翻阅，当时很想复印全书，最后改为购买古本图书的想法。居然在靖国神社中偶然碰到，于是决定购买新书，同时也可以作为警策与忆念。

单君对靖国神社很反感，仇恨靖国神社里的任何东西，包括穿梭的日本人，甚至图书音像资料。许君则是另外的表现，热衷于寻找日本有关近代历史的材料，特别是"右翼"编订的教科书，并购买了这样的图书。单君很不悦。其实这也没有什么，可以了解一下"右翼"历史教科书到底是什么样，也可以作为反面教材来阅读，关键是阅读者的信念问题。后来许君以"右翼"历史教科书与日本志愿者交流，借以学习日语的细节并不很了解，仅仅听闻单君后来提及。其实这也要看到底是如何学习的，又是如何与日本志愿者讨论上述敏感话题？

在目前中日关系的情况下，中国人与日本人讨论上述历史认识问题，简直是与虎谋皮，肯定不会产生正面和积极的效应。日本人善于对历史认识问题进行狡辩，主要的理由是目前日本社会的团结和科技经济的实力，以及日美同盟的庇护。另外的原因是自古以来中国尚未进入列岛，日本唯独出现的危机是蒙元中国的进攻，但不仅以中国失利而告终，而且还颇具有戏剧性和神话的色彩，以致到现在日本人还以"神风"历史为殊荣，二战时期更组建"神风"突击队，专门针对美国攻日军队和舰只开展自杀性的攻击行动。可以肯定，会馆志愿者绝不会理解中国人的感受，原因在于日本人总以胜利者和施害者自喜,而并非以忏悔的心情对待日本人丧失人性的历史。就目前日本人的历史观来讲,中国只有给日本沉痛一击,并由此改变其存在状态之后,才会有征服日本社会和人心的希望,以及真正标志中国的复兴与崛起。

参观昭和馆

从靖国神社走出来,徒步十多分钟,就到达附近的昭和馆。馆舍主要运用高科技音像设备,再现昭和日本势力扩张的事件和过程,借以满足日本人的历史虚荣。这里也是日本军国主义和"右翼"势力宣传思想、意识与观点的阵地,具有与靖国神社相似的社会功能。

在昭和馆外围周边,树木苍翠浓郁,环境优美。在这样的环境中,矗立着这幢沾满血腥的纪念场所,这也正是日本社会和日本人的真切写照。从日本社会表象来讲,社会自然有序、环境优美,但社会内部却充满诸多罪恶思潮;从日本人本性来讲,表面上男士很有绅士风度,女士显得优雅婀娜,然而内心却又无比自私,涵育出充满暴力和色情的文化。

进入昭和馆,映入眼帘的是正在看电影的日本人,以老年者居多,但也有年轻人,甚至少年儿童。电影的题材均以昭和历史为背景,大多反映昭和时期日本人参与战争的情形。或许这些老年人还在追忆昭和罪恶的岁月,缅怀那些已消逝的幽灵,场面反映的是真实的日本。

环顾四周,仍然想看看这群日本人正在欣赏的电影,情节反映的是日本军队占领南京时的场景,描述日本战时侵华的武功和历史镜像,比如汪伪政权的建立和九一八事变(日本称满洲事变)的爆发;日本军人的欢呼雀跃、面东跪拜和入城仪式,以及日本国内庆祝的场面,其中有军队的士兵,也有普通的民众,甚至还有学生的镜头,都在炫耀昭和日本的武力与强大。由此也表明,日本侵华战争绝不只是少数军国主义者所为的谎言,而是日本政府和民众共同参与和推动发生的战争暴力。此刻,切实感受到鲁迅先生在看到反映日俄战争时期日本人屠杀中国人场景时的羞辱与无奈。

此时感到很无趣，也很心烦，许君甚至看得睡着了，但感觉还应继续考察与探访。毕竟不应有因为见到污秽就急于回避的道理，而要细致查看这里到底存在何种程度上的秽物，以及导致出现这样秽物的来源，包括日本文化、历史、社会、思想和现实等层面。在现实层面上来讲，还可以划为政治、经济、外交、民众和军事等层次。由于感觉昭和馆的其他楼层都是图片和文字，以及其他模式的展览，同时时间也已不早，以及长时徒步访察，觉得很累等客观原因，于是决定放弃访察中间楼层的展览，而由一层乘坐电梯直达五层。

馆舍五层设置的是可以个人自由选择的开放式影视播映平台，电脑和其他硬件设施都很高级，并实现了电脑存储、控制与播映。阅者分区隔开，全部配备高级耳机设备，避免相互干扰。平台存储有昭和时期，以及其他时期大量的影视信息，包括影片、电视剧、歌曲和戏曲等，同时还存有新闻纪录片和历史回忆片等电视节目，甚至诗歌、小说、散文和日记等题材的文学作品，资料都经过了电子化的分类处理，以便于阅者实现操控、查阅和播映。

进入五层的播映间之后，各就各位、互不干扰地观看视频、查阅资料和收集信息。首先观看昭和电影视频，大多反映战争的题材，包括侵华战争和太平洋战争的情节，而且很多以中日战争为背景素材，或许由此可以满足日本人的荣耀感。毕竟日本区区小国竟然在某个阶段使庞然大国手足无措，陷入政乱民殃的地步，而数千年来学习与借鉴中国制度文化的撮尔列岛，竟然在一时让无数中国人蚁附前来、巢穴于此，开展各种反政府活动，甚至学习传统日本文化，而后者其实应在唐代由中国传入，此时深刻地感受到中国人数典忘祖的尴尬。

在昭和馆五层的播映平台，细致查看了中日关系和战争视频，感触很多，但还是觉得有点千篇一律，即炫耀昭和日本的武力与暴行。由上可见，日本军国主义和武士道精神仍阴魂不散，在列岛看似贫瘠的土地上，并没有育成"和平鸽"的营养套餐，只有凶煞异常的"老鸦"，每当世界呈现出清明的时光，就会群飞出来、登上枝头，拼命聒噪、争相觅食。日本"右翼"就是这样的顽固"老鸦"。

长时观看上述这样的电影视频，无味的情绪久久难以释怀。随后翻看昭和日本的歌曲和文学视频，还是令人感到很失望，内容也大多反映战争的题材，参与者不乏日本民众和学生，而且大多为有组织性和集体性的行为，听从天皇和军国主义者的号召，奔赴前线、积极后援，同时还突出了日本女性，包括女学生活跃的身影，比如从军妓女的细节。日本政府和社会采取宣召的方式，选拔从军妓女，借以满足奔赴战场军人的性欲求，这样的行为可能也只有日本才会如此露骨地做出来。

从日本社会来讲，其实这也并非伤风化的事情。在江户日本"钱汤"文化中，就存在男女共浴的习俗。随着日本列岛逐步走向开化，这样的洗浴文化获取改革，开始了男女分浴。但在日本社会中，这样的浴场长期存在，以致目前还在偏僻角落中营业。日本招收妓女从军，也存在长期的历史。上述方面造就了日本女人开放的性意识。在现代日本社会中，这样的意识依然普遍存在，比如日本女性在结婚生子之后，大多成为家庭主妇，对丈夫的唯一要求，就是每月将工资和奖金如数交到手中，至于丈夫在外干什么并不太过在意，而且在日本社会中，妓女和"牛郎"同时存在，有时女性还很积极，这是日本社会的现实。

在播映平台，可以观看的太过丰富，以致感到很疲乏，因此准备适时离开。但单君却深感兴趣，坚持再观看，甚至提出再坚持十分钟。许君早就感到寡味，提出立刻离开。在这时，还是要维护女性的尊严。后来，单君也觉得要接受建议。在昭和馆，存在昭和时期丰富的电子资料，若要从事相关专题研究，还应过去看看。要对日本"右翼"思想和军国主义历史进行深入的探究，需要放下历史的包袱，潜心思考与分析产生"毒瘤"的日本文化和历史根源，揭开"毒瘤"形成的机理，才能寻到应对的策略。当然这也是面向未来的举动，而并非添足之举。

参观昭和馆之后，作为中国人，深刻地感受到历史的耻辱，体会到日本人暴力性和民族性的傲慢，以及日本社会的"反华邪性"。从昭和馆走出来时，同行三人都没有说话，只是默默地往前走，似乎都有道不出的苦楚。也许已经很累，徒步较久之后不仅产生体力消耗的问题，而且存在心理重压的困境。

日本设置"中国二课"

报纸上有消息称，日本外务省决定增设"中国二课"。由此显著地表明日本提升了对中国的关注程度，强化了对中国情报信息的收集与分析。日本社会和政府一直重视对中国情报信息的收集与分析，比如加强对中国游日学生的情报信息工作。单君在东京大学的遭遇，就是鲜明的例证。日本对华情报信息的收集与分析已形成完善的网络系统。从情报来源来讲，不仅直接从中国和日本的本土获取，而且还从其他国家获取；从来源对象来讲，不仅有日本人直接收集与分析，而且还存在另类中国人的提供和其他国家情报信息的交换。日本对华情报信息的采集手段可谓多种多样，有时中国无意间的泄密，比如中国高级陶瓷的生产技术，就是在接待日本人参观时不慎泄密，现在日本甚至胜于中国占有高级陶瓷的国际市场。日本人还通过其他的途径获取中国各领域的情报信息，比如加强中日科研合作；来华举办各类企业，以及强化对中国游日学生的情报信息工作。日本已逐步形成以本土为中心，覆盖中国和世界各国的对华情报信息收集与分析系统，而经济领域的交互更强化了这种情报信息系统的作用，并以各种来华企业为据点，加强了对华情报信息的收集与分析工作。

应该认识到日本将会对中国存在更深程度上的认知，对华情报信息的策略也将更加具有针对性。在这一点上，中国应早有预防性的应对措施，不妨采取有效的反制措施。日本人很奸诈，在政治权谋上也很远虑。虽然在很多时候，这样的奸诈和远虑都毁于一旦。比如，日本侵华相持阶段时，发动了针对美国的珍珠港空袭，最终加速了日本的战败。但在对华策略上，日本则表现得很应手，比如发动"柳条湖事变"、策动"满洲国"成立和"蒋汪分流"，甚至劫掠中华文化资财，以及试图瓜分和占领中国。对华情报信息工作是其中的重要环节。战后，日本采取分离中国的策略，先是参与蒋介石反攻大陆的计划；协助美韩实施的朝鲜战争，以及提出"中国威胁论"和"围堵中国论"，并采取实际的行动，比如邀请达赖和热比娅访日，纵容邪教组织在东京街头活动，以及协力举办反华宣传，表现出浓烈的"反华邪性"。

针对日本强化对华情报信息的现状，中国迫切需要加强保密和采取反制措施，重要的是要高度重视对日本的认知，以及采取情报反制的策略，强化在政治层面上的应对。上述方面具有一定程度上的基础性，但从长远战略层面上来讲，还是必须发展起来，建设和谐与稳定的中国特色社会主义国家。首先要注重发展科学知识与技术工艺，促使传统文化回归社会，学校教育和社会教育的内容集中于科学知识与技术工艺，集中力量搞好高科技和日用科技的发展，学会"两条腿走路"，这是国家发展应采取的策略。同时，还需要进行更为细化的处理，比如改革游日学生派遣政策及其在日管理措施；对日本在华组织和人员的情报信息工作，即应采取各种反制的措施。当然还可以采取其他的对策，包括发动民间力量的积极和主动参与，目标依然是要强化对日本的反制。

会馆游学生年末聚会随感

在年末，回顾一年来的访学之旅，还是有些感慨与慰藉。参加使馆教育处"忘年会"之后，会馆也举办了咖啡厅聚会，当时在楼底层举办"舞踏会"，会馆全体游学生参与。笔者对会馆举办这样的活动已失去兴致。国际游学生在日生活艰辛，享受公费资助的游学生相对好些，而自费游学生能在会馆住下，要付出难以想象的努力，因为基本上通过业余打工赚取辛苦钱，用以支付在日学习和生活费用。会馆只在迎来送往游学生和每逢重大节日时，才会举办这样的聚会。通常地来讲，国际游学生在这样的场合都会尽情奢侈一下，满足这样的待遇。

当晚，会馆志愿者准备好较为丰盛的饭菜，包括啤酒和饮料，打开咖啡厅大门，欢迎国际游学生享用。此时难以区分国家的界线，都尽情享受免费的晚餐。因为存在太多的怀想，没有太好的心情阅书，因此宁愿选择好生睡上一觉，或外出散步、唱上一曲，甚至躲在偏僻角落泛起一丝思乡情：久未谋面年迈的双亲，以及隔海而居亲幼的妻儿。回想人生路，有喜有忧也有悲，虽经历坎坷但也还算顺利，常常会有意想不到的收获与体会。远离国内纷扰的环境，集中精力做些自己想做却久未能做的事情，反思过去与现在，甚至仰望星空、展望未来，还是存在些许惬意和欣慰的感觉。

逢上这样的日子，需要找到回归现实的有效办法。存在于世间的每一个人，不过是匆匆过客。对纷繁世界来讲，也都是沧海一粟。但如何让有限的生命，更加具有价值，这是很多人都在追寻的事情。然而在日常事务中，个人只是"出演"微不足道的细节，"主角"可能轮不到自己，但依然要努力地"演"下去，因为这就是自己人生和社会的"剧情"。

观看介绍中国教育的电视节目

前往电视房观看节目，借以舒缓在会馆感到的烦闷和落寞思绪。适巧播放系列纪实性节目：《激流中国》，名称为《小皇帝之泪》，介绍中国学校教育的现实情形。节目以中国云南一所示范学校为背景，介绍身处其中的学生和教师，以及学生家长。内容涉及教学活动和家庭教育，社会对学校教育的影响，反映中国学校的教学特点、学生之间的比较、家长和教师对学生的规制，甚至呈现打骂学生的现象，以及家长与学生之间的心声对话。

不可否认，中国教育尚存亟须解决的问题。如比，社会教育内容充斥学校的课堂教学；学校教育以追求分数为目的；采用灌输式为主要的教学方法；学校教育与社会现实脱节严重，学生"两耳不闻窗外事，一心只读教科书"；家庭教育方法依然存在失当的方面，社会的教育观念还存在诸多问题；用人政策和职业观念尚存在问题，社会资源的分配没有做到相对均衡，城乡和阶层差距明显偏大，职业划分与特色具有较大差距，关系和权力因素对学生存在较大的影响；教师的教学方法或模式尚存在问题；教育评价体系尚不完善等。上述方面基本上切中了中国教育问题的要害，值得细察与审思，以便不断深化对教育内涵的认识与理解，尽可能发挥教育的社会功效。

但就日本电视台播放的中国学校教育节目来讲，还是要以审慎态度来看待，既要认识到存在的问题，也要细察日本播放节目的目的所在。持有这样的视角，确实很重要，否则就难以区分良莠与奇正，坠入外人的圈套，甚至步入思维和意识的歧途。因此，要采取"有则改之，无则加勉"的审慎态度，以主体意识与精神不断地推进中国教育事业的改革与发展，从而促使教育在社会进步和民族崛起中做出更大的贡献。

大学归途中遭遇的非常事情

没有去过国外的人，会对国外的情形充满羡慕，这是常态的心理。毕竟中国经历百年屈辱之后，对外国的情形不很了解，更谈不上充分的认识与理解。对外国认识上的这种偏差，导致中国社会出现浓烈的崇洋媚外心态，从根源上来讲可以理解。但外国也并非只有精彩的一面，实际上同样也充满"旮旯"的一面。前往"学艺"学习日语，经常穿梭在会馆与大学之间，于是有机会在沿途和有轨电车上观察日本社会的情形。毕竟初次出国，精彩的感觉依然占据了上风。

在中国城乡，经常会在街巷见到收取旧品、磨刀和修剪之类的小生意人，似乎成为了独特的中国风景。但到日本之后，发现这并非中国城乡的独特方面，日本社会同样也存在这样的风景，虽然其商品交易基本上已进入商埠。从会馆到成城学园前站的路途中，经过的是高级住宅区：别墅式的单体建筑，应是日本社会的中心地域。其中的一户可能是官宦之家，估计应有议员级别，时常有警卫人员站在门前。从东京城市布局来讲，世田谷区处于日本政治核心地域的边缘，即靠近政治人物的办公地域，因此正好是政治人物安家居住的最佳处所：一是交通便利，紧邻有轨电车成城学园前站；二是紧邻日本政治中心地域，国会议事堂就坐落在成城学园前站所在的小田急线上，前往其他中央和地方政治场所也很便利。

但即使在这样清净和高贵的居住区，仍然有穿梭巷陌的小生意人，比如经常见到开着货车，用喇叭叫嚷收取垃圾和废品的清运人。在日本社会中，这样行业存在严格的分类：有收取大型电器类的；有收取报刊和其他纸质类的；有收取易拉罐和酒瓶类的，以及有收取其他类别的。同时，还可以见到车辆停靠路边、磨刀和修剪的手工艺人。这样的场景令人感到意外：一般都做个招贴，放置在道路的边缘，而车辆则停靠在路边，力求不阻碍交通。而办公区间就在车的旁边，有的索性就在车上工作。但即便是这样的情形，还是用心地工作，用"一丝不苟"形容丝毫也不过分。或许这样做生意的方式，在日本社会也是不容许的，不然就不会见到警察驱赶的情形。每逢遇到这样的情形，都会为这样的生意人感到担忧，好在日本警察的执法态度很和善，一般的情形是与这样的生意人谈话，并指导其尽速离开，并没有见到其他的处罚措施，或许这是操持这样生计的人，在日本社会并非很多的缘故。

参访东京江户古民居主题公园

清晨与往常一样，早起用餐之后，匆匆赶往成城学园前站，辗转乘坐有轨电车，前往"学艺"上日语课程。到了上课时间，接到许老师通知，前往参观东京江户古民居主题公园，其主体内容是"生活的历史"。公园距离武藏小金井站前只有几个公交站点的行程，距离"学艺"还算较近。师生一行九人，许老师带队，按时从"学艺"出发，徒步前往武藏小金井站前，然后乘坐公交汽车，没多远就见到东京江户古民居主题公园的入口。日本很少出现巨大型门楣，除了曾经访察的靖国神社。东京都很多地方给人最深刻印象的，是环境优美与卫生整洁，但并无环卫工人的身影。东京建筑周边都规划精细，高大树木与平整草坪形成和谐的风景，草坪中有些落叶，或位于道路的两旁，让人有叶落归根的遐想。无论是在道路上，或在道路的两旁，以及附近的草坪中，绝难发现丢弃的垃圾，也难见随意堆砌的废弃物，上述废品刻意地安排在角落，而且设有铁丝网笼作为收纳之用，实施明确的日文标注，并细致地分类整理。

从入口进去，不需购置门票。穿过两旁矗立粗大树木的柏油小道，来到一处建筑物前，此即江户古民居博物馆。此时距离开馆尚有半时，于是或观赏四周的景物，或相与交谈。东京的绿化做得很好，给人别致、小巧的感觉；树木很挺拔，大多有一定的树龄，让人感到历史的厚重。到处都有大年轮的树木，而且多是樱树，这已成为日本的象征。另外，还有为数不多的松柏和其他树种。其他人都在交谈，陈同学不时地进行中文交流。趁此机会，也与许老师做了短暂交谈。她来自香港，满口闽粤口音，有时感觉比英文或日文还难懂。主要询问她在香港的生活情况，以及到达日本之后的生活经历。她介绍得很细致，可以感受到中国的情结。

在观景和漫谈中，终于等到开馆的时刻。作为教学活动，由许老师统一购票，体现出团体参观的性质。但随后要由参与者分担，这样略微减少人均购票款。大厅有很多相关介绍，还放置了其他图书资料，以供参观者购买。入内之后，展现在眼前的是民居建筑，以及模仿那个时代的生活场景，比如编织草鞋和串连珠蚌。其中设计、陈列的民居，有的是简单草棚，有的是草披屋顶，或草披加上泥巴屋顶，还有泥瓦房。然后，安排穿珠比赛等体验活动。在博物馆内，见到具有日本特色的典型建筑，有的是住民的居所，有的是名人的居屋，比如高桥是清的故居，是拆迁之后移来的建筑，并非建造在原址之上。高桥是清曾担任明治日本首相和藏相，但在1936年"二二六事件"中被青年军官杀害，成为明治日本政治的牺牲品。以"二二六事件"为标志，日本更深陷入侵略和殖民的发展道路。随后爆发全面侵华战争，并发动太平洋战争。公园还有明治生活用品店铺、大和民族特色的浴室（"钱汤"）、"酒屋"和化装品店之类，比如有"键屋"（"居酒屋"）、小寺酱油店和三省堂（文具商店）等。参观高桥是清邸时，走过其被枪杀的小内门，然后转入二层，见到顶部的图案雕饰，在相隔墙壁的门楣上也有木雕图案，虽然略显简朴，但不失华丽和厚重的色彩，体现出其主人的高贵身份。二层居室靠近窗户摆放明治时期的纸币，体现出时代氛围、文化环境和精心设计。然后，随许老师进一层茶室喝茶，品酩日本粉末绿茶，并享用具有日本特色的点心。

参访结束之后，存在很强烈的触动，也有深刻的感受，主要体现在日本保护历史文化遗存等方面的问题上：其一，保护历史文化遗存要具有大历史文化意识，要有保护历史文化遗存的基本意识，而并非肆意破坏处置历史文化遗存，导致遗存出现失却的现象，这样的作为无益于社会、历史和文化的发展，实质上依然对遗存具有破坏作用，需要通过有效和实质措施，制止破坏历史文化遗存的行为。其二，社会建设可以采取多种途径，从而确保历史文化遗存保留下来，比如东京江户古民居主题公园的处理方式，或进行整体性的搬迁（上述高桥是清邸就是实际的证明），或按照同样的比例，进行模型的复建，以利于这样历史文化遗存的内涵得以流传，并对社会、历史和文化的涵育产生实际影响与作用。其三，选择适宜地点，长久地保护历史文化遗存，并结合社会实际的用途，进行合理规划与设计，发挥综合利用的社会功效。作为民族文化景区面向社会开放，公园具有综合性和系统性的功能规划设计形式，既是附近公民休憩和锻炼的场所，同时也是保护历史文化遗存的处所，甚至可以看成是从事社会、历史、文化和教育的形式，并适合于青少年和成人这样广泛的对象。

由上可知，可以适当吸收与借鉴东京江户古民居主题公园的规划设计理念。公园多处建筑都属于整体性搬迁，或依照原有模型复建，凝聚日本社会特定历史时代的文化特征，深刻蕴含着江户日本文化、社会、政治、经济、金融、工业、农业、技术和市井等各领域的复杂内容。每处建筑都是特定社会和历史的凝聚，以及文化的结晶。各处还配有专门人员，通过模仿去实际刻画江户日本的社会生活和劳动场景。参访时配有讲解员，通过日英双语结合的方式，进行细致的讲解。上述方面给国际游学生留下了深刻的印象。参访也无形中宣传了日本的历史和文化，其实这是对国际游学生进行社会教育的有效形式。公园中展示的大多为江户时期风格的民居建筑，包括高桥是清邸——这样的高级别墅，以及偏远地区的简陋民居，还包括日本社会市井的状况，比如市镇概貌、"钱汤"文化、文房墨翰和油盐酱醋之类，以及江户科技制造遗物等。所有上述内容都具有丰富的历史和文化内涵，主题集中反映了江户日本社会发展概貌。

上述所谈及东京江户古民居主题公园的情景概貌，使人不由联想到中国历史文化遗存的保护，并可以领悟到日本的相关思想、做法和经验。近些年来，中国社会发展步入快车道，无论是乡村还是城市建设的速度日益加快，但其中却凸显出诸多的问题，比如历史文化遗存的保护与维持问题，如何保存名人故居、旧时器物和民风建筑等。通常的做法：首先权衡是否具有社会、历史和文化价值，然后进行分别处理。但这样的做法存在一定的局限，比如对遗存价值的认定，具有历史认识上的局限。毕竟，毁损历史文化遗存具有不可逆的特征，造成的损害将难以弥补。因此在实施处置措施之前，需要进行必要的规划设计。日本的上述做法或许对中国处置类似的问题，提供了全新的规划和设计思路。

当前中国对历史文化遗存的保护做得还很不够。经过"文革"破除"四旧"的风浪之后，诸多具有特色的历史文化遗存都遭到摧残与破坏，但还有不少遗存侥幸地存留下来。况且，现在中国正处于建设与发展时期，保留下来的历史文化遗存，可能还会在不同程度上遭到来自各方的破坏，大量具有历史文化凝结的特色建筑，遭到人为的毁坏。由上可见，应学习与借鉴日本在保护历史文化遗存上的思想、做法和经验，采取有利于历史文化延续发展的态度，制定出保护历史文化遗存的相关规制措施。比如，学习与借鉴日本整体搬迁的相关做法，建设具有历史文化特色的公园，让提供消遣和娱乐的公共场所，增添历史的凝重和文化的氛围。这样的做法也可以作为规划和设计社会教育的重要形式，毕竟具有特色的历史文化遗存，也是开展社会教育的重要内容。

从上述方面来讲，学习与借鉴日本在保护历史文化遗存上的思想、做法和经验，具有重要的现实价值与历史意义，不仅有利于推进现代中国历史文化内涵的建设与发展，而且还有利于改善现代中国的文化环境和历史条件，提升公民的历史认识、文化品位和生活质量。保护历史文化遗存，还可以提升国家、民族和地域的软实力，对现代中国社会的系统和整体发展，也具有重要的现实价值与意义。

第三部分

感议著思录

日本社会大系统的建构及其功能定位

分析与处理中国社会面临的相关问题，应具有系统的眼光。要善于运用系统论的相关知识与技术，解决中国社会现存的诸多问题，即中国社会治理应有系统性的机构设计，以及建构系统的社会治理结构，比如政府机构设施应附设人民馆等机构，或考虑将政府机构纳入人民馆，成为其中的重要机构。相比而言，后者更能体现发展的趋势。这样，可以在政府部门与人民团体之间，建立沟通和联系的便捷路径与渠道，并建立相互影响与作用机制。

日本公民馆是政府机构近旁的常态化附设机构，作用是发挥公民参政和议政的社会功能，不仅为公民及其团体提供必要的活动场地，而且还利于公民及其团体开展对政府部门的公关，促使政府部门在社会决策时听取公民及其团体的意见与建议。但中国政府部门附近并没有设置相应的设施，更不用说赋予发挥人民及其团体参政和议政的社会职能，这是需要给予深刻思考与分析的问题。并不是说，日本社会这样的机构设置模式就是必须遵循的普遍规则，但中国要不断觉察到日本社会可资借鉴的诸多方面。这样的社会机构设施更能发挥人民参政和议政的职能，分化与缓解集权体制下权力配置中的诸多问题，从而能更有效地遏止政府部门在社会决策中的专权意识与行为，更为充分地体现出分权化和民主化的社会治理特色。

日本公民馆设置还可以做到因时和因地制宜，而不是简单化和齐一化的机构设置，即不仅仅中央政府附近设置公民馆、科学馆、博物馆、图书馆、文化馆、纪念馆、民俗馆、体育馆、儿童馆和老年馆等社会性设施，在都道府等地方政府机构的近旁，也都可以设置上述社会性机构，而且还显得更为多样，或存在不同组合的模式，越是低一级层次，这样的情形就更为鲜明地表现出来。在市町村政府机构的管辖范围之内，上述类型的社会性机构就日益显现出组合模式的特征，比如公民馆设有老年人活动场所、儿童少年社会教育场所，甚至设置收集、展览与整理地域民俗等物质财产的场所，当然可以作为地域公民开展社会政治活动的场所。设置上述社会性机构，只是在硬件设施上提供了公民开展社会政治活动和地域文化生成的条件，若要更为充分地发挥上述机构的社会功能，还要建设有利的软环境，这也是具有必要性的重要措施。

日本社会的普遍做法是通过广播电视、资料整理和图书出版等途径加强宣传，并委派志愿人员专门和定期进行街宣活动，加强与学校、其他社会性机构的广泛联系，以便地域公民更为充分地意识到上述社会性机构存在的必要性，并促使上述设施获取更为充分的利用，从而提升其社会效益。在地域政府中，日本还设有文化和教育管理机构，负责对上述社会性机构进行指导，并赋予组织和宣传机构的职责。对不同类型馆舍的管理机构而言，其社会职责主要是提供热情和周到的接待服务，以及各馆舍的具体运行与日常管理。然而在上述馆舍中，服务与管理等方面的设计非常具有人性化。通过建构上述机构运行机制，政府部门与社会性机构之间建立了紧密的联系。从系统运行角度来讲，作为子系统的地域政府与馆舍之间，以及馆舍相互之间都存在这样的联系，从而形成了完整的社会治理系统。

中国社会系统的建构可以吸收与借鉴日本的经验。比如，省市县乡级政府部门都应高度重视各类社会性机构的设置及其社会功能。这种功能并不仅仅有利于推进政府执政方式的变革和社会治理的民主，而且还涉及地域文化生成、社会教育促进、社会风尚改善和公民素质提升，以及学校与社会结合等方面，同时需要切实实现各级政府部门之间、政府部门与人民及其团体之间、政府部门与学校等其他社会文教机构之间等沟通交流的社会效果，从而形成通畅的信息共通系统。

在这样系统运行中，还需要考虑各种复杂的联系，比如各子系统之间的关系，不仅要重视各类馆舍的建设，更需要建设畅达的信息交互系统，加强全国各馆舍之间的信息互通与交流，以便实现交互式的查询与阅读模式，从而构筑不同层级的社会信息交换平台，以及有利于科学、技术及工艺等方面的信息平台。同时，还需要不断创新平台建设、推进平台之间的信息互通与交流，以及在各层级采取相应的保密措施，特别是科学、技术及工艺等前沿信息，需要进行适当保密技术处理。但在致力于保护知识产权和个人隐私等信息的同时，还要确保公共信息的交流畅通。综上所述，中国和谐社会的建设需要切实的发展步骤和政策措施，当然这并非口头或笔尖上所能完成的事业，而需要进行系统的战略规划，即要进一步推动中国社会治理系统的建构，以及通过完善机制来不断丰富和扩展其社会功能。

"日本型"文化的本质精神

过去在对日本文化的分析与研究中，通常强调中日"一衣带水"的密切关系，主要是以文化纽带为依据。其实在很大程度上，这是历史性的误读。虽然中日是近邻，但事实上并未形成这样的特殊关系，可以从日本历史和文化发展上获取这样的必然结论。过去经常提及诸如唐代中国文化对日本社会文化的影响与作用，但在注重上述方面的同时，却忽视了日本社会文化中本土性和主体性因素的影响与作用，而且还处于核心和重要的地位。中日确立关系以来，日本在获取中华文明滋养的同时，就已开始出现悖逆的因素，体现出日本文化生成中的本土性和主体性特色，因此中国不应将对日本文化的研究视野仅限于中华文化对日本的社会影响与作用,而应对日本文化的本质精神进行更为深入的调查与分析,特别是要透过历史过程及其资料,探究日本文化对中华文化的冲击与影响,其中特别要以明治以来成型与发展的"日本型文化"为重点考察的对象。

中国文化和社会历史性地形成了对日本的亲近感,似乎感觉日本就是善邻,从未客观考察与分析日本的"邪恶"本质。在中日交往历史中,日本多次产生悖逆中国的情形,甚至出现直接选择以中国为敌进行武力对抗的情形,比如侵蚀传统中国的势力范围,侵扰中国的东南沿海,甚至与海盗相互勾结,危害中国社会的安全与稳定,更为严重的则是对中国的军事入侵。史料表明,明治以来"日本型文化"的核心是推进"本土化",路径是"去中国化",手段则是"西方化",其中对中华文化冲击最大的是"去中国化"的路径选择。

"日本型文化"是具有全新内涵的概念,主要是对明治前后日本文化的总结与概括,并非指具有明确文明标准的文化类型。"日本型文化"的特征过去较多蒙蔽在中日近邻关系之中,但现在若还是蒙蔽其中,就难以陈述清晰其中的特殊因缘。毕竟,中国曾经历日本侵华的空前灾难和严峻考验,因此需要转变对日本的认识,防止遭受固定和僵化的社会思维模式影响,否则对中国的日本观发展存在深刻的影响与作用。比如,在中日战争影视剧中,经常以日本人的觉悟为特别的剧情;以日本人的痛苦为历史的悲情;以中日人民的友好为现实的结局,以及在中国社会刻意提倡和营造所谓"中日世代和平友好"的舆论宣传,甚至以日本人为演员塑造"堪称逼真"的荧屏形象。上述做法必定会对中国社会产生潜在或显性的负面影响与作用。当然,对上述相关观点肯定也会存在反对意见,甚至会套上破坏"中日世代和平友好"的帽子,但依然要提醒某些中国人,不应以固定和僵化的社会思维模式来对待日本,这里权且作为忠告。

日本社会甚至文艺作品充溢着浓烈的"反华邪性",表现出强烈反华制华的思想、意识、观念和行为,集中体现在"右翼"组织及其势力身上。当然对"右翼"组织及其势力的认识,也切不可以仅仅理解为日本社会中的

"一小撮"。这样认识与理解的本身就是固定和僵化的社会思维模式。"右翼"组织及其势力虽然表现为日本政治组织及其势力,但却是日本社会的真切反映,并不能以"一小撮"来简单加以概括,这是文化的本质体现,即"日本型文化"在日本社会和政治中的显著反映。日本社会和文化存在诸多隐性与显性以及虚像与实像之间的变换,更存在西方民主与自由的幌子,但实质上是维护军国主义思想和天皇制政体,文化层面上是延续与发展"日本型文化",然而主要还是以"去中国化"为路径,以"西方化"为手段,最终目标是要增强"本土化"。由上可见,反华制华是日本社会和文化的本质反映,而并非是其中"一小撮"的社会政治行为。

然而,很多中国人并没有清晰认识日本这样社会和文化的本质内涵,仍采用过去的社会思维模式,竭力地强化中日"一衣带水"的密切关系,依然想方设法地倡导所谓"中日世代和平友好",却忽视了日本对中华文化和中国社会所存在潜在与显性的冲击与影响,而且在程度上来讲还具有致命性的特征。当然,突出任何方面都是没有价值的做法,关键还是要以事实为依据,把立论基础牢固建立在分析、研究日本社会和文化的现实状态与制度实质上,从而深刻揭示日本社会和文化的本质精神。分析与研究日本教育也应确立这样的目标。因此,无论是秉持前者的看法还是后者的观点,都需要把立论建立在深入分析与探究日本社会和文化的事实基础上,而并非简单参照固定和僵化的社会思维模式,更不应仓促做出某种论断。

学习日语中存在颇多感触,最为深刻的是对日本社会和文化的深入思考。依照目前的认识与理解,日本文化具有中西文化杂糅和本土文化相结合的鲜明特色。其中,西方文化造就了近代以来日本社会所出现注重科学技术的品质与精神,集中表现为注重科技和物质文化的创造,而中华文化则塑造了日本社会的传统文化特色。概括地来讲,传统中华文化造就了日本社会的人文精神,集中于语言文字和社会习俗等方面,并建构出传统日本文化;而传统日本文化又造就了日本民族的根本特色,体现出日本社会的本土精神。上述方面体现出日本文化所具有中西和本土杂糅的鲜明特色。日本民族甚至把这样的本土特色发挥到极致的程度,集中体现为日本"民族中心主义",

即狭隘的民族主义,并对日本社会的武士道精神和军国主义思潮具有极大的历史影响与作用。

然而在社会和文化发展脉络上,特别是明治之后为达成实现本土化的目标,日本采取了"去中国化"路径和"西方化"手段,如此造成了这样畸形社会和文化的局面,即出现浓烈的"反华邪性",表现在日本社会和文化中就是显著存在反华制华的思想、意识、观念与行为,体现出"去中国化"的鲜明特色。无论是采取"西方化"手段,还是确立"本土化"目标,日本社会实践和文化行为的关键是"去中国化"路径,这是更深层的阐释,也是"日本型文化"的本质精神所决定的必然结果。

日本的"镜像":武士道与"恶邻"

武士道是日本社会的精神寄托,经历了漫长发展与变迁的过程,已逐渐内化为日本民族的文化特性。东亚大陆文化对武士道的影响与作用表现得很明显。武士道包括柔道、剑道、弓道和空手道等,并大多通过朝鲜的"半岛之桥"或直接从中国大陆传入,或经由中国台湾和琉球传入日本列岛。其中,有来自中国内地和台湾、朝鲜半岛和琉球等的传道者,还有来自日本列岛的游学生(僧),比如阿倍仲麻吕和高僧空海等中介者,以及各朝代东亚大陆与日本列岛之间各国政府的政治行为,比如遣使来华。上述因素都是历史性的存在,但最大的因素是在文化交流和传播中所经历文化授受、迁移和内化过程为主的社会历史现象。

日本武士道显示出异域文化与本土文化相结合的特色,经由筛选与再构,作为整体性的武士道,则是日本文化成型的重要标志,虽然具体内容皆呈现出异域文化的特色。从武士道的成型过程可以清楚地感受到日本对异域社会和文化的历史态度,最为清晰的脉络是不照搬照抄,而是文化选择和吸收的复杂过程,这与近代日本科技的发展过程很吻合,即吸收外部的先进因素,甚至先进的技术或装备,在此基础上进行创新与改造,并由此形成具有日本物质和精神的实体特色形态。在物质方面表现为日本科技成果，在精神方面表现为日本社会文化，其中不乏外国物质和精神的成分，但也注入其本土的主体因素，造就出"日本型"的科技和文化特性，甚至内化为日本民族性的特征。武士道和其他文化方面在日本社会都有本土的主体表现，这样的思想意识影响并塑造出日本的民族精神。比如，神道教是在吸取中华文化素养基础上创造出来的，神社文化是在中国神话传说和道教文化等因素基础上形成的，并非没有思想理论基础的文化成型过程。神社的"开"形门楣渊源于中国"开天辟地"的神话传说，而日本的内在精神则移植了传统中华文化的道教思想。成型的文化总是由复杂多类的文化因素聚合而成的，并非单一因素影响与作用的结果。"日本型文化"包含其本土的神话和文化成分，这也是必然的，体现出本土的主体精神特征。正是由于日本社会和文化存在复杂性特征，因此日本学者归纳出日本文化的杂种性特征，其中存在日本历史、文化和社会的依据。

中国是注重文治的国家，日本则是崇尚武士道（武治）的国家，这样的差别是中日社会和文化的本质特性所决定的。日本注重武治的传统已成为东亚社会和历史发展中的不稳定因素，社会历史的大量事实可以作为依据。无论对世界和平还是东亚稳定，甚至对国家安全，日本这样的传统对中国都存在历史、现实和长远的威胁，当然更多的威胁来自武士道这样的文化传统因素。因此，日本在东亚的存在对中国构成了文化上的长远威胁，需要给予充分关注并找寻文化上的应对策略，而不仅仅需要寻求政治或军事上的应对，确立这样的指导思想对中国而言至关重要。"恶邻"在侧，需要开发出制止"邪恶"的办法，基本的理念是文化上的应对。中国文化原本就有疾恶如仇的因素，更何况中日还有世仇，虽然也存在中华文化广播日本列岛的历史过程。其实任何事物都具有两面性，正如现今美国报刊登载的文章，说中国海军没有经过实战检验，难以与美军舰队相抗衡。对待日本威胁的现实，应采取文化理念上的抗衡策略，而并非仅仅采取绥靖和劝导的理念，更不应过度强化所谓"中日世代和平友好"的外交政策。

从新中国成立时起，中国就阐述了"和平发展"的社会理念，但这也并非"放之四海皆准"的妙剂良方,还应"对症下药",有时霸权也是一种选择,何况中国内部的权力之争也体现出这样的社会特性。所谓"能者通吃",绝非和谐社会的表现形式,但还应容许这样现象的存在,这就如同教育科学中所强调精英与大众的思想,以及文化上所主张"百家争鸣"的思想,若一味地寻求和平发展与和谐社会的路径,往往会出现适得其反的结果。其实历史教训比比皆是,比如中国政府放弃日本侵华战争的国家赔偿权利。现在中日民间在战争民事赔偿上所存在的纠纷问题,就是很好的证明。日本社会和政府在深知战争违背人权,以及需要给予受害者适度赔偿的情形下,依据中日政府达成的政治文本,歪曲中日政府有关国家赔偿问题的处理契约,私自扩大契约的适用范围,把受害者的民事赔偿也纳入国家赔偿,从而获取中国放弃所有战争赔偿的判断,即包括国家赔偿和民事赔偿。事实上,中日政府契约只适合处理国家之间的赔偿问题,而民事赔偿则要通过民间合理的程序解决,这是基本人权保障的问题,而并非政治文本可以解决的问题。毕竟人权是普世性的社会概念,并非政治概念,它更加具有长远性,而不仅仅具有政治性特征。但日本法院将中日政府之间的政治文本作为审理案件的主要依据。其实这是在偷换概念,以及极尽狡辩的不严肃行为,也并非解决历史遗留问题的公道做法。其中受到日本社会和文化的传统影响,甚至日本"右翼"组织及其势力,以及军国主义思想的深刻影响与作用。

　　当然,其中还体现出日本分化中国政府和民众关系的策略意图。当初中国政府在放弃日本侵华战争国家赔偿时,除了考虑国际形势和中日关系之外,重要的是考虑日本社会和民众的负担。但中日政府间契约达成之后,逐步地成为日本政府和社会对付中国的"牌",包括针对中国政府和社会,意图是要割裂中国政府和民众关系,撕裂中国社会的和谐氛围,并成为日本有计划地破坏中国社会稳定的重要手段,这样情形的出现正好与中国政府当初的想法背道而驰。毕竟中国政府在放弃国家赔偿时,考虑的是日本社会和民众的负担,然而现在日本却利用这样的政治契约,分化中国政府和民众关系,声言中国政府已放弃所有的赔偿要求,中国受害者的民事赔偿也一并放弃，日本已没有对中国受害者进行民事赔偿的义务，并申言中国政府已承诺放弃赔偿要求，而且存在中日政府间契约的证据，因此责任者是中国政府。这样，日本把民事赔偿的历史责任推给中国政府，从而达到分化中国政府和民众关系的目标。这样分化中国政府和民众关系的策略与做法，并非孤立的思想和行为，而是具有社会性特征的对华思潮和战略，并与日本社会的"反华邪性"，以及分裂中国的图谋，紧密地结合在一起，给中国社会的稳定与发展带来更大的压力。针对日本在上述方面的作为，中国政府和社会应给予必要的关注，并找到解决问题的有力对策。

"鱼牛"梦境及其本源

凌晨熟睡于床，竟然做了一场梦。梦醒之后，决定将梦境的详细情节记录下来。当时的心理是要记录奇妙的梦境，并没想到事后却感受到这样的境界，还真很令人寻味。姑且称为"鱼牛"梦境。具体情节如下：

梦在大潭中捉鱼，人很多，大家一起去摸鱼（记得小时候，经常与伙伴一起到附近小溪中摸鱼嬉戏，当时最多的收获是抓到一些小虾、泥鳅和河蟹。当然有时还能摸到黄鳝、乌鱼和螺丝等，大的为人食用，小的则成家禽之食。看来梦与人的经历和记忆存在关联）。摸着一条大鱼，此鱼可不一般，口大无比、力大无穷，曾经将人掀翻（梦中呈现若此，其实在中国难以见到大鱼，但到日本之后，却能经常感受到日本人捕获的大鱼，乃至巨型的鲸鱼。梦境之所生成，或与上述两种经历存在程度上的关联）。遂找来长绳，潜入水中，将其头部拴住，在其鳃部打扣，然后拉它上岸（这是日本捕获大鱼的经验。但经常见到的是日本人用鱼叉，梦境用长绳或许是中日做法相结合的产物）。

此鱼大甚，无法想象（当时的情形就是这样，现在难以想象，或许是以到东京之后闻见的捕鱼场景为梦境的思维缘本）。近看此鱼，确实不一般，其形如牛（此即称为"鱼牛"梦境的缘由）。在梦中，大鱼渐立起，现牛犊状,成为"鱼牛"(成长的过程让人感到窒息,应该说是梦境的高潮,让人冷汗直出,其情境相当逼真、形象),此事渐为广传。"鱼牛"立起后,开始吃草,渐渐长大(确实是不中不日、不东不西的怪物,以鱼为始,以牛为成,梦境确实奇特)。

有好闻者来,以有所谓国际契约为名,想骗取"鱼牛",其中细节犹如黑社会阴谋。又有好闻者来,此人也凶,两人渐成仇敌,相互斗谋(当时的感觉受到旅居东京时日本社会生活气息的影响。毕竟白天曾经见到有关日韩在东海活动的消息,应有再现两国垂涎东海的场景,当然还存在美国的东亚战略和策略因素,因此有所感受,但却以梦境的形式表达出来)。"鱼牛"结局,此在梦中,梦为缥缈,梦醒皆无(确实非梦境的场景,乃现实的真切反映,有此梦境,实怀东海危机)。

高桥是清府邸:历史与反思

在前段时期,由许老师带领,"学艺"国际游学生参访东京江户古民居主题公园,观看同比例复制的明治名臣高桥是清府邸,感觉很有兴趣。于是偶有闲暇,决定在中日文网络查找相关信息。高桥是清曾经担任明治日本首相(相当于总理)、藏相(相当于财政部长)和银行总裁(相当于行长)职务,为明治元老级人物。但却成为明治日本政治的牺牲品。1936年日本爆发"二二六事件",这是一场政治阴谋和暴力行动:青年军官发动政变,擅自分别闯入内阁成员住宅,杀死包括高桥是清在内的多位政府内阁要员。此后,日本更加强化军国主义政权,同时表明日本全面侵华进入政治预备和发动的发展阶段,"统制派"上台执政,并奉行和实施东亚侵略和殖民政策。1937年发动"卢沟桥事变",标志全面侵华战争开始。因此,高桥是清之死与现代中国的际遇存在密切的关联。

事件的发生存在深刻的历史和文化背景。日本偏离欧亚大陆,远古时代开始就依附于东亚文明,主要是东亚的中华文明。中华文明传播于日本列岛，存在多种路径，比如遣使来华、"半岛之桥"和漂流民等，甚至存在相关传说，徐福的故事在中日流布很广，这样的文化生成方式对日本民族性格的形成与发展产生了重要的社会影响与作用，并造成日本文化突出存在自卑和报复的社会心理，促使日本试图摆脱这样文化输入的状况，同时采取各种方式削弱其他文化在日本社会中的地位，甚至不惜采取攫取其他文明要素的做法，比如日本不断从中华文化中攫取物质和精神因素，并产生明显的悖逆情形。从对中华文化的态度角度来讲，近代以来日本更出现明显的"反华邪性"，并适时转化为反华制华的思想、意识、观点与行为，近代日本历史充分证明"反华邪性"及其思想行为的存在，深刻的原因包含日本民族的自卑情绪，以及由此导致产生的傲慢和残暴情绪，并成为日本民族性的重要特征。

上述方面存在历史的佐证。近代日本通过明治维新走向强盛，但同时产生奉行东亚侵略和殖民政策的社会思想与文化成分，典型的是"征韩论"的出现。当时日本同时存在两种对立的社会思想，"西南战争"之后，军国主义思想崭露头角，由此形成明治日本文化，即"日本型文化"，逐步确立东亚侵略和殖民的军国政策，妄图实现控制东亚大陆的梦想。最为隐秘的是"田中奏折"，甚至时至今日也难以寻到原始物件的证明，只是难得的手抄件，其中不仅反映出近代日本所妄图大规模侵略中国的军事计划，而且也体现出近代日本文化的本质特性，最为关键的是日本社会所存在浓烈的"反华邪性"，以及所奉行东亚侵略和殖民的军国主义政策。

由上可见，近代日本的国家政策并非权宜策略，而是深谋远虑的长期战略规划，存在深厚的文化基础。因此，日本文化才是近代日本奉行侵华政策的"先天土壤"。一旦出现适宜这样文化发展的"土壤"环境，特别是当中国、国际诸国和日本出现社会形势的发展与变化时，日本文化的上述本质特性必定会出现"发酵"迹象，甚至演变为诸如近代东亚社会和历史的情形，其实这也是通常所阐述可能出现历史重演的社会变局。当然，这是东亚和国际社会所要力争避免发生的事情。但这样的文化特性在日本社会却长久存在，不会随着历史远去和社会变迁而出现实质的变化。现代日本文化就是明治以来"日本型文化"本质特征的延续与发展，战败之后日本的诸多行为可以作为有力的证明。

上述方面存在充分的现实依据，比如在对待中国人反政府势力，特别是邪教和"藏独""疆独""台独"等组织的社会政策与行为表现方面，当然还有日本"右翼"反华制华的叫嚣与聒噪方面。上述方面仅仅体现出表层的含义，实质上则是日本社会的"反华邪性"和侵华情结。前者属于文化层面，后者则属于历史层面，两者融于现实日本社会之中。从这种意义上来讲，日本文化已严重冲击、影响并威胁到中华文明的延续与发展，成为中华文化发展的真正"敌人"。这并非信口雌黄的结论，这样情形的出现在历史、社会和文化上具有无可辩驳的依据。对中华文明的延续与发展而言，日本文化的冲击与威胁具有未来和长远的特性，因此若要坚决杜绝近代中日历史的重现，必须深入分析与研究日本文化的本质特性，认清其在继承与发展中所有在悖逆中华文化的本质成分，从而最大限度上杜绝后患。

但在"知彼"的同时，重要的还是要做到"知己"，才能达到"百战不殆"的现实成效。在"知己"问题上，主要尚需做到：一是发展自己。"发展才是硬道理"，这句话是邓小平留下的宝贵财富。在现今国际和中国社会中，发展自己并不仅指单纯经济上的发展，还涉及中国社会的发展，即并非孤立的发展，而是系统的发展，包含国际与国内，以及国内社会系统的整体发展。"科学技术是第一生产力"，中国必须紧紧抓住发展科学技术——这个重点和中心。二是致力教育。文化与教育之间存在紧密的联系，教育的发展离不开文化因素。要致力发展教育，不断改造教育，首先要确立学校教育与社会教育"两条腿走路"的战略方针，把推进科技发展作为关键内容，有效改善教育教学的模式和内容，逐步形成有助于科技发展的教育文化特性。当然并非单纯追求科技发展，还必须与社会文化和政治经济等领域的发展相匹配。三是改善机制。在中国社会和教育等领域中，管理模式存在趋于集权和僵化的基本特征与发展倾向，因此必须采取切实的措施，改善现有的管理模式，即要确立变集权为放权，以及变僵化为灵活的社会机制，同时必须加强教育教学评估，推进社会和教育管理的公平公正程度，并在制度和政策上提供必要的保障。

从改进学校教育角度来讲,要重视私立教育的建设与发展,大学教育阶段可以尝试在公立等大学中扩大理工科类的招生和培养规模,不断增加对上述大学经费等方面的投入;将文科类招生和培养的承担者逐步转变成以私立大学和独立学院为主,并据上述基础做出相应的制度和政策安排,特别是在社会发展层面上要加强引导,在发展高科技的同时还需要采取必要的政策与措施,鼓励社会生活领域中科技应用系统的建设与发展,从而不断丰富和完善社会日常生活,建立更为和谐、便捷的社会运行模式与机制,逐步实现现代化的社会发展。综合上述,就是要大力增强国家的实力,促进教育的发展,完善社会的机制,从而最终实现国家富强与民族崛起。

日本人眷恋明治时代

明治维新改变了日本,也改变了东亚的格局,甚至波及国际社会的发展步伐与方向。日本人把明治时代作为日本发展的辉煌时期,不仅在过去倾注了时代的热情,而且在现实中还倾注了研究的意味,以致在战争结束很长时间之后,依然存在"右翼"翻案和否定侵略的言行,甚至成为当前日本社会中的思想逆流,对中国乃至东亚社会的发展造成较大的思想影响。毋庸置疑,明治维新显著推进了日本社会的发展,但必须认清其正负双面作用,不应偏离辩证思维的轨道。

不仅在日本和国际社会之间,而且在日本国内,思想舆论都体现出差异性的思维方式,比如日本社会内部存在"实像"和"虚像"两种状态。在现实日本社会中,类似的情形还以其他形式明显地呈现出来,并不仅仅存在明治之后侵略的个案。因此,可以将日本社会的特别情形,归结为"虚实共生论"和"泥潭论"——两大社会论理。

明治维新促使日本演变或为东亚强大的国家,并把西方侵略势力逐步推移到日本国境之外,因此对日本社会而言,明治维新足以引为自豪。但同时相反，日本奉行"脱亚入欧"政策，加入西方侵略和殖民东亚的集团，并成为危害中国的罪魁祸首。从上述方面来讲，虽然近代日本成功实现社会转型，具有一定的历史进步意义，但随后实施侵略和殖民东亚的政策，则是法西斯主义的社会思维模式，即奉行了军国主义政策，以致产生侵略和殖民东亚的思维逻辑。但从另外方面来讲，近代日本成功实现社会转型，也是与东亚国家特别是中国所做出巨大牺牲相联系的结果。

从文化角度来讲，明治日本逐步丧失对东亚特别是儒家文化的兴致，刻意接受西方文化，特别是近代西方先进的科技文化。当然这样的选择无可厚非，从社会历史发展角度而言，还具有选择上的正确性。这样的史实也突出体现了东亚文化中心的转移过程，即中华文化在东亚的中心地位逐步丧失，代之而起的是近代西方先进的科技文化。日本较早吸收与借鉴了近代西方先进的科技文化，从而成功实现了近代社会和文化转型。但日本在吸收近代西方先进的科技文化之后，随即对传统文化母国——朝鲜和中国，进行野蛮的侵略和殖民行动，鲜明体现日本民族性的特征和中日竞争的关系，由此确立"日本型文化"的内涵与特征，并导致日本社会由东亚文化的边缘跃升至中心的地位，继而对中华文化进行了史无前例的破坏与摧残。

由上可见，中日乃至诸国关系可以界定为相互竞争的关系，即使所谓的和平友好也蕴藏这样的关系，盲目地信仰与追求"中日世代和平友好"的政策思想，是历史性的误导。对日本而言，上述言论只是"虚像"，而"实像"则是相互之间的竞争。虽然乍看这仅仅属于认识问题，但却关系到中日关系的未来发展与竞争趋势。中国人若没有认识到这样的事实，而偏信"虚像"的认识，则可能导致社会历史悲剧的重演，因为"实像"最终还会在中日实力转化中呈现出来。其实这是中日关系的现实存在，而非虚拟的社会状态与未来局面。

日本吸收与借鉴近代西方文化并非自然过渡，同样具有复杂的思想和政治斗争。不仅如此，日本在东亚的侵略和殖民也存在社会斗争的过程，并因在"征韩"问题上的政治争议，而引发激烈的内部矛盾，最终爆发"西南战争"，并由此导致以西乡隆胜为首的叛乱军队溃败，而以大久保利通为代表的政府军队胜利。但爆发"二二六事件"之后，日本走上了东亚侵略和殖民军国主义的发展道路。当前日本社会对西乡隆胜给予较高的社会历史评价，并在上野公园等处为其塑像，纪念这位倡导维新而致力外侵的所谓"杰士"。当然这也是明治日本奉行东亚侵略和殖民军国政策所决定的结果，因为这导致出现日本社会发展的全盛时期，具体表现在此后日本在社会、政治、经济、科技、军事和文化等方面，均占据东亚中心的地位，甚至目前日本在科技和文化等方面，依然处于东亚中心的地位，因此这样的现实情形符合日本社会历史的事实描述，也是日本依然存在强大"右翼"集团及其势力的根本成因。

　　由上可见，明治维新之后日本出现的社会变化，充分体现为日本社会的选择时机与策略，即后来研究所揭示的灵活原则。从文化角度而言，传统上日本属于东亚文化的国家，接受中华文化的深刻影响与作用，并经过中国大陆和朝鲜半岛等，播入起源于古印度的佛教信仰。但无论是传统中华文化还是古印度佛教文化，都经历了其本土文化的现实改造，从而赋予日本文化的鲜明特色，比如武家文化与武士道精神的形成与发展，以及日本对佛教文化的本土改造。至于后者，日本社会的和尚与尼姑具有本土性的鲜明特色，突出的表现是其佛寺的和尚可以结婚、尼姑可以嫁人，而不再是苦行的僧尼。日本佛教还与神社等本土信仰保持紧密的结合，出现神社化的倾向。上述方面都体现出日本在吸收与借鉴外来文化的过程中，坚持了本土化和主体性的原则，当然也可以归结为奉行灵活原则的范畴。

　　日本接受与借鉴近代西方先进的科技文化，同样也经历了这样的转化和坚守过程，并体现出日本在坚持传统文化，以及吸纳和对待外来文化的态度上，始终秉持对外来文化的本土化。明治维新之前，传统日本文化具有鲜明的中华文化特征，从文字、服饰到生活习俗，都深刻烙上中华文化的印记。但日本在吸收与借鉴中华文化的过程中，渗透了日本社会和民族的本土性因素，比如形成神道教和武士道的精神，甚至形成"日本型文化"的早期特征，这样文化的形成与发展体现出日本文化的本土化特色。同时，深刻地反映出日本民族和社会在吸收与借鉴其他文化时，根据自身的需要放大某种思想和文化因素，并与日本文化的本土因素相糅合，从而体现出日本民族和社会对其他文化进行的自主选择，比如武士道在很大程度上是对唐代中国武士文化的吸收与发展，并逐步地形成具有本土性特征的日本文化。但在中华文化的历史发展长河中，这样的武士文化因受到传统中华文化中主流文化的抑制与冲击，逐步地淡出中华文化发展的中心舞台，成为处于次要地位的传统文化形态。

明治维新之后，日本社会出现中西文化势力的交锋，逐步将具有中华文化特性的成分视为"蔽履"，开始大量吸收与借鉴近代西方先进的科技文化，甚至政治和社会制度，导致近代西方文化特别是先进的科技文化在日本社会占据了上风，并逐步地实现近代日本文化的转型过程。当然，日本对西方文化的吸收与借鉴并非奉行照搬照抄的态度，同样经历了本土化的消化过程，比如对西方基督教就采取了相应的变通态度，即在接受西方基督教的同时，掺杂了具有日本民族特色的内容，并具有神道化的发展倾向。在对待西方科技文化的态度上，则更体现出这样的态度与精神，从而实现近代日本科技的进步与发达。即使在国际政治和军事思想方面，日本吸收与借鉴西方的经验，也采取了这样的态度，比如当西方诸国法西斯盛行时，日本社会孕育了军国主义思想，仿效鲁登道夫"总体战"理论，提出"综力战"体制，而且借鉴希特勒"奇袭波兰"战法，对美国夏威夷的珍珠港发动突然袭击。从上述历史表现来讲，日本吸收与借鉴了近代西方社会的思想、文化与经验，但都体现出本土化改造的消化过程。

现代日本文化重新步入崭新的发展阶段，主要的特点体现在：一是注重日本民族和传统文化，力求恢复战前的社会和制度状态，在继承基础上谋求符合现代社会特色的发展。战后日本的社会发展重新回到了原有的和平轨道，但这样的发展轨道依然处于美国军事的管控之下。客观地来讲，美军驻日维持了东亚社会脆弱的平衡状态。其实，现代日本文化的实质精神并没有出现鲜明的变化，特别是表现在恢复天皇制度之后。从理论和现实上来讲，天皇制度的恢复意味着日本恢复了战前的两种制度：天皇制度和首相内阁制度，从而维持了现代日本政治权力的均衡构造体系。但从另外角度来讲，战后日本逐步复辟了天皇制度，并为重新走上军国主义道路埋下了祸根。当然，这也为现代日本"右翼"组织及其势力的存在与发展，预留了诸多社会条件与制度空间。二是坚持"科学技术立国"的社会理念与发展宗旨，维持日本在信息、科技和人才等方面的发展优势，并逐步地形成"日本型文化"的特色模式。战后日本借助东西方阵营之间的矛盾，以及中美在台湾地区和朝鲜半岛等问题上的冲突，特别是在朝鲜战争的特殊时期，日本通过提供军事、物资、人力和外交等方面的支援方式，获取了美欧等西方国家在物质和技术等方面的援助，从而实现了日本社会的重新崛起。朝鲜战争之后，日本不仅获取了相对宽松的发展环境，而且还出现了20世纪60、70年代迅猛发展的局面，从而快速成为在东亚的"西方"发达国家，并在恢复天皇制度之后，重新掌控了对琉球的管治权，设置了地方行政机构——冲绳县，现实性地将琉球群岛纳入日本版图。在美国军事管制和操纵下，战后日本重新实现对琉球的"殖民"管制，形成独具特色的国际政治架构，从而确立战后日美琉之间以利益交换为中心的现代"殖民"形态，当然是以牺牲琉球的国家独立和民族利益为核心标志。上述方面的情形与美国对日本政治改造的设计框架，共同构成现代日本社会、政治和外交等领域发展的国家基础，并对现代日本文化的发展具有深刻的现实影响与社会作用。

日本超越中国的梦想

国家之间存在合作与竞争的关系，但并非仅仅表现为敌对的状态，还应存在友好与协作的氛围，这才是正常的双边关系。严格地来讲，中日关系应达成这样的状态。但现实中日关系距离这样的状态还存在一定的距离，主要是日本社会和文化的本质特性所决定的结果。

从社会和文化历史角度来讲，日本长期处于中华文化影响的范畴，特别是唐朝中国文化对日本列岛产生了巨大的社会作用。但近代以来中日之间出现发展上的突变，唤醒了日本社会和文化中的主体意识与精神，日本逐渐走上了西方化的发展道路。这样的道路选择是"脱亚入欧"政策的作用结果。日本借助这样的政策,完成了由封建时代向资本主义时代的转变,学习和借鉴了近代西方先进的科学技术,但同时也引入了西方世界的法西斯主义精神,产生了军国主义的思想、意识和观念,并与传统日本文化中的武士道精神相结合,走上了东亚侵略和殖民的发展道路,而且采取极为残暴的手段,充分体现出明治日本的本质精神。

日本侵华举动的出现并非仅仅因为近代国际社会产生的法西斯主义背景,而是在日本文化中长期存在和延续下来,并随着近代中日发展差距出现之后的爆发,这里存在翔实的历史例证。缘何近代日本制定出侵华的国家政策?还是要追溯到丰臣秀吉时代的"大陆政策"。据史料记载,丰臣秀吉曾经大规模地侵略朝鲜半岛,并存在侵入中国大陆、定都北京的战略意图,但在中朝军队的合力抗击之下,以丰臣秀吉的死亡为转折点,标志日本早期所奉行"大陆政策"的失败。但日本由此形成一种文化的形态:强烈地怀有侵略东亚大陆的国家梦想。在随后的历史时代,只能以"倭寇"和"浪人"的形态出现,难以对中国大陆形成直接对抗的实力。其实,早在蒙元时代忽必烈两次派军"东征"失利之后,在日本社会和文化中逐步地形成对中国大陆直接对抗的情绪,激化了日本民族性中的暴力与野性,因为当时日本击退的是世界上幅员最为广阔的蒙元军队,由此形成"神风"的传说,并在"二战"中突出地显现出来。

明治维新以来,中国成为日本侵略的主要对象,但终因日本胃口过大而难以消受,还引发了日本与美国之间的战争,从而加速了日本失败的发展进程。由于战后国际形势的突变,特别是东西方阵营的急剧形成,以及朝鲜战争的突然爆发,造成中美之间直接对抗的局面。而此时日本借助美国的需要,参与到中国内战形势和以中美为主要力量的激烈冲突之中,并站在"蒋介石集团"和"西方阵营"一边。在此后国际关系演变中,日本表现出足够的灵活性,不仅逐步地恢复天皇制度和国家主权,而且攫取琉球的管治权,还将矛头对准隶属中国的钓鱼岛及其附属岛屿。当然,其中存在美国阴谋支配东亚的战略意图。但美国依然没有完全撤离日本的本土,主要以军事基地为存在的形式，这已成为日美关系和矛盾的焦点。

进入 20 世纪 70 年代之后，随着中美关系逐步解冻，中日关系也迅猛发展，但这并非意味中日建立了完全信任的关系。现实正好相反，中日还存在历史认识和现实利益上的深刻矛盾，并引发民间的对抗情绪。因为战后日本处于美国驻军的管控之下，因此日本"右翼"政治团体的存在可以理解，但这样的团体却将矛头对准美国之外的其他国家，特别是在中国钓鱼岛及其附属岛屿主权等问题上搬弄是非，明显地秉持强烈的"反华邪性"与对抗情绪。或许其中存在麻痹美国的策略，但这样的反华情绪对中国社会稳定与发展具有深刻的影响，而且在现实中日本与美国串通，共同对中国采取明暗对抗的策略，在日本社会形成强烈的反华制华行为，这是中国所不能过度容忍的事情，必须给予必要的回击，而且这与所谓"中日世代和平友好"政策并不相悖。依照历史和文化的逻辑，现代日本社会出现的"反华邪性"，是近代以来的延续与发展，而不仅是附和美国东亚战略的策略选择。上述方面已经鲜明地体现出来，核心的目标依然是妄图恢复明治日本对中国的相对优势。但明治时代已成为"败叶黄花"和"历史陈迹"。无论是在历史文化还是现实社会中，日本都难以忘怀明治岁月的光辉，这应当是日本社会频现"右翼"反华制华言行的主要原因。

日本文化呈现为极为复杂的复合体，正如日本社会和政治生活具有的杂糅性特征。从历史过程来讲，"日本型"社会和文化特征是以日本为主体意识和行为的表现形式，渗透日本民族性的特色，关键是岛国根性，严重地存在超越中国的梦想。比如，在日文命名汉字选择中，出现诸如洞爷湖和御岳山的名称，即借中国山川湖泊的名称，表达梦想的情怀，体现出超越中国的意志，其中具有文化战略设计上的含义，中国对此应有所警醒。但日本毕竟是群岛国家，这样的情怀和意志只能被看作狭隘的岛民心态，最终只能落到"月亮"的境地，成为环绕诸大国的"卫星"，这可以从历史角度加以阐明。明治之前，在社会制度和文化教育等方面，日本都学习与借鉴中国的经验，长期以来基本上是中国的藩属国，成为中华文化的组成部分，以及处于东亚文化的边缘地位，此时日本环绕中国运转；明治之后，日本奉行"脱亚入欧"政策，逐步地转而学习与借鉴近代西方先进的科技文化，同时视中华文化为"蔽履"，此时日本环绕美国等西方发达国家运转。无论是传统之中学习与借鉴中国的经验，还是明治之后积极学习与借鉴西方的经验，都体现出"日本主体"的意识与精神，这是日本获取持续成功的关键因素。

在中国准备探测月球时，日本借助美国等西方国家的力量，超前发射所谓的"月亮女神"。中国在日本之后发射"嫦娥一号"，并在完成项目试验之后，对月球的表面进行技术性的撞击，在月球上留下明显的坑洞，于是中国社会出现命名风潮，特别是在网络论坛之中，最终坑洞命名为"嫦娥与狗"，可谓具有别样的意味。由上可知，针对日本超越中国的梦想，中国应存在战略规划和策略应对，必须以系统发展的观点对待中日之间的现实问题与未来趋势，而并非一味地迎合日本的"口味"，以及美国等西方国家的霸权心态，关键是要确立"中国主体"的意识与精神，并以科技为核心，致力发展文化和教育等社会事业，奋力发展与壮大自己的力量，从而加速实现时代性的民族崛起与国家富强。

三 日本"右翼"思想和行为的成因分析

石原慎太郎在中国获取知名，并非由于是东京都知事（相当于北京市长），在更大程度上由于是日本"右翼"的典型代表。他以文名起家，也以文章著名。首篇小说获取日本著名奖项，基本上奠定在日本的政治基础。石原慎太郎的文名与"右翼"思想逐步走向融合，从而进一步地获取更大的社会知名度，并由此迈上政治生涯，担任东京都知事，并不断地获取续任，在日本政治中很罕见，但他却能做到并维持到21世纪初期。其实，石原慎太郎担任东京都知事，也是情理中的事情。毕竟，战后日本军国主义思想依然浓烈，虽然以美国为首的国际社会曾经想方设法地改造日本社会的思想观念。"右翼"组织及其势力的出现充分地表明了这一点。石原慎太郎是日本"右翼"组织及其势力中最为突出和典型的代表，能持续地担任东京都知事，足见日本社会中"右翼"组织及其势力的影响程度，因此难以让人感受到日本社会已迈入现代的行列。作为日本政治中心城市——东京，最高行政长官为"右翼"，难以表明日本社会不是以"右翼"组织及其势力为主导。事实上，目前日本社会呈现出明显的"右翼"倾向。

日本"右翼"究竟是何物？这是首先需要思考的问题。从历史逻辑来讲，日本"右翼"是军国主义和法西斯主义的现代遗存，"右翼"组织及其势力代表了日本社会的部分人，妄图复辟明治东亚霸权，并将此作为日本发展的目标选择。因此在日本社会，特别是在靖国神社这样的祭祀场所，经常会见到穿着明治军服的日本"右翼"，不仅在追记亡魂，而且还妄图复辟，即坚持军国主义和法西斯主义的思想观念。在现实日本社会中，不可小觑"右翼"组织及其势力。向来不赞成日本"右翼"组织及其势力是"一小撮"的说法。日本社会存在深厚的"右翼"政治和思想基础，这是具有社会性的思想观念，并已深入到文化的深层。对这样问题的理解，可以打看似不恰当的比方：无人认为在中国社会中，儒家伦理只有部分的尊崇，但明显已成为中国社会和文化的重要组成部分。日本"右翼"思想观念也具有这样的文化地位，军国主义和法西斯主义已成为日本社会和文化的重要组成部分，而并非仅仅"一小撮"的思想与行为模式，并造成深远的社会影响与作用。但要探究这样的思想观念在日本社会中根深蒂固存在的原因，还要从近代历史发展中寻求答案。从近代日本历史发展角度来讲，明治日本逐步地走出封建时代，步入资本主义发展的新时代，经历"脱亚入欧"发展过程，在吸收近代西方先进的科技文化时，还引入近代西方盛行的法西斯主义，并与武士道精神紧密地融合起来，出现了军国主义的思想与观念，从而为日本走向东亚侵略和殖民奠定了思想与政策基础。从争辩"征韩论"开始，经过"西南战争"，最终重拾"大陆政策"，走上东亚侵略和殖民的军国主义道路。

由上可见，日本社会出现"右翼"的思想观念，存在深刻的历史、文化和社会原因，而并非仅仅"一小撮"的社会行为。在现实日本社会中，上述方面表现得非常明显，不应忽视，更不应姑息。作为受害最为严重的国家，中国必须认清并抛弃既有的思想观念，从过去的认识中解脱出来，更不应把既有的认识与理解，作为制定当前中国对日政策的思想基础。试想，若没有日本民众的竭力支持，近代日本的东亚侵略和殖民何以出现充满激情的社会局面：妻子送夫上战场；母亲送儿征四方；学童送友上前线；妇女自愿去慰安。上述场景表明，近代日本社会已沉浸在军国主义的癫狂之中，日本民众并没有置身度外，而是积极参与。由上可见，近代日本侵略和殖民是具有社会性的思潮与行为，近代日本社会已形成这样的文化：以军国主义和法西斯主义为核心思想，秉承传统日本文化中的武士道精神，突出体现出"日本型文化"的时代特征。

在现代日本社会中，"右翼"组织及其势力的存在是必然出现的局面，而并非偶然的社会现象，因此像石原慎太郎这样的"右翼"占据东京都知事的政治职务，也是情理之中而非意料之外的政治现象。石原慎太郎持续担任东京都知事，具有日本特定文化、历史和社会的深厚基础，代表现代日本社会思想与行为的主导方向。东京都"右翼"团体很猖獗，以致每逢所谓"红日子"，就会出现在诸多活动场所，比如在东京街头的"右翼"车辆很抢眼，车身涂满"右翼"标语，更在人流密集处进行口号宣传，但除有些人好奇驻足，大多都习以为常，甚至不予理会，毕竟这是日本社会惯常出现的政治行为，带有特别的意味。

日本"右翼"石原参加北京奥运开幕式

在日本社会中，灵活原则具有整体的适用性特征：不只适合处理日本社会内部的政治事务，而且适合解决国际社会的诸种关系；不只可供日本执政党为制定和执行政策所使用，而且可供日本非执政的政治团体所运用。日本"右翼"组织及其势力也奉行这样的灵活原则，这并不令人感到奇怪。当然不奇怪的感受仅仅属于了解与领悟日本的社会规则者，而对并不真切地感受日本的社会规则或并不理解日本的社会规律者来讲，甚至日本社会是否存在"右翼"组织及其势力都值得怀疑。毕竟"右翼"组织及其势力并不危害日本社会的稳定，也不妨害日本现实的政治秩序，无非是极端保皇的社会组织和政治势力，甚至某些日本政府要员都可以归于"右翼"成员的行列，比如东京都知事石原慎太郎就是极为典型的政治"右翼"。

"右翼"组织及其势力是日本社会中具有典型性的政治派别，而且是其中激进的政治团体，与自民党、民主党等存在基础差异：前者具有深厚的民族性基础，而后两者却是战后政治的需要，至少没有前者这样牢固的基础；前者的政治基础存在于日本文化、历史和社会，特别是日本社会的顶端建筑——天皇制度的设计之中，具有民族性、宗教性和文化性的特征，而后两者则只是世俗性的政党和政治安排；前者是先有天皇制度，后有政治上的"右翼"组织及其势力，后两者是先有政党，即包括自民党、民主党等在内，后有政党制度，即首相内阁制度。正是由于存在上述的政治基础，"右翼"组织及其势力在日本社会中呈现为根深蒂固的状态，而并非中国所普遍认识与理解的"一小撮"提法。

由上可见，与其认为日本"右翼"组织及其势力具有"一小撮"的性质，不如承认其在日本社会中存在深厚的政治基础，这才是正视现实、实事求是和辩证分析的认识态度，而并非唯心主义和形而上学的误导态度，并对中国的未来发展具有非常的必要性，因为日本对中国存在潜在和长远的威胁，特别是日本民族性中存在的"反华邪性"。日本民族性特征从明治时代逐渐成型与发展，现代以来又出现发展的趋势。基于日本"右翼"组织及其势力所具有民族性、历史性和文化性特色的现实情形，可以知晓日本存在这样政治组织及其势力的社会根源。既然"右翼"组织及其势力在日本社会中必然存在，也就可以领会这样政治组织及其势力言行的社会性特征，比如石原慎太郎参加北京奥运开幕式及其前后其本人和日本社会的反应。

日本对中国的发展在很大程度上是充满戒备的，比如在经济领域，即使中国出现极小波动，日本社会就会出现强烈反弹，表明已逐步形成中日经济小系。但日本"反华邪性"表现在经济领域则呈现为两面性：日本社会既需要大量的中国廉价商品，又竭力诋毁中国制造商品的信誉，主要目的很简单：竭力压低中国制造商品的价格，以利日本民众获取最大程度上的物质实惠,继而迟滞中国崛起的步伐。随着外资企业涌入中国,中国出口商品出现了现实性的巨大变化:大量出口商品是外资企业生产,这样就很好地制约了日本压价的策略。但日本依然对中国民族企业的产品采取同样的策略,并导致中国民族企业的外贸状况出现恶化,这也是需要注意到的问题。任其自由发展的结果,就是有希望发展的中国民族企业,会被外资企业所吞并,从而导致出现中国企业发展完全依赖外资的局面,这是绝不能出现的发展状态。然而实际上来讲,日本依赖中国社会和经济的发展而逐步丰足起来,并维持其在国际社会中经济强国的地位。但日本社会长期以来存在的"反华邪性",却不时地恶意中伤中国人的感情和利益,这样状况的存在表明日本民族和社会具有强烈的利己特性。

作为国际政治"棋局"中的重要"棋子",日本在中美东亚战略中具有重要的地位,日本也正利用了这样的影响与作用。同时,这也是日本在当前国际局势中采取的国家战略,从而形成中美日"大三角"关系,并由此导致日本"右翼"组织及其势力的复燃与发展,而且出现具有变异性的政治组织及其势力,并与天皇制度紧密地联系起来,从而增强日本存在的本土性特征:呈现出显著的"日本型"特色,表现为文化性、宗教性、民族性和历史性等方面。由上可见,石原慎太郎长期地占据东京都知事的职务,具有深厚的社会和政治基础。

石原慎太郎申请前往北京,并非追求世界和平,而是为达成东京申办2016年奥运会的目标,同时还存在另外的目标:亲身体验中国改革开放之后的发展与变化。中国向来以容忍宽谅和怀柔远人为心胸,当然也就同意了其申请。事件在日本社会中产生极大反响,毕竟石原慎太郎是典型的"右翼",而中国政府却能爽快地接纳这样的"庞然怪物"。其实,石原慎太郎难以承受这样的"庞然之誉":日本是小国,再大也只偏居一隅;中国气量很大,"右翼"声音再大也能容纳;日本处于"军事殖民地"状态,发出点"声音"、制造点"浪花",妨碍不了大事情;中国还没有发展到足够的强大,天时、地利、人和三者尚未兼备,即中国还需要经历继续养精蓄锐的发展与壮大过程。

中日好像永远存在矛盾与纷争，出现"兄弟之争"已成为"东亚家庭"内部的事情。当然不排除"小弟"欺负"大哥"状况的出现，这里存在大量的历史依据。此前还因为出现"新闻简报"问题，在日本社会和媒体上出现过争论。中国对待日本社会所发生事件的态度，令日本社会很敏感，媒体发挥了重要的中介作用。在东京会馆生活中，经常会感受到日本社会出现的敏感情绪。日本媒体向来喜好通过扩大事件影响的方式，吸引民众的眼球，炒作中国对日事件，可谓最大的热点，并超过美军驻日问题的讨论，感觉很有趣，但"右翼"还是例外。日本"右翼"组织及其势力向来奉行极端排外的传统态度，对美中两国都奉行仇视政策，因此日本"右翼"组织及其势力也非一无是处。

但毕竟日本"右翼"组织及其势力奉行强烈的反华政策，即便石原慎太郎这样的典型"右翼"，中国政府和社会依然接纳其访问北京，这需要广阔的大国胸怀。因此事件一旦发生，日本社会和媒体舆论立刻借机炒作，似乎近代日本历史又重新开始。此后还存在有趣的事情，日本首相乘坐军用直升机，到北京参加奥运开幕式，同样也让日本社会和媒体大为激动，好像明治天皇重新复活，带领日本社会继续征服中国大陆。这样匪夷所思的反差表现已经成为日本社会的常态，足以表明日本社会已然出现民族性的精神变态。

石原慎太郎访问北京，很快成为日本社会和媒体的新闻焦点。这里还需要补充提及，先前日本社会和媒体的新闻焦点是中国在"中日经济论坛"之后，拒绝发表日本代表提出的"两条希望"，即中国政府在发布新闻时并未通告。事件在日本社会和媒体引发骚动，日本人盲目认为中国应接受"两条希望"，于是"不通告"就成为中国政府和社会的严重错误，这是日本社会中很不正常的思维逻辑，大有"小弟"无理取闹的意味。新闻事件发生之后，日本的大学同样出现较大反响，中国学生也处于"特别"待遇的境况。日本师生似乎认为这是中国学生的所为，对中国学生开始另眼相看，让人感到很纳闷。深思开来，并不奇怪，完全符合日本人的思维逻辑：日本人与日本社会紧密地相联系，彼此并不分离。

由上可见，在解释日本发动侵华战争责任时，中国政府向来存在舆论上的偏差：近代日本的侵华战争是部分军国分子所发动，日本民众也是战争的受害者，并免除日本的国家赔偿。这样的解释可谓堂而皇之，但却对中国人民存在极大不公正，此也是后来所出现中国受害者起诉日本政府和企业的历史根源。中国政府的上述说法是很不严谨的国家行为，导致日本拒绝对中国受害者做出民事赔偿，以及承担应有的历史责任。上述言行又导致中国政府感到极为难堪，难以作为受害者争取民事赔偿的监护实体，以致出现诸多怪现状：中国公民赴日投诉，但屡屡败诉。日本也正利用了这样的问题，某种程度而言，实现了分化中国政府与人民之间关系的策略目标，造成中国政府与人民之间的不和谐，这应成为中国政府和人民都必须给予重视的社会问题。当然从国际层面来讲，这也应成为中国政府和人民处理与日本之间关系的重大问题。实际上来讲，中国政府和人民可以采取战略性的处置措施，即就中国受害者的民事赔偿问题与日本进行直接谈判。在谈判过程中，中国政府不应缺位，必须占据主导的地位，并直接担负维护中国受害者权益的责任与义务。

日本社会舆论向来具有"善变"的特点，一旦出现新的新闻视点，日本社会和媒体就会很快转移视角，而前面所谓的热点也就成为了旧闻。这样的发展与变化并非无原则的选择，其实是以日本自身利益的转移为标准。若出现不利于日本自身利益的新闻热点，日本社会和媒体甚至会采取制造新闻的做法，转移民众的舆论视线，引导朝向有利于自身利益的方向发展。由上可知，日本社会和媒体具有强烈的民族性和国家性特征，这也是中国人不要尽信日本媒体信息的根本原因。对中国人而言，对日本媒体和其他外国媒体的信息，要具有准确的信息鉴别能力。

石原慎太郎出访北京的新闻出现之后，日本社会和媒体舆论出现了方向性的逆转：由中国拒绝发表日本代表所提出"两条希望"的新闻焦点，转变为石原慎太郎前往北京参加奥运开幕式的新闻预告，日本社会和媒体的态度也由对中国的愤慨转变为感叹，"だいじょぶ"成为了日本人见到中国人的口头语，无论是日本师生还是普通日本人，基本上都是这样的反应，关键是这样快速的转变让人感到很诧异，具有强烈的戏剧性特色。中国人对日本人这样的反应，大可不必采取过度回应的态度，更不应表现出过于乐观，因为日本人向来奉行实用和灵活的原则。

对日本人而言，凡事不可以让自身感受到"小视"，否则就会出现近似歇斯底里的过激反应，这样表达的情形在诸多方面都可以获取充分的证据。比如，可以从日本国名来源及其反应中获取资证。日本的史载源于古代中国的史记，这是举世皆知的事实，连日本教师在讲述日本民族历史时，也不可避免地谈到古代中国的相关记述。从古代中国的世界观角度来讲，中国为世界的中心，日本只是隶属中国的"四夷"部分，因而习惯上常称日本为"倭"。从历史记载史实来讲，这样的称呼并无针砭的含义，而且日本人在长期之内也很习惯地自称为"倭"，并未感到存在针砭的意味。但明治维新之后，日本奇迹般地实现了崛起，逐渐走上东亚侵略和殖民的军国主义道路，于是日本人开始感受到在东亚的尊严，体会到作为东亚强国的荣誉，同时也对古代日本历史感到屈辱，由此开始对称呼为"倭"感到羞耻。这里还存在疑问：难道西方文化学者讲日本文化为"耻感文化"，也由此而来？

明治前后的日本文化还可以称为"日本型文化"。从文化类型角度来讲，日本并没有完型的文化，只是附属的文化。明治维新之前，日本文化基本上隶属中华文化，并成为中华文明的组成部分；明治维新之后，在"脱亚入欧"政策的主导之下，日本文化基本上又隶属西方特别是美国文化。明治前后日本通过东亚侵略和殖民的军国主义政策，成为了西方社会在东亚的代言者，于是给予"日本型"的"待遇"，即概括为"日本型文化"，其实这是文化学术研究中的概念虚构。若不深刻地揭示出日本文化的本质，只是从社会学视野看待相关问题，往往会不可避免地出现认识上的偏差，甚至导致形成诸多的理解上的误读，在这一点上要做出特别的陈述。

近代日趋强盛之后，日本开始对"倭"的称谓感到耻辱。在民族性的驱使下，日本的岛国根性逐渐地表露出来，开始伺机寻求报复。日本运用掌握的蹩脚英文，创造性提出"支那"词汇，用以称谓中国。在选择中文汉字时，日本人惯常采取这样的假借手法，背后则是日本社会和民众的"反华邪性"，其中具有规律可循。在明治之后的很长时期，日本人创造性假借了诸多中文汉字，刻意选择带有报复性的汉字词汇，"支那"一词具有典型性。但比上述称谓的含义更为恶毒的，是日本侵华的政策与行为，比如日本在战争中实施的"三光政策"和"人体试验"。与此同时，日本还不断地给自己罩上难得的光环，自称"大日本"和"帝国"，觉得光彩与耀眼。这样虚骄的心态在获取侵华战争和日俄战争胜利之后就更为明显地呈现出来，以致得意忘形，坠入太平洋战争的泥淖，至今还保持着美国军事殖民的社会状态。但日本人或许并非这样认为，而且尚未从历史阴影中走出来。

日本"右翼"组织及其势力就是较好的证明。因为在侵华战争中日本获取了难以计数的利益，并成就了近代日本的历史辉煌。对日本人来讲，确实具有划时代的意义，更何况这样的利益时至现在也还由其所享受，并未因战败而受到应有的严厉惩处。当然，这是由战后国际形势的发展与变化所决定的，但足以让日本为明治维新以来的历史感到无比自豪，因此日本很多人尚未从"近代辉煌"中走出来，甚至还妄图重蹈近代历史的覆辙，日本"右翼"组织及其势力就是典型的代表。在靖国神社或其他宗教设施中，经常可见身穿明治军服的日本"右翼"，以日本民族的利益为根本追求，奉行军国主义和法西斯主义观点，不断地为日本在东亚侵略和殖民的军国主义政策及其行为辩护，并追忆亡灵和妄图否认历史的事实，在日本社会中不断地制造舆论与噪音，甚至颠倒黑白、指责受害者，从而形成日本社会的怪现状。

现今日本"右翼"组织及其势力的典型代表——石原慎太郎获准访问北京，并参加以和平为主要宗旨的奥运开幕式，确实给人难以名状的感受，日本人欣喜异常自不必多说，而受过伤害的中国人就难以忍受，当然受过伤害的东亚诸国民众也难以理解中国政府这样的作为。但中国政府却依然敞开心胸，接纳了号称日本"右翼"的典型代表，容许前来参加北京奥运盛会的开幕式。中国政府当然也存在战略性的考量，即依然可以晓之以情，让日本的"右翼"迷途知返、受到正义感化。但到底有无实际的成效，似乎存在商榷。石原慎太郎访问北京之后在东京发表谈话，提出"日本衰运论"，是否可以认为受到感召，开始反思以往所为？可以肯定，石原慎太郎并未在访问之后出现思想上的转变。

由上可见，温情的感化对日本"右翼"而言没有任何的效用。其实，石原慎太郎访问北京，并非为了接受温情的感化，也非为了和平，因为和平对日本"右翼"而言，只不过是"遮羞布"，一旦情势发生了利于其所认为的发展与变化，日本"右翼"仍然会重蹈历史的覆辙，这是符合日本社会现实的未来判断。实际上来讲，石原慎太郎的到访在很大程度上是为东京争取2016年奥运会的举办权，这也是其身任东京都知事的政治责任。当然石原慎太郎以耄耋之身来访北京，本身就让人感到应受尊重，由此也就大可不必过分地追究其"右翼"的思想与态度。相信随着时光的流逝，中日的国际地位肯定会出现转折性的发展，日本复杂和变异的社会心态也会产生深刻的变化，这是必然的历史规律与发展趋势，当然其中也包括石原慎太郎在内的日本"右翼"组织及其势力。

由上可见，中国政府着眼于长远的战略考虑，邀请石原慎太郎前来北京，既满足其到访和考察的心愿，同时也达到其以北京奥运会为平台，申办东京2016年奥运会的现实目标。从上述角度来讲，中国政府的决策是正确的，毕竟石原慎太郎此行目标具有现实的特征，而且是以和平为终结的表层性质，虽然真正的目标具有潜在的特征，并在返回东京之后表露了出来。其实"日本衰运论"是"中国威胁论"的变种，也是顺应"反华阵线"的发展形势所提出的思想与观点。中国政府决策的正确性就在于看出了石原慎太郎此行的表层目标，而不过分地考虑其潜在的目标，而且依然奉行温情感化的思维和行事方式，虽然也知晓对石原慎太郎而言，这样的方式难以奏效，以及预料到这样的结局。

这样的决策实施之后，在日本社会和媒体中产生了实际的舆论效果。在这一点上，从日本社会和民众对在日中国人态度的转变中可以看出来。虽然这样的转变具有显著的即时特征，但中国政府的决策正是这样转变的催化剂。从中日关系角度来讲，使用这样的催化剂还很有必要。石原慎太郎以申办东京2016年奥运会为目标前来北京，这样的要求具有正当性，何况其还是以东京都知事的身份前来访问，关乎中国的国际形象。因为北京奥运会是和平盛会，所以要具有"和而不同"与"求同存异"的博大心胸。接纳石原慎太郎来访，还能提升中国的国际形象，中国政府对这样的事情何乐而不为？

因此，中国政府依然怀着善良的温情，即使面纱亦可赞誉，毕竟中国人带着同赴和平的心愿，接待了石原慎太郎，也希望石原慎太郎同心来访，并参加北京奥运开幕式。同时，石原慎太郎的北京之行具有新闻效应，可以为东京争办2016年奥运会提供必要的助推。但中国政府决策的现实成效还要看石原慎太郎的言行是否以同赴和平为目标。中国政府依然采取观察与分析的现实态度，并不认为石原慎太郎会因而转变其"右翼"的思想观念，并在之后得到了印证：石原慎太郎不仅尚未改变其"右翼"的思想观念，而且还实现了"中国威胁论"的新发展，即提出"日本衰运论"，这是中国政府和人民需要注意到的重要事情。

日本"反华邪性"及其行为示例

在日本社会中学习、生活和穿行，总感到反华制华的浓烈意味，并非个人的敏感，而是源于日本社会的现实表现。无论是在日本大学、会馆和社会中，总能遇到这样或那样不尽如人意的事情。这类事情见得多了，有时也就不以为意了，比如会馆中的国别旗帜、秋叶原街头的反中国政府宣传、新宿繁华街道上的"右翼"反华举动，以及日本政府频频做出支持"台独"、"藏独"和"疆独"等行为。作为中国游学者、中共党员，身在异域，对祖国还是充满感恩，尤其关注中国的历史、文化与现实。在日本社会中，总听到反华制华的声音，乃至见到反华制华的做法，感到悲愤与可笑，但有时又觉得真不能再也不在乎。

日本社会存在各种反华制华的典型言行，可以举出一些例子：一是在前往"学艺"路途中出现的场景。按照"学艺"安排，前半年学习日语。在上课日子里，总感觉时间很紧张，毕竟在会馆与"学艺"之间还有很长的路途。从会馆到有轨电车站点（成城学园前站），约需十五分钟，然后是七十余分钟的车程，即从成城学园前经新宿，转赴武藏小金井，最后是十五分钟的徒步。依照这样的耗时，每天路途中需要三时许。若平静地往返于会馆与

"学艺"之间会感觉很惬意。但若路途中还出现意想不到的事情，抑或给人恐怖的感觉，甚至感到人身有可能存在伤害的话，更是不好消受的情形。在会馆到"学艺"路途中，曾经多次遭遇这样的情形：

"学艺"东门外是南北纵贯的街道。在此布满小巷的国度中，这样宽阔的街道很不多见，但在"学艺"东门外就有这样宽阔的街道，而且是由武藏小金井前往"学艺"的必经处。上学大多是在八点左右，因此很少见到大群的人流。但车辆还是不少，而且南北街道比东西街道上的车流更大，虽然有序通行，但在红绿灯转换时还是会在不经意间感到有点恍惚，因为有来日中国学生夫妇遭遇车祸的情形。虽然未遭遇过，但有所感受，同来东京大学博士生刘君就遭遇到类似的情形。但并不能因为可能存在潜在的危险，就成为逃避上课的理由，因此依然每天按时前往"学艺"。但在某天早晨，感受到某种异常，即在南北纵贯街道中，见有日本"右翼"车辆停放，看样子是故意停放，因为并未发现故障。若此车没有特别处，向来不会在意。经仔细查看，此车存在非同一般之处，车身用油漆涂抹四字："见敌必钓"。开始时很纳闷，难道中国存在"钓鱼执法"，日本会有"钓鱼诱敌"？

于是，不由想到隶属中国的钓鱼岛及其附属岛屿，当然日本并非这样的称呼，而称"尖阁诸岛"，又想起报刊上日本人的著文，声称"中国污染物造成日本农作物减产10%"，感到莫名的震动，难道其中存在难以言状的反华阴谋？但对此并不感到害怕，毕竟仍有政府协议的保障，虽然人身安全并不能获取100%的保证，想必日本"右翼"尚不敢采取无理的措施，比如伤害或暗害手法，只要把握好在东京的生活，日本难以找到付诸伤害的合适理由。当然也不能排除例外的情形。和歌山大学"修士生"石君就遭遇到这样的情形，说不定就是这样"钓鱼"的祭品。由此感到愤懑，并随口说了句"占钓必敌"，想必日本人也会明白其中的含义。这样的事情接连在同处遇上三次左右，随后再也没有发现日本"右翼"车辆的踪影。

二是前往日本皇宫路途中的观察与思考。12月23日为日本平成天皇的生日。在日本社会中，这是法定的纪念日。这天单君和许君相约，前往日本皇宫参访。信息来自单君。于是，决定一同前往会合处，并随同前往日本皇宫。到达日本皇宫外的广场时，见到人群涌动，**警察检查严格**，只能随着人流，徒步前往日本皇宫。在日本皇宫中，只见参天的大树，看上去很有些历史的意味。沿途还不时有志愿者发放"膏药旗"，许君和笔者随手接过，但单君坚决不愿接旗，并嘲笑是日本人的"土崽"。于是倒拿旗子，随后索性揣进口袋。日本皇宫相比中国故宫，缺乏几分厚重。若中国故宫称为"天子"的宫室，则日本皇宫只是"天孙"的居所。日本的很多地方都很褊狭，皇宫也不例外。人流集中在某处建筑前，听说这里就是天皇的居所。仔细端睨，不过是两层的建筑，除了幅宽较长，看上去并没有特殊之处。

经过长久期待之后，日本天皇及其皇妃、太子和太子妃、宫亲王等皇族成员，终于出现在二层玻璃的背后，听说为防弹玻璃，看来日本天皇家族的安保措施还很周全。日本天皇出现在视线之后，先挥手致意，人群爆发祝福天皇的口号。人群都忙于拍照，尽量保存当时的场景。时而仰拍玻璃背后的天皇家族，时而平拍四周号呼的日本人，以及到处挥舞的"膏药旗"。一阵喧嚣之后，日本天皇发表祝词，内容无非表示欢迎，对日本民众表达慈恤，显示作为日本天皇及其家族的关怀之意。日本皇宫广场中部署了不少警察，维持着周围的秩序。日本天皇接见的时间并不长，很快就宣告结束。人群纷涌皇宫花园参观，也有一些人随着人流，不自觉地走出了皇宫。单君和笔者就是其中的两位。

回到会馆之后，反思此番经历，很有感触：第一，日本人对天皇的崇拜和忠诚程度。日本依然奉行天皇制度，虽然战后表面上放弃了这样的制度，但朝鲜战争爆发之后，美国为激发日本人的跟随情绪，容许日本恢复天皇制度。虽然天皇只是日本国家的象征，但依然能透露出表面与实质之间的显著差距。日本人对天皇的忠诚和崇拜在战后并没有出现实质上的变化，只是现实性地以较为隐蔽的方式存在，并可能随时地迸发出来。在这一点上，美国和世界其他国家的决策者无不知晓。日本人在皇宫广场，大声呼喊和祝福天皇，表现出对天皇的宗教般狂热，中国只有歌星或影星出现时才会存在这样的现实情形。

第二，日本人浓烈的军国主义思想意识。在前往日本皇宫的纷扰人流中,可以看出日本人对天皇、"膏药旗"和菊花图案的特殊崇拜,上述三种东西已成为日本国家的共同象征。日本人对天皇的崇拜和忠诚已超越人际之间的关系范畴,转化为人对"崇拜物"之间的关系,即已体现为制度性的宗教,而并非统治者与被统治者、领袖与臣民之间的关系,因为日本人崇拜和忠诚的都是近代军国主义的"遗留物",这也是有资可证的事实。曾经前往靖国神社和昭和馆,见到到处都体现出的军国主义思想意识,而"标志物"就是天皇、"膏药旗"和菊花图案。战后在日本,变化的只是现实的形式,而并非实质的思想意识。由上可见,日本人的内心依然根深蒂固地存在明治维新以来的军国主义思想意识。

第三,日本人的"反华邪性"及其行为表现。即使是天皇的生日,日本"右翼"也没有停止活动,反而更为猖獗,比如在皇居前的街道两旁,增加了日本"右翼"车辆,车身上都用油漆喷上宣传口号,无非针对中俄朝美等国家,强化日本"右翼"势力和军国主义思想,包括加强日本自卫队建设和原子核弹研发,凸显日本"右翼"法西斯主义和反国际社会的本质特征,其中对中国的攻击啼笑皆非,无非指摘中国军事力量增强、经济实力超越、商品质量问题、北京奥运召开,以及环境污染影响,上述方面都脱离了人类的公义,只是以日本自身私利为标准,分析和处理相关问题,体现出明显的"反华邪性"。更有甚者,在报刊上公开发表文章,而且言之凿凿。知情者会明了日本的"反华邪性",不知情者定会上当受骗,更有打劫者会趁机煽风点火。由上可见,日本"右翼"歪曲的言论宣传具有极大危害性,并对中国的国际形象乃至现实利益存在重大的负面影响与作用。

日本"反华邪性"的历史分析

到过日本的人,不难观察和认识到日本的"反华邪性",但要看是否很细心,以及是否具有爱国心,以及要在日本住些时日。在日本短暂停留,不仅难以看出日本的民族劣根性，而且往往还会为表面上的殷勤和精细所迷惑。即使在日本待的时间很长，但若心怀崇日心态，往往也会消融在日本的社会潮流，因为日本存在诸多反华诱惑，无论反映在图书和杂志上，还是在现实的人群中，以及在靖国神社和昭和馆等建筑内。更能让人改变的还有日本的"反华邪行"，比如日本政府容许"台独"、"藏独"和"疆独"的访问；容许邪教分子进行反中国政府的政治宣传；存在借助社会媒体宣传的反华制华思想；日本"右翼"时常发表激进的反华言行。若看惯日本的"反华邪行"，也就难以对日本的"反华邪性"敏感。

日本文化具有浓烈的"反华邪性"，固然存在岛国根性的缘故，但也不可忽视历史与现实的根源。《菊与刀》将日本文化描绘为"耻感文化"，存在一定的道理。日本文化以家族为基础获取确立并划分，比如"天皇家"和"田中家"，通过不同的家纹（日本家族的图示），达成家族之间的区分。皇族的家纹以菊花为图案。在日本，天皇是"万世一系"的存在，并通过宗教的方式达成。神道教的教义是为"天皇家"持续地作为日本的精神支柱，提供了宗教和法理的基础，强调天皇是"天孙"下凡和"日照大神"化身，臣民精神上应依附神道教，要顺从天皇旨意的调遣。在日本文化发展中，还出现武士文化，即通常所称的武士道，重要的特点是对刀剑的崇拜，提倡敢于牺牲的精神。神道教的教义和武士道的精神基本上体现出日本文化的根本特征。所谓"耻感文化"，就是上述两种文化混合作用的结果，体现出日本民族的岛国根性，以及表现为忠诚、勇敢、忍耐和复仇等社会行为，因而在日本历史中存在仇杀、自残和忠义等行为方式，明治前后形成具有日本民族性特征的"日本型"文化。

日本民族的岛国根性导致产生浓烈的"反华邪性"，以及存在列岛特殊的历史过程和文化内涵。日本列岛的地理位置较偏僻，位于东亚大陆的边缘。从大陆文化起源角度来讲，日本文化属于东亚大陆边缘的文化，而且古代文明的发生也并非从边远群岛开始，而是依托东亚大陆的大河文化发展起来。就东亚地域角度而言，这样的大河文化是以黄河、长江为标志的中华文化。在中华文化走向古代文明的发展路途中，日本长期处于文化荒芜的发展状态，甚至未留下成型的古代文明。日本文明的发生不仅较晚，而且历史的记载还依靠从古代中国文献中挖掘与收集，即只能在中国史书中找到蛛丝马迹的记载。日本文明的发展如此，日本社会的发展也如此。古代日本社会主要以农业和捕鱼为生产方式，贫瘠的群岛环境使日本的农业长期处于不发达的状态，因此日本又名"瑞穗"，表示对农作丰收的期待。但毕竟日本群岛环境不可能生产出丰盛的农产品，捕鱼就成为弥补缺憾的重要方式。在长期捕鱼为生中，日本的民族性形成了敢于牺牲的精神，从而为武士文化的产生与发展奠定了历史和文化上的基础。时至今日，日本人依然热衷于捕猎大型鱼类，比如鲸鱼、鲨鱼和海豚等，并形成日本民族性的饮食文化。

但上述与日本的"反华邪性"如何产生关系？这就要从中日文化发展进程中的差异寻求合乎逻辑的解释。日本文明的发生较迟，在很大程度上还是外来的文明，日本人对此总天然地怀有自卑感。但长期却以钦慕感伪装起来，表现为由被动到主动、积极地与外在先进文明对接，明显的表现就是十九批次派出遣唐使，并接受中国的朝贡册封制度。在强盛时期，中国诸朝代都奉行朝贡册封制度，即和戎的外交政策。其实朝贡物品还比不上中国所提供的赏赐，因此朝贡册封制度在很大程度上是外交政策上的安排，而并非迫使臣服的方式。

对日本来讲，长期的朝贡册封令其备感耻辱，也产生征服中国的欲望。因此数世纪以来，日本多次发动征服朝鲜半岛的战争，而最终的目标是要"仇讨"中国，明治维新之后则更为明显地呈现出来，突出的表现就是"田中奏折"，至今日本对此都尚未承认，但确实存在这样的机密文件。由上可知，日本具有浓烈的保密意识。丰臣秀吉侵略朝鲜半岛，结果为中朝联军击败，成为明代中国为东亚社会发展所做出重大贡献的缩影。然而，近代以来清王朝逐渐走向衰落，日本凭借明治维新走上国家富强之路，由此中日东亚地位出现划时代的转变，于是日本重燃征服中国的欲望，把战争烈焰由朝鲜半岛推至中国大陆，妄图实现建立"大日本帝国"的梦想，并首先占领中国附属的琉球，以及当时隶属中国福建省的台湾。

明治维新以来，日本发动的侵华战争导致中国真正丧失最后的尊严，也正是凭借甲午中日战争，日本确立了东亚文化的中心地位。在现代发展进程中，虽然日本承受美国驻军本土和冲绳（琉球）的压力，但获取了琉球的管治权，把本来处于独立的琉球，变成了日本的冲绳县，而且获取在东亚的"西方发达国家"地位，成为东亚社会、经济和文化发展的"风向标"。近代中国则经历漫长和曲折的社会变迁，承受来自日本侵略和殖民的战争，以致在清代衰败时期，日本从中国劫掠了难以计数的文化瑰宝。现代中国又经历了文化浩劫。上述经历严重削弱中华文化在东亚的文化地位与影响。日本却抓住了上述机遇，凭借劫掠、偷运和非法买入等方式，以及在中国文化遭遇浩劫时，进行大肆获取和收罗，最终积累了大量的中华文物。因此在世界范围内，除了中国大陆和台湾地区之外，日本成为收藏中华文物最多的地区，其次才是欧美国家，由此也导致日本成为较好保存中华文化的地区。其实还应关注日本自身的文化繁荣，表现为现代日本文化与经济、社会的同步发展。上述方面的汇聚造就日本文化呈现的现代景观，并导致日本由东亚文化的边缘走向中心的地位。

　　改革开放之后，中国社会、经济和文化逐步获取了繁荣与发展，但对日本而言却感到存在极大发展压力，这可以从当前日本人的对华态度中观察与分析出来。面对中国迅速崛起的局面，可以理解日本出现的恐慌状态。毕竟在中国世纪衰败中，日本对中国进行了军事、政治、文化和外交等方面的侵害，其中军事侵害更令人发指，罪行罄竹难书。日本也存在清醒的认识，甚至比某些中国人还认识得清楚。但面对中国的崛起，日本还存在侥幸心态，将日本依附强国保护的社会心理发挥到极致的程度，甚至宁可牺牲自身的利益，也要阻止中国的崛起，比如继续容忍美军驻扎日本的本土和琉球，"中国威胁论"也首先从日本肇端。当然，日本还提出各种反华制华的思想与理论，比如"围堵中国论"、"自由与繁荣之弧论"和"日本衰落论"等。上述思想与理论对日本和国际社会的作用主要体现在：激发其他发达国家共同抑制中国的成长与强盛；挑唆周边国家对中国产生对抗或畏惧的社会心态；增强日本人的心理恐惧与危机意识。

　　上述思想与理论的外在表现是在日本社会产生极为浓烈的"反华邪

性",并发展为"反华邪行"。对日本社会意识而言,中国为其最具有威胁性的国家。然而,这样的意识并非来自现实,而在很大程度上来自历史。原因何在?其实日本的现实威胁是美国,军事上美军驻扎在日本的本土和琉球;经济上日本被迫接受"广场协议",导致出现十余年的经济萧条;社会上对美国的敌对应更甚于对中国的担忧。在东京游学期间,在"学艺"图书馆见到免费提供的纪念画报,其中将美英国家称为"鬼畜米英",足见日本对美英国家的憎恶感。

为何日本表面上呈现出对中国的担忧更甚于对美国的仇恨?其实这是由于日本具有依附强国保护的民族心态,毕竟美国依然是世界上军事和经济实力最为强大的国家,短期来讲日本无法摆脱对美国的依赖,因此也就宁愿做美国的"睾丸",而且这样做也符合日本近期的利益决策。战后美国控制了日本,并在军事、经济和政治等决策层面上均有表现。这样的管理和决策模式对日本自身也非常有利,比如在朝鲜战争期间,日本成为以美国为首联军的后援物资基地,借此不仅积聚了战后日本的经济基础,而且还获取美国等西方国家的信赖,并迎来日本社会发展的黄金时代,再次逐步占据东亚经济强国的地位,并成为在东亚"西方发达国家"的典型代表,或许这也是明治日本所提出"脱亚入欧"政策的补偿方式。同时,日本依然对作为东亚国家而感到眷念,关键是日本难以舍弃作为"东亚国际代表"的首要角色。但中国的崛起却存在改变上述局面的可能,这是日本社会特别是"右翼"组织及其势力所难以接受的发展状态,因此也就导致出现上述的现实情形。

促进中琉的合作与交流

琉球群岛位于东亚大陆与日本列岛之间,距离中国的台湾约几十海里,以琉球海漕与中国的钓鱼岛及其附属岛屿相隔离,在1429年就已建立起独立的国家。从历史和文化角度来讲,琉球深受中华文化的社会影响与作用,近代之前属"大中华文化圈"的影响与作用范围,甚至风俗习惯也沿用传统中华文化的样式。

1879年，日本强行兼并琉球王国。首先日本阴谋迫使琉球王国改变单纯向中国朝贡的政策，要求同时向日本朝贡；然后日本强迫琉球政府中断向中国的朝贡，转而单纯地向日本朝贡；最后日本完全侵吞琉球，废除琉球的政权，并改称冲绳县，隶属日本管辖，标志琉球遭遇灭国的命运。在太平洋战争时期，日本以琉球为最后的堡垒，推进种族灭绝的"集团自决"政策，强迫琉球居民自杀，大量破坏琉球文化遗迹。战后美国为了推进亚洲战略的需要，最终向日本转让琉球的管治权，此即20世纪70年代所谓的"琉球返还"事件。

现今琉球的居民团体时常向日本政府提出抗议，要求日本政府和社会不要随意地篡改历史，呼吁采取必要的措施，保护琉球文化遗产。当前琉球社会和经济发展依然以旅游业为主要方式，相比日本的本土而言存在巨大的发展差距。早稻田大学博士生陈君言，曾经咨问来自琉球的早稻田大学的学生："琉球为何不谋求脱离日本的管治而独立？"获取的回答："琉球并非不想争取独立，而是琉球经济尚不发达，在很大程度上需要依赖日本的本土支持，若脱离管治走向独立，则难以实现琉球经济的持续发展，相比而言保持现有的管治状态，更为符合琉球经济的发展需要。"回答很有道理，也符合当前琉球社会的实际。

由上可知，日本对琉球的管治现状并不符合国际法理，琉球的原始居民也很清楚，但又必须面对琉球的社会现实，特别是美日双重管治的事实。虽然美国非法将琉球的管治权转让日本，但美国在军事方面尚未完全放弃对琉球的控制。日本政府意图压缩位于琉球的美国军事基地，甚至要求迁出琉球之外，如美国领有的太平洋其他地区，比如关岛。日本曾经发动琉球的社会民意，当然这也是日本的惯常做法。但在目前国际格局中，日本想完全摆脱美国的管控，简直是天方夜谭，是难以实现的梦想。

对中国而言，日本管治琉球可谓是极大的历史讽刺与严峻的时代挑战。首先表现在钓鱼岛及其附属岛屿的主权争议问题上：钓鱼岛及其附属岛屿历来就是中国的固有领土，清朝中国甚至作为名臣和疆吏盛宣怀的封地，这里存在历史的依据,以及古代相关文献和图籍作为证据。日本历史学家井上清教授在著述中坦承,钓鱼岛及其附属岛屿是中国的固有领土。但日本政府和社会却坚持为日本先占的领土:琉球现在隶属日本管治,涉及琉球领土的问题,就是日本主权的义务;钓鱼岛及其附属岛屿距离琉球最近,就应属于琉球的领土,即属于日本管辖的领土。但日本却掩盖史实,从不承认以琉球海漕为分界点,更否认存在历史文献和图籍的史证。其实,这是日本政府和社会的惯常伎俩,即借以笼络琉球地区不明历史真相的居民,煽动琉球社会和居民的反华情绪;增强日本政府对琉球的心理攻势,表明日本可以承担琉球利益维护者的角色;甚至存在日本东亚战略的因素,妄图重拾过往的"大东亚政策",并以对钓鱼岛及其附属岛屿的占有为出发点。

在上述方面,中国需要有心理和现实上的有效应对策略。从当前国际和东亚及琉球的社会形势来讲,中国政府和社会应高度重视钓鱼岛及其附属岛屿的主权问题在东亚战略与策略中的重要地位,切不可以落入日本政府和社会设置的陷阱,同时要高度地重视对琉球相关历史文献和图籍的挖掘与清理,甚至可以深入地研究琉球王国的形成史和疆域史,以及与中国交往关系的发展史。从现实层面来讲,要照顾到琉球居民的社会和经济利益,以及文化和教育等方面,唤醒琉球居民的国家和民族意识,成为"琉球复国运动"重要的支撑力量,特别是要付诸现实行动。

就目前琉球的社会状况来讲,关键是要以经济、贸易和文化为先导,通过深入接触与加强交流,全面地体察现今琉球在社会、政治、经济、文化和教育及思想观念等层面上的发展现状与基本动态,并逐步地深入到琉球的社会组织和政治生活,反制日本政府和社会的对华策略,大胆地提出"琉球复国论"和"虾夷独立论"等,破解日本社会策动中国台湾、西藏和新疆独立的反华策略与现实行动,比如"右翼"组织及其势力在日本社会中叫嚣的"中国威胁论"、"两个中国论"和"一中一台论",以及日本政府妄图在外交和军事上所构建东亚"繁荣与自由之弧"的战略。中国政府和社会还应采取分化和支解的灵活策略,打乱日本长期的战略部署,从而还历史以正义与清白,逐渐地推动琉球复国和虾夷独立;以推动琉球复国和虾夷独立思想为先导，采取提供政策优惠和特殊安排等特别措施，加强与上述地区的联系和交流。这也正如现今日本对待中国台湾的手法相似，即惯常地采用阳奉阴违的态度，运用所谓"活性化"和"圆滑化"的内外策略。在这一点上，中国政府和社会应向日本学习与借鉴。

中国的对日政策应及时地调整以往一成不变的僵化状态，需要在不断发展与变化的现实环境中寻求有利的时机，积蓄充足的内外部力量，积极地推进琉球复国和虾夷的独立运动。另外，同时应对"大中华"地域中的"保钓"组织进行必要的引导与支持，促使其形成集国际政治、学术研究和现实行动为一体的完整机构，形成具有世界性影响的社会组织。中国政府还应主动地出面，协助民间人士追讨日本发动侵华战争的民事赔偿，甚至借助国际法庭。追讨日本的战争民事赔偿，已逐渐成为国际上伸张正义和公理的重要表达方式，不仅可以揭示日本的险恶与狡诈，而且还可以让历史和现实的合奏，形成对日本的现实国际压力。

当然，上述都是外部的因素，关键是要发展中国自己的力量。只有这样，中国政府、社会和公民才具有更大的话语权，才能争取到更多的正义与公正，也才能维护中国民族和国家的根本利益。从现实层面上来讲，就是要增强中国社会和经济的实力，特别是科学技术的发展。毕竟，现代科学技术日益成为世界各国重要的发展引擎，只有发展前沿的高科技，才能占领社会发展的最高点，以及建立完善的社会生活科技应用系统，从而丰富和造福人民大众的现实生活。

美日对琉球的盘算

在当今世界，最具有的神奇之处是日本和琉球：明治日本导致琉球灭国；太平洋战争之后，美国又将琉球管治权转让日本政府。按照殖民时代的思想观念来讲，现今的日本正处于"半殖民地"的状态，现今的琉球则处于"殖民地"的状态。神奇之处在于日本在被"半殖民地化"的同时，还掌控了对琉球的管治权,即享有对琉球部分的现代殖民权利,其所赋予的这样权利具有鲜明的历史性特征。

明治日本借助在社会、经济和军事等领域的实力增长,开始以东亚大陆为中心,发动侵略和殖民战争,妄图统治庞大的东亚地域,成为世界性的东方大帝国,但最终"二战"以"同盟国"正义的胜利宣告结束,"轴心国"的日本成为了东亚的战败国。由于历史发展的阴差阳错,战后出现东西方阵营的对立,日本借机又奇迹般地实现崛起,但这又以保持"半殖民地化"为现实前提,即美国长期在日本列岛和琉球驻军,由此日本就成为战后美国东亚战略的"马前卒",琉球也因此纳入美国东亚战略的范畴。

琉球的现状是美日实施"同盟战略"的结果。在历史上,琉球是东亚独立的国家,文化上受到东亚大陆文化特别是传统中华文化的深刻影响与作用。近代日本利用明治维新之后在社会、经济和军事等方面上的优势,逐步地排挤了处于衰落的中国"大清"势力,占有琉球群岛并导致琉球灭国。在太平洋战争中,美日最后的决战就选择在琉球,即所谓的"冲绳战",导致琉球的文化遗迹遭到毁灭性的破坏。战后,美国曾建议将琉球纳入中华民国的管辖地域,但由于当时的蒋介石迟疑不决,丧失了琉球回归中国的绝好机遇。此后,美国为巩固美日同盟的战略需要,通过私授的方式,向日本转让琉球甚至钓鱼岛及其附属岛屿的管治权,上述方面就是中日存在钓鱼岛及其附属岛屿主权纠纷的历史缘由。美国为何如此青睐日本?这是现实性的问题,即美国将历史上所存在国家(琉球)的管治权转让给战败国日本政府,导致琉球面临再次灭国的命运,同时甚至还转让了战胜国中国的主权领土(钓鱼岛及其附属岛屿)的管治权。

究其原因,在于美国在东亚的战略考虑:一是避免在太平洋西岸地区出现第二个反美的古巴——琉球,铲除出现威胁美国在东亚战略利益中的不利因素;二是中美在朝鲜半岛上出现正面对抗之后,日本给予美国极大的支持,朝鲜战争之后美国采取这样的办法补偿日本的战时付出,同时也是为了抗衡中国大陆日益增强的东亚影响力;三是美国需要在日本和琉球建立长期的军事基地,交换的条件就是将琉球连同钓鱼岛及其附属岛屿的管治权出卖和转交给日本政府；四是限制中国在东亚影响力的增强，并对东亚的现实和未来力量进行分化与制衡，即美国为了牵制在未来时期东亚诸国特别是中日两国可能会出现联合的事实，刻意地制造日本与邻国之间的现实矛盾，恶化日本与周边国家之间的关系，特别是扩大和深化中日两国之间的现实分歧，阻止未来中国在东亚的势力成长与壮大。

在战败情形下，日本采取容忍与强悍相间的策略，即对美国军事和政治势力采取容忍的策略；对东亚邻国则采取强悍的策略。采取上述策略，也是日本外强中干的显著表现。日本之所以敢在东亚亮剑，主要是由于近代以来日本在历史意识上所具有的优势；对美国采取容忍的策略，关键是日本所存在的攀附特性，即日本民族性具有的"奴性"。由上可见，日本只不过是美国在东亚驯养的"鹰犬"。

部分富裕中国游学生的在日情形及其成因

在会馆，时常偶遇一位中国博士生，号称东京大学的超长生，学习的是法学专业，现在已在东京某银行工作，东京大学的学业也已成为兼职，转而攻读论文博士。在日本著名大学特别是像东京大学、早稻田大学和京都大学等大学，法学是"十不毕一"的专业，因此这样的遭遇并不意外，然而却引发对中国游学教育政策的议论。中国可以通过政策性措施，比如采取挂靠机构和论文答辩形式，把选派之后遭遇学业风险的博士生再吸收回国，操作流程可以做出这样示例性设计：一是从中国各大学或研究机构中招收出国攻读博士生，保留在国内的博士生资格，若在国外出现学业风险，可以依凭在国内的专项通道，继续完成学业。二是对诸如这位博士生的情形，容许提交相关申请，在某大学或学术机构获取学籍，比如国家游学基金委、北京语言文化大学，或其他大学和学术机构，由此进入论文答辩程序，由此就不会出现低于博士质量标准的争议问题。

经过与这位博士生的交流，获知并非都是由于个人的问题，还存在中国社会的相关问题，并且感到某些认识还很深刻，值得给予必要的省思，并找到合适的解决方策。比如他认为，目前中国诸多社会问题并不会因为中国人的漠视就不存在，而是在急速发展中被掩盖起来，具体谈到诸如官员腐败问题，以及出现的暴富阶层及其社会作为。随后谈及一些典型事例：东京新宿有位来自武汉的官员子弟，在日历八载有余，但连本科学位都未获取，并且仍然依靠父母接济，在新宿一带放荡生活，开名车、住美室，享受父辈提供的奢靡生活。同时存在另外的情形：有些自费求学的中国游学生，则需要在东京不断地奋斗，依靠临时打工的钱维持低层次生活，并要肩负在海外的学习压力。其后谈到制定物权法的重要性，强调要依法保护穷人的权利。确实近些年来，中国贫富差距日益增大，在总体走向小康的路途中，部分贫困人口尚未实现基本温饱，这是社会分配中存在的不均衡和不公平问题，而且表现得还很严重。

当然对谈到的问题及其具体内容，秉持部分赞同的态度，某些观点尚不赞成。有些问题的出现具有复杂的国际背景，特别是到达日本之后，这样的感觉显得更强烈。实质上来讲，日本已成为中国人反政府势力的重要基地，日本人也持有严重的"反华邪性"，因而日本成为中国所发生诸多社会冲突问题的策源地。因此，把上述问题完全归因于中国政府和社会，就存在所秉持的立场问题，即必须从中国政府和人民立场出发，思考中国社会存在的诸多问题。当然这并非推卸中国政府和人民的责任，而是要分清中国存在社会问题的根源，特别是要搜寻所发生社会事件的背后推手，并且现在看来显得很有必要，否则就会误导中国政府和人民的选择，妨碍中国政府的战略规划与社会决策。因此，对中国所发生社会事件的态度，需要具有国际的眼光，并站在中国立场上分析和讨论相关问题，而并非依凭西方国家的立场，以及新闻和媒体的言论，更不应附和西方对待中国社会问题的思想观点，即要体现"中国主体"的意识与精神。

邓小平说"发展才是硬道理"，但要求取更大的发展，就需要不断地探索。邓小平把这样的探索称为"摸着石头过河"。但对待前人的思想观点，要坚持发展的态度，需要依凭现今国际环境和社会条件，做出判断与决策。就当前中国社会发展趋势而言，更重要的是要制定中国社会发展的总体规划，运用系统观点考虑中国社会发展问题。当然对待社会问题和事件的态度，也应具有系统发展的观点。实质上社会问题及所发生的社会事件，都是中国社会系统问题的外在体现，也是中国社会发展所出现问题的外在体现，需要在发展和系统中寻求解决问题的具体对策，而不能依凭西方国家、新闻和媒体的观点，肆意地指责中国政府的政策与决策，更不能随意地指摘中国社会的具体人或团体，这是很重要的思想观点。在上述立场之下，要正视出现的社会问题和事件，并寻求解决问题的对策。同时还要明确，社会问题只是发展中的问题，要肯定中国社会出现的可喜变化，比如在政治、经济、科技、文化、教育和外交等方面都获取了长足的进展，比如居于下层的民众数量急速下降，特别是民众生活水平总体上获取大幅度的提升。由上可见，这样的现象与差距问题是不同层面上的社会问题，要肯定近些年来中国社会的发展与变化。从长远发展方面来讲，要正视解决官员腐败和贫富差距等社会问题。

归根结底，上述问题是社会系统的问题，主要存在社会意识、治理和教育等层面上的问题，需要通过建立和完善社会机制，强化引导与监控，而不能把所有社会问题和事件都归结为中国政府的责任，应由全社会共同承担责任。在社会意识层面上，要树立和谐社会的理念，奉行最终实现社会均衡和公平的发展原则；在社会治理层面上，要加强和完善制度建设，比如尝试推行政府官员财产公开制度，包括年度审查和上报制度，即要求各级政府官员年度申报私人财产，并将此类要求作为官员竞岗和任命的首要前提，与之相连的是要建立官员近亲财产备案制度，至少应涉及四代，即父辈、私人和儿孙等直系亲属，当然还要加大对占有不良财产的惩治力度，包括对卸任官员实施财产追查制度；在社会教育层面上，要搭建平台和建立机制，发挥社会教育的功能，加大社会性的公平引导，给予公民权利的尊重，维护和保持社会正义，以及在体制建设中奉行全民参与决策的原则，具体措施是在各级政府部门附设不相隶属的人民馆机构，或将政府机构附设于人民馆之内，作为公民参政、议政，以及开展社会教育的活动平台，同时确立畅达的社会机制,保障公民参与政府决策的权利。

  由上可知,当前强化中国社会的各项制度建设很有必要,这是解决诸多社会问题和事件的系统建构与重要步骤。要做好中国社会发展的战略规划、系统建构和制度完善,关键是要牢固确立"中国主体"的思想意识,树立和谐社会的基本理念,奉行均衡和公平的发展原则,制定公正和健全的社会制度,强化民权意识和全民决策的社会教育。归根结底,就是要确立系统发展的思想观念。

中日关系的现实反思

  前往"学艺",除了学习日语课程之外,就是到图书馆查阅图书文献和报刊信息等相关资料,倾向复印更有理论和实践深度的资料,但仍然感到有些滞后。到达图书馆之后,首先翻阅报纸,因为报纸信息具有即时性的特点,而且很能吸引兴趣。既有日文报纸,也有中文、英文报纸,都很感兴趣,毕竟具有英文阅读的基础,日文又含有汉字,学习的文法知识也可以派上用场,阅读中文更不必说,因此阅读报纸没有太大的问题。上完日语课之后,照例在午餐之后到图书馆,首先阅读报纸,《产经新闻》刊登教育问题的文章,内容明确指出,由于中国日益强大,对日本形成巨大的压力和威胁,同时讨论日本教育发展的相关战略问题,还涉及其他的观点。可以想见,某些观点是建立在"中国威胁论"基础上的,不仅把中国的发展视为威胁,更把中日共存的关系视为挑战,并从系统和战略层面上审视日本教育的发展方向。从中国视角来讲,这就敲响了警钟,既然日本已将中国视为威胁与挑战,就应意识到"防人之心不可无",应以同样的方式看待中日关系,而不能视为善邻关系。这样的思想观念对中国的相关决策具有重要的参照,提示中国政府和人民对日本要具有戒备的心态,而并非一味地采取"昧日"和"媚日"的态度,以致继续实施绥靖和妥协的对日政策。

  偶尔翻阅海外版《人民日报》,发现中国2007年进出口贸易额统计数据及其国别排序情况。日本处于中国出口贸易的第三位,而处于中国进口贸易的第一位。由上可见,中国从日本进口商品值的数额之大。上述统计数据充分证明,中日外交关系在不断获取发展的同时,经济关系也在不断地改善。但同时应看到中日民众之间的隔阂却日益加深,日本民众更对中国心存戒备之意,并深入日本社会的日常生活。在这一点上,中国游日学生存在强烈的切身感受。日本社会和媒体经常会谈及中日关系,甚至会涉及日常小事情,比如中国廉价的小商品。但中国人要保持警惕,这不过是日本采购和营销的策略,而并非不接受中国的小商品。日本居家并不能脱离中国的小商品,这本身就是其社会的既存事实。

此前,中国新闻和报纸未刊登在"中日高层经济论坛"上日方提出的"两点希望",于是日本社会和媒体议论纷纷、捕风捉影,激发日本民众所谓的爱国情怀,并制造中国政府不守信誉的社会舆论,甚至可以用"甚嚣尘上"形容。身在东京的实际情境之中,在这一点上感受深刻,这也正是身处国内中国人难有的体验。在日语课堂中,日本老师甚至以日文谚语的形式,暗示中国人撒谎。由上可见,日本社会和媒体制造的舆论对日本民众的影响力。除了上述"新闻事件"之外,还出现"石原事件",这就促使"新闻事件"逐步退出日本舆论的主流,这样的变换犹如魔术的效果,促使日本社会舆论又出现新的发展与变化,也对日本民众产生现实性的影响与作用,比如日本人在遇见中国游学生时,从之前认为中国人撒谎,转变成为"OK"(だいじょぶ)。日本人对中国人的"脸谱"就是存在这样快速的变化。

日本社会对中国的评价积极与否,都不过呈现为阶段性变化的某种"脸谱",并不需要给予太多的介意与敏感。但在一点上要很明确,即日本人深层地存在浓烈的"反华邪性",其中"以日本自身利益为转移"是基本的规律。因此日本人积极评价中国,只是表面的现象,比如某事件对日本有利,而说中国是日本的威胁,才是根本性的思想观点,即日本人很介意中国能否实现复兴,并千方百计地阻挠和迟滞中国走向强盛。日本人支持中国人反政府组织(比如邪教)在日本开展的政治宣传,允许相关中国人反政府的报刊发行，以及"疆独"、"藏独"和"台独"在日本列岛开展反华制华的活动，甚至制造影响中日关系的争端，譬如违背中日联合声明的原则，在教科书和新闻媒介中宣传"两个中国"或"一中一台"，这里存在确切的证据。在旅居的会馆，中国台湾的国民党旗就与中国内地的五星红旗并列悬挂在大厅国旗阵之中，但却并未见到香港和澳门的旗帜。这样的现象还体现于日本在国际社会中的恶意宣传，甚至对中国社会的发展与强大说三道四，比如说中国的发展是以日本的利益受损为代价，中国的污染物漂浮到日本列岛，造成日本的农作物减产10%等。诸如这样的借口，可谓荒唐可笑。

但在日本社会中，这样的托辞却能达到甚嚣尘上的舆论宣传效果，可谓患上"弱稚病"，但不知是否为日本对华的策略。另外，日本还在国际舆论宣传中故意地曲解和贬低中国，当然这是日本的一种对华策略——想要竭力维持其东亚"翘楚"的国际地位，以及对华"邪性"和实践"邪行"的存在。比如，刻意地歪曲中国科技的发展成果，说多数为窃取西方而来，甚至捏造中国人在日本的盗窃行为。其实，各种事例的出现总能见到日本人的真实面目：浓烈"反华邪性"的存在。但日本人在某些事情上却又表现出很健忘，比如借考察中国品牌企业的机会，窃取中国制陶的精密技术。由上可见，日本人时常"以小人之心度君子之腹"，并可谓达到"炉火纯青"的惊人地步。

认识与理解中日间诸问题

虽然中日关系可谓爱憎分明，但却又难以割舍。无论从历史文化角度，还是从社会现实角度分析，中日都难以无视对方的存在，这并非只存在中国、美国和日本之间"大三角"关系的缘故。在这样的复杂关系中，如何确立中国对日本的战略、策略和政策，日益显得重要。这里涉及中国自身、日本和中日关系等历史与现实问题，集中体现如以下几方面：

首先相比而言，中国政府与人民之间的关系相对脆弱，根本原因何在？这里不仅表现为中国社会呈现出较松散的状态，而且还表现为中国社会缺乏公民的广泛参与，在一定程度上可以认为，基本的公平和正义在中国社会体现得并不充分，同时这样脆弱的状态是中国文化和体制的外在表现形式，在很大程度上文化依然体现为中国传统与现实的融合，但现实影响具有较大的分量。从上述角度而言，现实体制因素是导致中国社会呈现脆弱的根本原因。由上可知，改革和完善社会体制是建立中国政府与人民之间和谐关系的重要基础。与此同时，国际环境的影响与作用因素也不容忽视或低估，比如日本社会的"反华邪性"以及由此所导致反华制华的思想、意识、观点与行为，并在日本列岛形成国际反华的阵线和基地，这对中国社会的稳定与发展造成极大的危害。上述问题不应遭遇冷漠的对待，在中国实现战略发展和时代崛起进程中应给予特殊关注与重视，并提出战略和策略层面上的应对性构想，借以强化中国政府与人民之间深厚的鱼水关系。

为何中国对日贸易入超如此明显？日本是狭小的岛国，但明治维新之后出现所谓盛世的局面。日本蓄意发动在东亚的侵略和殖民战争，借以发展自身。战败之后，日本又奇迹般地重新崛起，而在很大程度上依赖科技的发展。但日本两次社会大发展存在共同点，即抓住发展的机遇，虽然获取发展的手段存在某些差异。目前中国对日贸易依然存在入超的局面，主要原因是长期以来不合理的国际贸易规则。要认识与理解上述问题，或许要从中国社会自身寻找造成这样结果的某些原因，比如内部竞争的无序状态，以及商品定价权的旁置与纷乱。日本正是利用中国社会内部的种种因素，获取中日贸易的最大益处。另外，日本对华贸易的战略与策略，在很大程度上表现为对华高科技产品的出口，并且掌握对华出口商品的定价权，同时还辅以必要的商业营销策略，从而占有中国内部庞大的商品销售市场。造成这样局面的因素远不止上述内容，所以对中日贸易的这种现状，需要进行更为深入的分析与思考，并找到战略性和策略性的应对措施。

中日发展差距的根本原因存在何处？从历史角度而言，明治维新之后日本借助社会转型和战争手段，迎来史无前例的盛世局面，而中国则步入由盛到衰的发展阶段，不仅受到东西方列强的欺凌，而且遭受内部纷乱的倾轧，社会处于分崩离析的边缘；从外部发展环境角度而言，日本依附于以美国为首"西方阵营"的强力支持，并充当在东亚的"犹大"和"主导"角色，成为以美国为首所谓"西方国家"在东亚的"走卒"，当然也享受所谓"西方国家"所赋予的现实政策益处，而中国则在新中国成立初期就面临以美国为首所谓"西方国家"的围堵，并进而参与朝鲜战争，不仅迟滞台湾地区的解放事业，而且遭遇以美国为首所谓"西方国家"的挤压，甚至遭遇苏联所谓"东方霸权"的威胁；从中国社会内部的发展环境而言，由于严重的政治干扰和自然灾害侵袭，中国文化和经济建设遭受巨大灾难，典型的事例就是发生三年困难时期和持续十年的"文化大革命"，以及唐山大地震。当然诸多内部政策性的失误，比如"大炼钢铁运动"、"公社化运动"和"知识青年下乡运动"等，也是其中的因素。1978年拨乱反正之后，中国社会才走上正确的发展轨道，但已错失十余年发展的绝好机遇。日本却在中国十年"文革"期间获取社会和经济上的腾飞，关键是科技上的巨大发展，并由此步入世界发达国家的行列，虽然美军依然驻扎在日本的本土和琉球（冲绳）。

日本学校教育与社会之间的联系是如何建立的？相关政策、制度和措施是什么？历史轨迹怎样？对上述问题的回答，需要分为如下三大部分：其一，日本社会和教育体制的确立问题。日本社会和教育近代化在东亚堪称成功的典范，为日本教育的现代发展奠定了近代传统的基础。作为战败国，战后美军长期驻扎在日本列岛和琉球地区，并在美国主导下实现了现代社会和教育体制的转型，由此奠定现代日本教育的体制特色与现实基础。由上可见，日本社会和教育体制汇集了近代日本传统和现代美国特色的双重优势，在很大程度上还成为美国社会和教育理想的试验田。其二，日本社会和教育治理的问题。涉及如下方面的内容：日本社会和教育的相关法律规定具有基础性的规制特征；日本教育体制的系统设置充分体现出其社会和教育系统之间的紧密联系，建立并形成了完整、发达的学校和社会"两大"教育系统，利于形成"学力社会"的特征；日本社会和教育领域的各种组织发达，不仅都承担教育的社会职责，而且在学校中还形成了一系列的组织，典型的是行政组织、教育组织、学术组织和学生组织，以及其他类型的社会组织,并且都承担一定的社会和教育职责;日本学校形成集权与分权相结合的管理制度,但在具体职责划分中又存在明确的界限,明显地形成行政和学术的系统设置及其功能,并在学校管理制度上确保学术系统的权力与地位,而行政系统则更为强调外部的社会功能和内部的服务功能,从而确保践行学术自由和教授治学的理念。其三,日本学校内部教学和科研管理的问题。主要体现为日本学校特别是大学存在教育和学术两种类型的组织,主体都是教师。日本学校教师在教学上具有选择学生、课程和教法的自主权力,在科研上具有教授治学的理念与机制,从而确保教师特别是教授在学校中的核心地位。

  日本社会教育的运行机制是什么?社会教育系统在日本教育行政系统中所处的地位如何?学校教育系统与社会教育系统存在怎样密切的关联?文部科学省公布的教育系统图明确勾勒出日本学校和社会"两大"教育系统框架,其教育行政系统中也设有社会教育行政机构。但日本社会教育系统却呈现出复杂性特征,突出的表现是日本不仅具有专门从事社会教育的机构设置,而且具有各种名称、担负社会教育的社会组织,并在社会教育的职能履行中担负重要的指导者和中介者角色,同时其他社会组织也承担社会教育职能,虽然并没有承担社会教育职能的具体和明确规制。由上可见,日本社会教育系统不能完全揽括各种组织所承担社会教育的责任与职能。社会教育系统在日本社会教育事业发展中承担了更为重要的角色与任务,并在学校和其他社会组织之间承担中介者和引导者角色,甚至还承担组织者和指导者角色。正是由于日本形成了完善和发达的学校和社会"两大"教育系统,并与其他社会组织和机构相互配合,因此日本教育事业获取较大程度上的发展。其实这样的现状并非没有根据,也是由日本社会和教育理念所决定的结果。日本已确立"学力社会"的教育理念目标。而实现这一理念目标,必须获取全社会的支持与配合,而不能仅仅由学校来完成,当然仅靠学校肯定也不能实现这样的教育理念目标。由上可见,日本已形成全社会参与教育的局面,这为形成"学力社会"的教育理念奠定坚实的基础,并为现代日本教育的事业发展提供了系统设计及其功能配置上的比较优势。

日本保密制度如何？日本人的保密意识是如何形成的？中国应向日本学习和借鉴哪些保密经验？日本人特别注重保密，这已成为其传统文化的组成部分。值得一提的是，民主党鸠山政权竟然把前自民党政权同美国签署的核密约向全世界公布。表面上来看，这件事情很有上屋抽梯的感觉，其实这是日本人的故意作为，乃是其社会达成的共识。在当前国际形势下，特别是在经历金融危机之后，美国势力日减。尤其是当年日本遭受"广场协议"之后，美国使日本社会的发展迟滞了十余年，想必此刻日本人落井下石，更何况当前东亚局势已出现新的发展与变化，中国势力日渐提升，日本人似乎已见到东亚的曙光，这正是日本所寻找既能威胁和抗衡中国，又能挟持美国的绝好机会，可见此时公布"日美核密约"可谓恰逢其时。但反向来想，日本社会为核密约保守近半个世纪的秘密，在时间上可谓不短。当然这也并非什么秘密，即无秘密可言的核密约。这样的事例在历史中也存在，比如近代日本对华的"田中奏折"，以致现今日本人依然不承认其真实的存在。由上可见，日本社会具有严格的保密制度，并且已深入其文化之中，成为其社会中具有共识性的规制现象。但同时也令人匪夷所思，日本人的保密意识是如何形成的？其实这是由日本传统文化造成的。日本传统文化具有明显的军事特色，武士道是最为突出的表现，还有日本文化中的忠君色彩和注重细节的精神，天长日久就形成了强烈的保密意识。在以民主自称的日本社会中，这让人感到很不可思议。毕竟表面上来讲，日本社会包容多元思想，但实质上日本文化则表现为绝对的集权，甚至表现为宗教性和军事性的文化特征。其实从日本保密经验中，中国可以学习和借鉴很多，比如就强化思想政治工作来讲，日本采取的是宗教性和军事性的文化方式，而中国则可以采取政治性的信仰方式。因为存在政治工作上的统一保证，中国革命方能获取最后的胜利，因此政治性的信仰方式应成为现代中国社会做好保密工作的重要方式。上述内容只是阐明了某些方面，并不能全部涵盖日本社会的保密制度及日本人的保密意识之本质。

从清末至今，中国赴日游学的规模巨大，但收效相对较微，中国游日战略是否需要调整？如何控制自费赴日游学的规模，保持中国游学目的地国家的均衡发展，以及在战略层面上提升游学教育的社会效益？历史研究者都很钦羡隋唐时代，隋唐中国处于世界经济和文化的中心地位，特别是近邻日本更是在最大程度上接受中华文化，出现中国化的局面。当然，日本存在复杂的学习与借鉴过程。唐代中国对日本的影响极大，以致现今传统日本文化依然大量地残存唐代中国的文化遗风。在日本学习与借鉴中华文化中，遣唐使是最为典型的事例，日本文字亦由遣唐使归日之后所创造。遣唐使包括学生和僧人两部分，其中以阿倍仲麻吕、吉贝真倍和高僧空海等最为著名。新近成为热点的井真成，作为遣唐使前来唐都长安之后，或许由于身体健康的原因，客死唐都长安，中国唐政权赐予相当于五品的官职，并为其树立碑石，现今这块平常的碑石成为中日学界研究遣唐使历史的重要佐证。明治维新之后，日本势力逐步增强，成功地确立资本主义社会制度，而中国却走向半殖民地和半封建社会的深渊，并成为日本侵略和殖民的凌辱对象。正是在此时，中国逐渐地扩大赴日游学的规模，并掀起史无前例的游日浪潮。但从民族发展的整体战略层面来讲，中国游日教育的社会效益很有限，并逐步地演变为当时中国人反政府的据点和基地，比如亡命日本的维新人士和革命者，以及后来从事反对当时政权的政治家和革命者。现今中国游日教育的规模依然庞大，仅次于前往欧美国家的规模，而且日本依然沿袭清末以来的历史传统，会聚不少中国人反政府的人士与势力，比如邪教组织、"藏独""疆独"和"台独"，以及各种异见人士。不可否认，大多数的中国游学生很不错，并不愿接触从事反政府的政治组织及其势力，但日本社会纵容中国人反政府的组织及其势力，比如允许出版反对中国政府的报刊；存在日本"右翼"对中国的妄评；经常出现反对中国政府的街头宣传等，上述方面会对中国游学生产生心灵震动、导致异化可能，这是需要给予关注的国际现实。对中国政府而言，也不必因噎废食或讳疾忌医，因为大多数的中国游日学生还能坚守思想的阵地。但从战略层面上来讲，还是要分析与探究派遣学生游日的社会效益问题，确立游日学生管理与引导机制，以及针对日本社会和政府的相关政策，提出更为合理的应对策略。比如，为游日博士生提供获取国内博士学位的绿色通道，以及为游日学生提供国家关怀和组织帮助。除此之外，还可以组织游日学生开展各项社会活动，借以加强海外中国人的联系与团结；针对日本社会存在反对中国政府的宣传和行为，组织各种应对性的反制措施。但要实现上述方面，都应秉持动态性而不是固化的思维模式，即要强调因时制宜、因事而动，增强海外中国人在日本的话语权，从而确保海外中国人在日本的社会权益，并在日本最大程度上地维护中国的国家尊严与民族利益。

三 游日教育的历史与现实再考察

现今中国人海外游学获取空前的发展，规模日益扩大。据2009年度数据统计，中国赴外游学生的总数已达二十三万余人，与2006年度相比增长近十万人。近些年来，由于爆发世界性的经济危机，美国、日本和欧洲诸国在不同程度上遭受危机的波及与影响，特别是美国成为经济危机的发生地与重灾区，这就造成美元和欧元出现相对贬值（但日元却出现升值）。相对而言，欧美游学的费用与过去相较便宜了一些，而中国遭受经济危机的波及程度较小。通过强有力的经济刺激措施，特别是扩大内部需求，中国逐步地化解经济危机的社会影响，促使公民有足够的实力赴欧美游学，因而导致近些年来赴外游学生的规模日益扩大。中国赴外游学生的目的地首选美欧诸国，其次是日本。由于日本具有地利上的条件优势，又推出接收外国游学生的鼓励政策，因此近些年来中国赴日游学生的规模逐步扩大，现已达每年度七万余人。这样的规模在日本年度接收外国游学生中尚处首位。在中国赴日游学生中，公费生不足两万人，可见大多数为自费生，而且多集中在预科和本科程度。

由于日本采取鼓励接收的政策，近些年来日本学校出现很多高中程度的外国游学生，在日本高中学校就读，或高中毕业之后前往，大多数依然要接受日本高中阶段教育或预科学习，当然是为了补习英文、日文，以适应在日本学业上的语言需要。以在中国完成高中教育的学生为例，到达日本之后，一般都在日本的大学中接受一至二年不等的语言学习，有的甚至需要更长的时间，此即日本大学的预科学习，有的还需要参加语言类的补习课程。在接受日本的大学预科学习之后，还需要参加日本大学入学考试，这样的考试一般较简单，毕竟日本已进大学"全入"时期，即普及化阶段。中国教育界需要认真分析与思考：在没有实现大学普及化之前，中国如何应对大量高中毕业程度的学生赴外接受本科阶段教育，这将涉及社会、管理和教育等方面的一系列问题。从社会角度来讲，这种类型的学生相对较年轻，在海外复杂社会环境中，容易受到外国意识形态的影响，特别是日本社会还充斥浓烈的"反华邪性"与"反华邪行"，而且中国人反政府势力也较猖獗，虽然对此不能反应"过敏"，但从社会角度考虑很有必要。从管理角度来讲，年轻赴外游学生的管理已成为亟待解决的问题，毕竟赴外游学生的社会生活经验相对缺乏，如何辨别和应对不熟悉国境中的各种遭遇，仍需中国在政府层面上给予充分考虑，因而也就对驻外使领馆及其教育处等部门增添了新使命，即单纯地进行资格证明管理还远远不够。从教育角度来讲，年轻的赴外游学生还是中国公民，中国政府应承担必要的教育职责。另外，赴外游学生如何实现自身的教育责任，也是亟待思考与解决的问题。近些年来，中国赴外游学生的规模扩大之后，解决上述方面的问题就显得更为迫切。当然在中国赴外游学生中，无论到任何国家，都会存在上述种种问题，但中国赴日游学生则面临更为复杂的境外环境，并存在历史和现实因素的深刻影响与作用。

  从中日历史源流角度来讲，长期以来日本都是中华文化的输入国家，本质上传统日本文化是中华文化的附属部分，处于东亚文化的边缘地位。中国文字记载的历史为分析与探究日本文化源流留下最初的依据。中国古籍比如《魏志·倭人传》详细记述了日本列岛上的最初诸小国，比如邪马台国，记述诸小国的文字就是日本有文字记载的最初历史，此即日本最初文化的记述，随后还有诸多中国古籍都涉及日本列岛的诸小国内容。中华文化对日本列岛产生的深刻影响与作用，应首推唐代中华文化。遣唐使和学问僧，以及往来于中日之间的商人，成为悠久中华文化传入日本列岛的重要主体，而古老中华图书典籍则成为中华文化传入日本列岛的重要载体，并由此创制出日本最初的文字，此即当前日本所沿袭片假名、平假名和汉字等文字构成。随着日本列岛的诸小国走向合体，这样的文字逐步地走向普及，从而形成具有日本列岛本土特色的文化，并成为日本文化的重要载体。唐代中华文化对日本具有强大的影响力，以致现今列岛上依然存在沿袭唐代中华文化的遗迹。

明治维新之后，中华文化对日本列岛的影响力出现时代性的逆转，西方文化逐步地占据日本社会的中心地位，中华文化随着清代中国实力的衰落而影响力日减，甚至在日本社会出现鄙视中国人和中华文化的现象。由上可见，中华文化在近代日本的影响力已呈现出衰微的状态。非但如此，随着近代走向强盛，日本逐步地加入西方列强的行列，并成为侵略中国的急先锋，比如参与八国联军侵入北京，发动侵略台湾和黄海大战，最终以《马关条约》实现割占台湾、索要巨额赔偿，并对中华文物进行史无前例的洗劫。随后在侵华战争中，日本更加大对中国的军事和政治进攻，并对中华文化进行掠夺与摧残，最终造成中华文物东移和东亚文化地位的变迁，即日本逐步地由东亚文化的边缘转变为中心的地位。日本实现这样文化地位转移的过程存在复杂的社会背景，比如中国长期的内乱与战争，以及新中国成立之后传统中华文化的自我劫难。日本还借助朝鲜战争，成功地达成了战后的复兴，并实现了日本文化的发展，比如卡通漫画和科技创新，从而逐步地恢复"日本型文化"。正是由于中日文化发展上存在这样复杂的社会背景，因而日本对中华文化具有极为特殊的情感。在现实社会中，日本对中国更存在复杂的情绪，其中以"右翼"组织及其势力表现得最为突出，造成日本呈现出这样的社会状况：充满浓烈的"反华邪性"。

其实日本上述表现也存在历史的原因：明治维新之后，日本再次制定"大陆政策"，筹谋侵略和殖民朝鲜半岛，甚至中国大陆等东亚地域。表面上来讲，此举是纯粹的政治和军事谋划，但其实是包括文化和社会等层面上全方位的战略设计。从社会角度来讲，日本妄图通过社会影响的途径，改变中国人的国家观念，比如扶植亲日中国人。这样的策略在清代就已实施。在清代时期，日本为了自身利益，主动地前来表达愿意接收中国游学生，并积极地为中国流亡者提供政治上的庇护。比如，以孙中山为首的革命派和国民党的左派人士等，中国诸多政治人物都曾登陆列岛，并以日本为基地，辩论时政、谋划未来。从历史发展眼光来讲，当然不能简单地定性，毕竟这也有益于中国未来的发展。

但不可否认，日本上述的策略目标并非要拯救中国，而是为了控制中国的未来发展。就在日避难的孙中山来讲，不仅日本天皇曾多次召见，而且还许配日本女人，并要求承诺日本在中国东北的特殊权益。由上可见，日本政府虽然对中国革命派提供政治上的庇护，但政治意图表现得非常明显，甚至比上述方面还要深刻与卑劣。早在清代游日浪潮发生时期，日本政府就明显地借助中国游日学生的政治影响，比如协助中国革命青年进入政治和军事院校，造就中国未来的亲日政军人物，从而达到控制中国未来发展的策略目标。就历史事实来讲，达到了日本预设的策略目标，因为从孙中山到蒋介石等中国诸多近代政军人物，都具有游学日本的经历。在现代社会发展中，这样的事例不胜枚举。日本社会存在这样的历史做法，现代社会同样在如法炮制，比如邪教组织和"疆独"、"台独"和"藏独"等中国人反政府势力，无一不千方百计地利用日本列岛这样的政策思维，妄图将日本社会打造成中国人反政府的"天堂"，并且还与日本社会的反华势力相勾结，从而试图将日本列岛转变为国际性的反华基地，这是必须承认的社会现实。

观察之后发现，日本社会存在浓烈的"反华邪性"，这样的社会气质已逐渐地渗入日本民族性，成为其岛国根性的重要组成部分。关键的原因是近代以来日本侵华获取了社会利益，以及其后果并未进行历史清算，反映到现实中就是否定历史责任，断然地拒绝中国受害人的民事伤害赔偿，而这样的结局还与中国政府的对日政策存在紧密的关联，深层的根源则是中华文化具有强烈的包容性特征。当然在中华文化的内部地域，可以采取这样的包容态度，但在中华文化的外部地域，特别像日本这种近代以来蔑视中华文化的国家，采取这样的包容态度，基本上可以说是纵容，不仅是历史的而且也是现实的绥靖态度。若采取这样的态度，妄图解决历史遗留问题，往往会适得其反——纵容反华势力采取更为激烈的措施，给予中国更大的伤害，这是完全可能的推断。在现实日本社会中，比如在日湖北女工遭遇的非人事件，印证了这样的事实。

非但如此,日本"右翼"对美国、中国和其他国家一概采取排外的政治态度,但却给予中国"特殊对待",采取近似歇斯底里的反华态度,比如提出"中国威胁论"等反华制华的思想观点,以及"围堵中国论"和"自由与繁荣之弧论"等反制中国发展与强盛的社会思想与理论,而且还发出"日本衰运论"等充满危机的预言,借以表达对中国发展与崛起的抵制和破坏态度,导致其社会存在浓烈的"反华邪性",以及出现诸多"反华邪行"。在日本社会,可以真切地感受到这样思想与行为之间的转换过程,比如对邪教组织和"台独"、"藏独"和"疆独"等中国人反政府势力的纵容;允许表达对中国不利的言论,甚至出现日本"右翼"在繁华的街头,喊出"抵制中国"口号,以及在靖国神社和昭和馆中尚存"鬼魅"与"幽灵";时常可以见诸报刊、图书和传单等反华出版物,俨然成为中外反华势力汇聚的后方基地。上述方面需要引起中国政府和人民的关注,同时需要提出反制性措施,防止不利于中国发展和强盛的思想、观点与理论扩散,以致产生现实性的国际影响与社会作用。

正是在这样的社会氛围中,大批年轻的中国游学生涌入日本,确实其中存在诸多社会风险,因此中国政府和民众对此应给予特殊的关注。由此,需要提出减少年轻的中国学生赴外学习的办法:在普及义务教育基础上,扩大由初中进入高中的规模,并逐步地把高中教育纳入义务教育的范畴;开通职业技术学生的进取途径,高中教育可以进行普通和职业的分途,无论是普通还是职业高中,都应具有继续深造的路径;逐步地促进职业大学发展与科技性特色相结合,从而把职业大学打造成科技研发和技艺传承的基地,甚至发展成为具有硕博学位授予的高等学府;促进普通与职业学生互通,学生在不受人为或制度的障碍下,可以随时在同一学习阶段通畅转学。教育本身具有传承文明和服务社会的职能,而服务社会的职能又涵盖知识性服务和技能性服务,但服务又都存在互通的特色,即普通学校需要注重科技性教育,职业学校也需要加强知识性教育。普及高等教育的目标并非遥不可及,但与用人制度、人才标准、工资福利和社会保障等相关社会制度存在紧密的关联,在必要情况下可以采取机制性措施,形成一整套具体的社会制度和做法,努力地实现素质与能力社会,即"学力社会"的理念目标。

若做到上述几方面,表明中国教育与社会治理步入崭新的发展阶段。从社会和教育理念角度来讲,即步入素质与能力社会,即"学力社会",而不仅是提倡实施素质教育。在这样的普通与职业相贯通、进学与就业相衔接、生涯学习与终身教育相结合、教育改革与制度完善相呼应等社会氛围之中,年轻的中国学生就不会过早地走出国门,接受海外教育。从国家角度来讲,年轻的赴外学生部分可控,并非坏事,关键要在相关政策的引导下,做到规模适当、管理严密,从而保证年轻的赴外学生获取适宜的海外教育,同时还能尽量减少在海外社会环境中承受的负面影响与作用。若能做到这一点,少量年轻的赴外学生也并非不好,应容许适量的存在。上述主要强调了防止出现年轻赴外学生潮的相关举措。

国家还应根据社会发展的实际需要,采取适当措施,积极鼓励海外教育,特别是支持学者和研究生游学。改革开放已成为中国长期坚持的国策、并非权宜之计。改革就是对内搞活,实现内部开放,加速内部要素的合理流动,这就需要围绕适应内部系统变化的社会制度和政策配套,从而实现社会发展的目标;开放是系统的观点,将国际社会作为社会大系统,在巨型大系统中考虑中国社会发展出现的各种问题,实质上就是系统性的开放,更是思想观念的开放,而不仅是制度和政策的开放,其实是社会思维模式的变革。具体地来讲,在系统开放的社会思维模式基础上,构建出中国特色的社会发展模式。当然这是由一系列社会制度、政策和措施等综合作用的过程,而不仅仅停留在社会理念的基础上,鼓励游学是其中重要的环节。

人的因素是社会发展中的关键因素,不仅是实现社会生产力发展的核心动力,更是实现社会生产方式变革的重要力量。只有实现了社会生产力的发展和生产方式的变革,社会才能实现发展与变化。人具有革命性的特征。所谓革命性,从中国角度来讲,就是要在百年停滞和落伍、经历社会变革和彷徨之后,采取正确的社会思维模式,在民族复兴和国家富强的路途中,出现新的发展与变化,最终实现中华民族的重新崛起。这已不是回复历史的梦想，而是契合社会发展规律的现实趋势。严格地来讲，海外教育从清末衰落时起步，期间曾出现赴日和赴苏等游学潮，但直至现在才呈现出真正的自主发展。新中国成立之后，逐步地实现自我开放，不仅恢复了高考制度，而且启动了海外教育，首选赴美教育，随后赴欧和赴日等发展起来，并扩展到世界其他国家和地区。目前，中国已成为世界上的海外教育第一生源大国。

从海外教育政策角度来讲，首先要在严格的资格限制下，提倡公派海外教育。随着改革开放政策的实施，特别是社会、经济和文教事业的深入发展，国家对熟悉国外情形的专门人才需求日益增多，海外教育的规模正在走向扩大，海外教育政策也逐步发展与完善，由当初纯粹的公派学生发展到鼓励自费海外学习，实现公费与私费的合流，实质上这是海外教育政策的重大发展。近些年来，赴外游学生的规模日益壮大，自费学生占较大的比重。因此要从国家系统、制度等宏观层面上进行深度思考，及时解除制度和政策的束缚，最终获取实践上的突破，上述一切都要依靠实现社会思维模式的变革。但赴外游学生规模的扩大也带来一些发展中的问题，比如年轻的赴外游学生日益增多，其中存在社会和教育方面的深刻原因。

中国高等教育依然处于大众化发展阶段，各级各类教育尚不发达，各项制度和政策亟待改进，社会制度方面也存在限制人才发展和成长的障碍，造成在中国或许难以接受到适合学生个体发展的教育，这就为海外教育的发展提供了广阔的空间。近些年来，赴外尤其是赴日游学生日趋年轻，如何帮助年轻的赴外游学生认识与理解外部的世界，特别是针对日本"反华邪性"的社会环境和不确定性的社会风险，就成为当今海外教育发展所亟须解决的问题，这既是政策性的教育问题，同时也是现实性的社会问题。

从政策层面上来讲，首先需要思考在新的社会和教育发展环境中，如何制定出适宜的海外教育政策？是采取鼓励或引导措施，还是抑制年轻人出国学习？就目前情势来讲，鼓励或抑制均非最佳的做法，只能采取引导的方式，并且需强化海外教育的内容管理。原因在于：目前中国社会和经济获取较大的发展，富裕阶层的子弟具有前往海外完成教育的愿望，同时也符合中国改革开放政策的需要。这样符合政策民心的事情，政府要采取疏导而非压制的办法。在成效对比上，海外教育存在成功的经验，某些做法值得中国教育界学习与借鉴，毕竟中外教育的质量与水平还存在较大的差距。因此在条件允许的情况下，可以适度接受海外教育。出国学习对年轻赴外游学生的成长也存在裨益，海外学习经历可以开阔社会的眼界，帮助确立正确的世界观和人生观，在更为复杂的社会情境中可以增强辨别是非的能力，这也是中国实施素质教育，以及创建素质与能力社会所必需的，因此应给予积极的疏导。

为何又不能采取鼓励政策？首先，应考虑到年轻学生在海外社会中将要面临的安全、经济和学业等各种风险，上述风险既有个人也有社会原因所造成；其次，当前中国教育已步入科学发展的轨道，普通教育和职业教育逐步地走向并轨，中、高等阶段教育已出现互通，文理分科也开始为文理兼修所取代，普通教育和职业教育之间的界限逐步缩小，这样情形的出现为教育质量的提升创设了重要的条件，也逐步地缩小了中外教育的差距。再次，中国教育的发展已达重要的阶段，高中阶段教育的普及正在启动，高等教育也由大众化向普及化阶段发展，虽然与发达国家相比还存在一定的差距，但社会制度和政策上的变动逐步地改变因学历和学位差异所造成的机会不均等，中国社会正走向注重能力和素质的发展道路，加速由实施素质教育向朝向素质与能力社会的转变，并已存在制度和政策方面转变的社会基础。

中国社会不宜采取鼓励年轻学生出国学习还存在其他的理由，比如中国庞大的学者和研究生群体出国学习，与年轻赴外学生相比，到底社会成效如何，需要进行深入的分析与研究。无论是在历史经验还是现实社会中，上述两类人员的出国效益问题都难以界定，比如清末中国首批公费赴外游学生，是由容闳发起和组织的赴美幼童，但"计划"最终中途夭折。然而在稍迟时候，由沈葆桢启动的"闽厂游欧"，却获取历史性的成功，虽然后期也因经费问题而提前撤回，但还算是成功的事例。"闽厂游欧"人员是技术研究人员，属于成人游学的类型。由上可见，年轻赴外游学生仍然存在比如求学时间较长，容易接受西方社会的价值观，难以适应中国现实的需求等问题。上述问题造成年轻赴外游学生难以获取应有的成效，以及难以为现实社会所接纳，或许这是重要的原因。历史经验如此，而社会现实也是这样的状况。

如此也就存在另外的问题，为何需要采取引导性的政策与方式，而不是采取压制性的做法与措施？其实引导的本身就是管理，而且是科学管理。自然万川归海需要疏导，社会万民归向也需要疏导，此即"得民心者得天下"的深刻内涵。毕竟也有这样的学生，他们难以适应目前中国教育的环境，难以接受中国教育的方式与做法，而对海外教育的方式和做法感到适应，因此需要前往海外接受教育，而作为中国社会，包括政府治理和民众舆论，应容许上述部分公民达成出国学习的教育愿望，应该说也是符合社会人心的政策与措施。当然也有部分的家长和学生，可以承受海外教育的经济负担，或可以部分承担海外生活的消费，而且具有接受海外教育的愿望，政府和社会也没有必要阻止其实现这样的愿望。由上可见，在不鼓励年轻学生出国学习时，也不应采取压制性的政策与措施。这样，就为采取引导性的方式提供了必要的前提。

　　引导的本身还是教育，但这是政府和社会的行为。上述已阐明引导即管理的问题，但作为海外教育，仍然属于教育的问题。从上述角度而言，引导也即教育。毕竟，年轻的赴外游学生居住在海外社会环境之中，在海外社会和学校中生活与学习，特别是接受不同程度和各种门类的教育，政府和社会应给予积极的引导。作为政府的驻外机构，特别是使馆和领事馆主管海外教育的部门，应承担这样教育的社会职能。中国政府也有这样的职能，毕竟制定与执行海外教育的制度与政策，都是政府主管部门的社会职责，因此应承担相关的教育责任。但对海外教育的管理，需要采取引导性的方式。这样的方式既体现为管理，也体现为教育，但无论是管理还是教育，都不能采取强制性要求的态度，而应采取协调组织的途径。通过这样的引导方式，实现管理和教育的目标。其实引导还是服务，这样的特征也与管理和教育特征具有同等重要的价值。上述特征都体现出：引导应是政府和社会的行为，而不是简单的个体行为。个体事例只能作为个案的阐释，而不能作为对海外教育——这种社会现象的理性诠释，即这样的引导责任在于政府和社会，而不在于个体人。

　　将上述理念沿用到对年轻赴外游学生问题的阐释上，即采取引导性的方式，调节年轻学生日趋大规模地出国学习和接受教育的社会现实，将主动权置于学生或家长，而不是操于政府和社会的手中。政府和社会只需创造更为利于教育事业发展的环境，吸引学生在国内学校完成大学之前教育的过程，甚至在国内大学完成高等阶段的教育。引导性的方式大致可以细化为如下方面：发展各级类教育，特别是逐步地普及高中以上阶段的教育；改革社会用人制度，特别是聘用、福利和工资制度，努力建成素质与能力社会；转变教育思维，确立大教育系统模式，优化教育教学方法，建立以素质与能力提升为中心的课程和方法体系，以及进行教育管理模式的改革，特别是要转变教育行政模式和教育评价机制；深化教育教学内容的改革，确立适应素质与能力社会建设的内容和课程体系，融合文理科类结构，拓展学校与社会之间的关联，并形成可操作性的运行机制；提升学校和社会"两大"教育系统的软硬件建设，增强各类教育机构的经济实力，并以此为依托升级硬件设备，提升师资素质与能力以及科研水平，以及教育系统的社会效益，增强教育的国际竞争力。

在改革开放的社会环境中，这是不可逆转的社会发展趋势，而并非人为的制度和政策设计。从这一点出发，可以获取如下这样的论断：海外教育是教育改革和发展中的重要因素，并非可有可无的组成部分，可以与中国社会内部的教育系统产生聚合效应，并且具有全面性的社会效益。那么，在对年轻学生出国学习和接受教育采取引导性的方式之后，海外教育的突破口应置于何处？当然还应从中国人口说起：中国是人口大国，但难以称得上是人力资源强国，关键是人的素质问题。提升人口素质的关键，又在于提升教育的成效，但目前中国教育存在诸多发展中的问题，比如规模和比例、教育内涵等方面的问题，即教育的社会效益还并不高，这就为海外教育提供了生存和发展的空间。

如何将庞大的人口资源转化成为丰富的人力资源，关键是要提升教育的社会效益。要提升教育的社会效益，首先还是要做好规划：一是系统规划。可以划分为社会大系统、学校教育系统和社会教育系统三部分。社会大系统包括国内和国际"两大"教育场域，强调社会范畴的功能，开阔教育事业的发展空间，避免局限在狭隘的范畴空间，由此提升教育的社会效益。学校教育系统和社会教育系统则主要集中于教育系统的构建与设计，强化学校与社会"两大"教育系统之间的协调、沟通与交流，从而发挥社会大系统的功能,并形成大教育系统模式。

二是内外规划。主要着眼国内和国际两方面的因素。从国内角度来讲,就是在社会大系统范畴中,构建大教育系统模式,并形成相适应的社会和教育制度、政策与做法;从国际角度来讲,就是要利用国外发展的优势,秉持主体意识与精神,吸收与借鉴其他国家、社会和教育系统的发展经验与做法,特别是学习先进的科学知识和技术工具,以及各学科知识,拓展利于社会和教育事业发展的视野,从而提升社会和教育事业发展的水平,其实这就是海外教育重要的存在理由。因此在教育规划方面,需要重视内外规划,将内外部教育资源的优势相结合,最大限度上地发挥教育的社会效益。

三是科类规划。主要强调教育发展的基本性向。首先是以理工为主,强调文理兼修,以及专业和通识并举,并在教育制度、政策和措施等方面给予相应的配套;其次是优化专业、学科和课程设置,建立利于新兴交叉等专业、学科和课程的发展机制,在必要的引导、规制和支持下,对基础性专业、学科和课程给予特殊的关照;再次是对学生选习进行适当引导与控制,重点是采取措施吸引学生选习社会和经济等领域急需的专业、学科和课程,但同时必须给予必要的控制,从而保障薄弱和冷门专业、学科与课程的发展,保证其达到较高的教学质量,形成小规模和精水准的特色,并在学生就业和待遇等方面,给予特殊的引导与支持。当然在科类规划中,应考虑到国内和国外教育的场域,而不仅仅局限于国内的教育场域。

综上所述,海外教育突破口的关键是要关照如下"两大"问题:一是要将中国人口资源大国转变为人力资源强国,为海外教育的存在与发展提供必要的空间。二是要结合国内和国际"两大"教育场域,做好社会和教育事业发展的规划,致力于提升教育的社会效益。但对海外教育来讲,最为关键的因素是如何引导和规制学生的派遣。上述内容已论及,中国人口资源庞大,相应的学生资源也很庞大。目前中小学生人数已达 2 亿人以上,相应地接受高等教育的人数也在逐年增长。目前年入学大学生达 600 余万人,加上研究生的人数,可见大学本科及以上阶段的学生人数难以圈点。若再加上庞大的科研队伍,知识人的队伍在规模上堪称世界无双。因此就海外教育来讲,除了中小学生和大学本科生之外，在研究生层次和科研岗位上的人数也很庞大，可以归结为成人的类别。相对而言，上述类别的人员较成熟，具有较强的辨别是非能力，同时具有抵御海外风险的更多能力与经验。因此，安排上述类别人员出国学习与接受教育，对个体和社会而言都具有双赢的成效，应给予特别的支持与提倡。

由上可见，应积极鼓励成年知识人游学游历，以及支持研究生接受海外教育。成年知识人的范围相当广泛，比如职员、管理者和学者。若按照行业划分，包括教师、医生、技工、专家、科研工作者等类别和层次的人员，其中存在共同的特性：属于成人范畴，对外部世界已具有实践判断，因而比较难以受到海外思想因素的社会影响。再者，可以根据职业岗位的需要，有目的地观察、分析与探究相关研究问题，从而获取更多的实际成效。当然应以游历为主，而不应过多以游学为主；要以个体要求和素质基础为判断标准，不能采取一刀切的办法。另外是硕博研究生和博士后人员，也可以划归成年知识人的范畴。对上述类别的人员，提倡以在学为主，不应过度提倡"裸学"。所谓"裸学"，就是尚未在中国大学入学，而单以考取海外大学为主要目标，这样需要预防的情形以文科类为主要。因为"裸学"存在诸多社会风险，因此国家要从政策、措施和做法等层面上给予必要的引导。对某些友好国家，这样的担忧可能多余，但依然应有所预防，以达有备无患的社会成效。其实，可以游日教育为典型个案，进行集中和细致的讨论。

对中国而言，日本是极为特殊的国家，不仅因为日本是近邻，而且还因为日本对中国存在威胁。这不只表现在军事和外交方面，更重要的是表现在政治舆论和文化教育方面，特别是思想和意识形态领域。历史经验已多次证明，日本对中国存在长远性的威胁，过去是全面性的威胁，包括军事入侵、政治干扰、外交孤立和舆论围剿，通过诸多手法侵入中国生存与发展的国际空间，特别是表现在军事入侵、经济压榨和文化掠夺方面，对中华民族的存在与发展产生了重大的历史侵害。新中国成立之后，虽然中日开始走向合作，但长久以来日本社会就存在强烈的反华心态，其产生存在历史和现实的原因。从历史角度而言，近代以来日本成为列强侵华的急先锋，并对华采取全面战争的政策,推行灭绝中华的"大陆政策",制造旅顺和南京等多次大规模的屠杀事件,在中国土地上犯下滔天罪行,长期以来还粉饰和掩藏相关罪证,否认日本国家集体犯罪的事实。从现实角度而言,中日两国日益成为在东亚的竞争对手,对日本而言中国的发展是"威胁",日本"右翼"更提出"中国威胁论"、"围堵中国论"和"繁荣与自由之弧论"等思想观点与社会理论,此外借助报纸和杂志等媒介,宣传和制造各种反华舆论,体现出强烈的"反华邪性",并在日本社会做出各种反华举动,导致出现"反华大合唱",在国际社会中对中国的形象和利益产生诸多不利的影响,需要给予特别的关注。

由于日本社会存在诸多的反华因素,造成赴日游学生可能面临更多的社会风险,而对年轻的赴日游学生来讲显得更为严重。由上可见,过多派遣年轻学生赴日学习和接受教育,需要给予引导与调控,对已赴日的年轻游学生应给以特别的关照与教育,这是很重要的事情。当然还应在海外教育政策层面上,加强宏观的规划与设计,在减少年轻学生赴日学习和接受教育的同时,逐步地通过政策的协调,增派成年知识人游学游历,以及派遣年龄稍长的研究生赴日学习和接受教育。对此,要给予特别的提醒:要尽量在国内大学完成注册的在校研究生中选拔、派遣,而不应从大学本科或硕士毕业生中选拔,直接前往海外攻读更高级别的学历和学位。语言类学习的学生可以从在校本科生中选拔,关键要从在册本科生中选拔,优势是在难以获取海外学历和学位的情形下,仍然可以在国内大学完成学业,当然其他科研机构也是选择的路径。在海外没有完成学业,是否就是学业不良的游学生?情形其实未必。因此不能以在海外大学是否获取学历和学位为标准,关键要看是否在海外社会情境中学到实际的知识与技能,是否把心力都倾注到观察、分析和研究海外的经验、知识与技能等方面,这是相当重要的事情。

观察之后发现,目前很多在日游学生研究中国的相关问题,而并非研究日本社会的相关情形。在日本研究中国的相关问题,让人感到滑稽与尴尬。日本指导教授更倾向于中国赴日游学生选择中国相关的研究问题,并作为完成学业论文的基本评价标准,但对中国而言这未必是好的事情,对赴日游学生而言也未必是自愿的追求。就中国的海外教育政策来讲,应更多地鼓励赴日游学生选择日本相关的研究问题，而并非在日本选择中国相关的研究问题。因此应存在这样的相关政策选择：派遣在国内大学已注册的学生赴日学习和接受教育，而并非以攻读日本的学历和学位为唯一目标。这样，赴日游学生就还可以做出这样的选择：放弃攻读日本的学历和学位，转而选择观察和分析日本相关的研究问题，并选择在国内完成学业，逐步地成为日本问题的观察者和研究者，甚至成为相关研究领域的专家，这是契合中国海外教育和社会实际的政策选择。

另外的群体是成年知识人，这里的范围极其广泛，但也具有成年人和知识人两方面的条件。成年人的标准是具有一定工作年限的在职人员；知识人的概念具有更为丰富的内涵，可以包括拥有一定知识与技能的人员，而不仅是学历上的限制，比如较低学历层次的专业技工也应属于这样的范畴，而不仅是专家学者。在上述两条件的约束下，成年知识人基本包含了在职工作的所有人员。当然还存在选取的性向，即要按照一定的教育需求，做出必要的对象选择。但国家也不可能让所有在职人员都出国学习和接受教育，这里就包含制度性和政策性的空间，比如采取较长时期派遣游学与较短时期赴外游历等形式，同时还存在公费与自费相结合的政策空间。当然，具体的运作模式具有多样性特征，比如中外合作、正式访问、组团参观、社会调查、技能实习和课题研究等。上述诸种政策形式必然会产生多种运作模式，这样的做法必定会产生更好的社会成效。

在鼓励成年知识人游学游历中，应提倡学者游学，特别是奔赴像日本这样具有浓厚反华情绪的国家。学者主要集中在大学和科研机构，通常都具有较高学历和学术素养，世界观和人生观都已确立，难以轻易地受到外部意识形态和社会介质的深刻影响，具有较强的自我判断和分析问题能力，同时在专业学术领域还存在较高的职业敏感，能较快吸收和借鉴海外的相关经验与做法，并能运用在实践工作和学术研究之中。上述人群还具有诸多其他的优势，主要体现在如下方面：一是社会身份的优势，在国内已具有一定的社会身份与地位，并存在稳定的工作岗位和经济来源，抗击外部影响和承受风险的能力相对较强。二是学术身份的优势，基本上已确立在国内学术领域的影响与地位，存在专业研究的领域和兴趣，需要更为深入地了解海外相关领域的研究状况，以及确立在国际相关学术领域的影响与地位，从而满足职业和专业发展需求，社会效益上也更加具有成效。三是角色身份的优势已无太多的学历和学位需求，以及现实牵挂和未来担忧，可以更好拓展学术思维与视野，通过观察、分析和调研等手段与方法，对海外相关研究问题进行深入探究，同时还可以更轻易地摆脱海外指导者倾向性的科研面向限制，而根据自身学术科研的需要，自由选择相关研究问题，从而有效减少海外游学者分析与研究中国相关研究问题的概率，在更大程度上分析与探究海外相关研究问题，不仅可以有效地控制国内相关领域的信息外泄，而且还可以更为深入地分析与研究海外相关情形，其实这才是开展海外教育的真切内涵。

鼓励在校研究生，特别是博士生出国学习和接受海外教育，也存在上述原因的考虑。正是由于具有在校身份，出国学习和接受教育存在另外的专有通道，身份上就具有了相对的优势，毕竟还存在国内完成学业的机会保障。相对国内学生而言，赴外游学生通过自身的努力，若在海外获取学历和学位，就会存在另外的收获。若难以在海外完成学业，通过海外教育政策的规定，还可以在国内完成学业。这样，可以有效地预防海外指导者强迫中国游学生，选择中国相关的研究问题。另外还可以鼓励海外游学生，更多地选择观察、分析和探究海外相关的研究问题，并有效地规避海外学业和社会风险。因此，这样的设计具有一定的社会效益，对前往像日本这样充满"反华邪性"的国家，更加具有社会效益。

上述观点并非恶意的揣摩，而是社会的现实反映。为了国家和民族的利益，乃至对海外游学生的提醒与关爱，感到有必要阐明上述观点，这也是应担负的社会和学术责任。因此，提倡制定出促使游学生有效规避海外社会和学业风险的政策，从而对赴外学习和接受海外教育进行必要的引导与控制。这不仅是管理的范畴，而且包括教育和关爱。再者，这样的政策选择具有宏观战略上的社会价值与意义，应秉持谨慎和细致的态度，更为深入地分析与探究相关政策的细节问题。

第四部分

品察论说录

▋ 樱花与阴谋

身在东京,难免会思念阔别的祖国,那里有父母乡亲、妻儿友朋,还有不懈努力的教育事业。德行浓郁的祖国,何时才明白如何真正面对日本——这个国度?在前段时期,发生日本"毒饺子"事件,不过是在要挟中国。

一是破坏中国产品的形象。近些年来,中国外贸的发展形势很好,外汇储备急剧增加,这样的现实令西方着急,更令日本忧心,于是蓄意地破坏中国的形象,同时存在战略上的思考:在洞爷湖G7会议之前,想让中国难堪,以致中国财长难以表达自豪;打击中国成功举办北京奥运会的信心,促使世界担忧中国奥运食品供应;正好在年末时节,减少日本对中国制造食品的消费,打击中国食品业在日本的势力扩张。

二是心存"反华邪性"。从文化深层角度来讲,日本存在严重的"反华邪性",特别是明治维新以来,这样的"邪性"表现得更为露骨。在日本的所谓"建国节",前往新宿,见到所谓"神勋艺术团"人员在街头发放广告,日本"右翼"在街宣车上声言中国企业的"恶德",并攻击北京奥运会，同时抨击俄占北方四岛，以及朝鲜核实验，叫喊要修改"和平宪法"，加强军事与核心力量。反华是其中重要的内容。

三是日本媒体经常关照中国，肆意地进行歪曲的报道，刻意地寻找"边脚处"的麻烦。日本媒体甚至报道，中国的污染物漂移至列岛，造成日本农作物减产10%，并作为研究成果发表，这样的行径令人不齿。

四是日本人对中国人的"虐性"。报纸上了解到，发生过中山大学女博士生与日本外务省职员的爱情故事。女博士生爱上了日本人，不排除真的是爱情，可是来日结婚七十五天之后，在前往迎接丈夫上班归来的路上，被日本车夫撞亡。姑且不说是否为意外，日本司机通常驾驶很谨慎，撞人事故的发生概率很低，后来日本夫婿辞去外务省的职位，带着忏悔，经常到中国看望岳母，但事故的真相谁能清楚？不久之前，和歌山大学发生一场事故。三月通常是游日学生收获的季节，但对中国游学生石君来讲，却是生命的终点，因为毕业前夕其被杀害在宿舍内，日本报纸和电视台均未报道。若是日本和日本人的相关信息，再微小的事情也会报道，比如日本"毒饺子"事件。每年三月都是樱花盛开的季节，日本人崇拜樱花的美丽和转瞬即逝，对生命的悲壮感受颇深，由此造就诸多侠肠武士。中国人见到日本人——这样武士派头的同时，却忽视日本人继承了武士的另一特性：阴谋。日本人对中国经常使用阴谋、诡计，将灵活原则常挂嘴边，确实由此带来现代日本的繁荣：没有灵活，就没有天皇和战犯的特赦，也就没有现代日本的再次崛起，更何谈日本科技的发达；没有灵活，就没有中国政府放弃日本发动侵华战争的国家赔偿，因此才有了现今日本人肆意地否决战争伤害的民事赔偿要求，以及对待中国受害者的轻蔑态度。

日本之大

明治维新以来，日本逐步地从自卑走向自大，开始了"大日本"的发展历史，致力于建立"大日本帝国"。太平洋战争之后，日本成为美国的附庸，但善变的日本又成功地利用了美国，从而获取战后经济和科技上的崛起。于是，"大日本"的思想观念死灰复燃，日本"右翼"组织及其势力逐渐地壮大，并不断地对日本战败及其罪行进行辩护，同时利用美国与苏联、中国等大国关系中的问题与矛盾，在美国的护持下充当起在东亚的"犹大"角色，寻求其自身的现实利益，以及梦想恢复明治的荣光。在现实日本社会中，这样的心态存在极为明显的呈现。

初次返家归来，从北京回到东京的航程，飞行不到三个半小时，到达东京成田机场。但从成田机场转有轨电车到成城学园前站，却又同样花费三个半小时。原因在于：到达成田机场之后，需要改乘有轨电车——京成线绕行，首先从成田机场往南，然后由南向北（两倍于前），转日暮里。随后在日暮里转山手线到新宿，再由新宿转小田急线到成城学园前站，最后回到旅居东京的处所——位于世田谷区的祖师谷国际交流会馆。若直线从成田机场到日暮里，路途非常近，关键是所有从成田机场到东京各处的旅客，乘坐有轨电车都要在京成线绕行。这样，可以显示日本之大哉？！

天皇制度印象

日本是以神道教、天皇制度和武士道为精神支柱的国家，这样的精神支柱在日本称为"国魂"。按照日本人的追溯，"国魂"起始于神武天皇时代，因此又称为"神武国魂"。日本号称天皇"万世一系"，而天皇统治的精神支柱就是"神武国魂"。战败并未对日本造成太大的损毁，广岛和长崎的原子弹爆炸所造成危害也只是局部，并未对其全境造成较大的影响。战后驻日美军只龟缩在狭小的基地空间，随着日本政治和军事等领域的发展，空间还将进一步地缩小，最终可能仅仅龟缩在琉球（日本改称冲绳）。甚至只能打道回府。战后美国等战胜国并未彻底地清算日本的战争责任，甚至出现美国的纵容，特别是并未清除导致日本发动战争的社会和文化因素，而且战后日本的神道教和武士道设施不仅保存完好，而且还不断地获取充实与发展。随着天皇制度的恢复,"神武国魂"更获取巨大的发展,设施的规模与影响日益增大。比如,战后靖国神社获取较大的发展。

神道教尊崇"天照大神",日本天皇即"天孙"下凡。连接上天与世间的传说道具——位于上野公园内的"天照神宫",以及遍布其全境的神道设施,为日本天皇在精神上与其民众联系的桥梁。日本民众可以通过效忠天皇而步入神社,最终进入"天堂",否则就会下"地狱"。宗教永远不会脱离对人的精神控制,即使它是骗人的鸦片,日本人就是这样被天皇权力"神授说"欺骗了千余年。在二十世纪,更有成千上万的日本民众不绝于途,至今日本人还争先恐后,真可谓后有来者。神道教主要是对日本人的精神控制,而武士道则不止在精神方面,更为充分地表现在身体方面。在日本各地的场所,比如学校和社区,都遍设武道馆,提供修习武道的平台。自古至今,日本人代代相传,穿梭在武道馆与神社之间,虽未听说谁进入了"天堂",也未听说谁下了"地狱",但"神武国魂"却绵延不绝,成为天皇制度控制日本人精神与身体的重要工具。

从明治维新开始,天皇制度增添了另一重要的工具,即引入西方先进的科学技术。自此,日本人异常关注科学技术的发展,以致现在依然坚守"科学技术立国"的战略,把科学技术的发展置于日本国家和社会发展的根本地位,从而创造出发达的现代科学技术成果,由此也巩固了天皇制度的基础。现代天皇制度基本上确立了"三大"基本要素:神道教、武士道和科学技术。神道教控制日本人的精神,武士道磨砺日本人的身体,而科学技术则提供日本人赖以生存和发展的工具。因此,上述"三大"要素充分体现了日本天皇制度的现代特征。

日本民族性理念

日本的民族性特征呈现得很明显,但日本又是具有多元性特征的国家。在现实的政治实践与社会活动中,日本政党和政治派别具有较强的社会影响力,不仅表现为执政党的社会影响,而且包括反对党及其他团体的社会作用。当然,这样的社会力量受到神道教及天皇制度等宗教文化因素的制约与束缚。无论任何政党及其他团体的社会政治活动,民族性特征都是同一的,即为了追求日本国家和民族的利益,而且一致性还渗透在其社会和政治生活中的方方面面。因此,若僵化采取依靠日本政党及其他团体的言行与理念,并据此制定对日政策,是相当不明智的决策思路。

清末魏源提出的"以夷制夷"策略,在现代已失去显著的价值与意义,这不仅体现在对待其他国家内部政党及其他团体中的异同观点,而且在国际社会中与各国之间关系的决策中,也难以取得显著的效果。毕竟,未来社会和国家的发展主要以利益为驱动,具有正义或非正义的性质,关键的问题是要确保国家和民族的利益。长期以来,中国显著地缺乏民族性理念,或已误入手段和策略的歧途,妄图希冀通过外部势力的介入,获取内部目标的实现。

众所周知,民国的创建者孙中山借助美日等西方国家的力量,寻求资金和外交上的支持,最终通过暴力等手段,推翻封建清王朝的统治。从历史发展角度来讲,孙中山的政治活动具有历史进步的意义,但却指出了错误的实现途径,以致对现代中国社会和政治的发展,提供了误导性的前例,即"以夷制统(中)"策略。自此,中国社会和政治出现诸多的乱象,即通过外部的势力,制约和推翻内部统治势力的非常手段,从而出现大量卖国求荣的海外中国人反政府团体。

目前,诸多中国人反政府势力皆通过海外势力的资金和舆论等方面支持,从事各种对中国现政权不利的事情,而国外的反华势力也正是利用其来制约和迟滞中国政治和国家的发展,并将其纳入自身发展战略与外交策略的考量,在经济和政治等方面给予扶植与支持,同时也依此获取显著的现实效益。在这一点上,日本表现得很突出。这样的社会和政治现实需要中国执政党和社会团体给予必要的思考。从中国民族性角度来讲,即使存在中国人反政府势力,也不应失去民族性的理念,不应成为其他国家要挟中国的工具。历史中具有这样的典型事例,比如在国共纷争时代,蒋介石和毛泽东为代表的国共两党,在国家和民族利益上保持高度一致,台湾地区在大陆实施对越反击作战中给予配合与支持，这样以民族利益为决策标准的做法，是两岸值得珍视的历史亮点。

海外中国人反政府势力缺乏的就是这样的理念，往往会落入外国集团的利益诱导，成为中华民族发展的绊脚石。因此，上述海外中国人反政府势力值得中国人唾弃，所有海外中国人都应反对这样的团体，粉碎心怀不轨的势力，以及阻碍中国发展的"新汉奸"团伙，从而为中国社会和政治发展创造团结与和谐的氛围，为中国社会和政治改革创造必要的内外部良性环境。其实这也是中国共产党的追寻目标，符合民族性的理念，也适应中国社会和政治发展的基本趋势。

从现时政治状况可以看出，日本人的民族性理念在具体程序上采取多种类型的实现模式，具有鲜明的个性特征。集中体现在如下方面：一是民主化。通过政治事务的现实对立与利益协商，实现公民利益至上的施政目标。二是多元化。通过容许设立社会和政治团体，表达各自社会利益的诉求，从而实现社会生活和谐与利益均衡。三是"右翼化"。"右翼"团体的出现也是日本政治生活多元化特征的具体表现，这样的团体在其社会生活中存在政治和经济实力，具有较强的政治影响和社会作用，这也体现出日本人所具有民族性理念的现实。

在每年日本"8·15"投降日，部分日本前首相和现阁员及参众两院议员等，都前往靖国神社参拜，充分体现民族性理念的特征。过去，中国与周边（在太平洋战争中受到日本伤害）国家都提出抗议。但现在都已清楚，需要从抗议走向实际的应对。现在相关国家都很了解，对待日本这样的政治伎俩，唯一办法是铲除其社会中存在的民族性"土壤"。在目前国际政治格局中，中国和周边国家的抗议毫无实际意义。日本依靠的是美国势力，以及自身经济和技术水平，因而制约日本政治"右翼化"的措施，唯有从经济和科技层面来削减日本的社会影响与作用。

就目前国际政治格局来讲，依然要与美国保持必要联系，共同制约日本民族性的发展。对中国而言，关键要在经济和技术层面上实现超越，同时在文化层面上达成统合，从而抑制日本政治"右翼化"的倾向。在日本社会政策中，利益主导倾向表现得很严重；在日本政治生活中，充分考虑其国家和民族的现实利益；在日本国际事务处理中，表现得很狭隘。上述表现充分体现出日本的民族性理念，即以维护日本国家和民族利益为指导思想。针对日本的上述表现，中国政府应给予切实关注，从而能从中找到更为适宜的应对策略。

日本人的"反华邪性"

闲暇之时，会馆之友相约，会聚在咖啡厅。开始时，与陈君、杨君及娜君谈"南京大屠杀"问题。先由娜君谈起。她说，有日本人否定"南京大屠杀"，怀疑事件的真实性，并阐述日本人所谓的"疑点"：在毛泽东时代，没有与日本谈论"南京大屠杀"的事情，而且免除日本发动侵华战争的国家赔偿；现在也难以找到准确的记载，可以证明"南京大屠杀"的历史存在；当时南京市的人口只有二十五万，与现在所指"南京大屠杀"的死亡人数存在巨大差距。针对她所谈到日本人的论调，回答的要点：首先需要确认"南京大屠杀"历史暴行的真实存在，并且存在可靠的历史证据，毋庸置疑；东京国际法庭确认"南京大屠杀"的死亡人数为二十余万（没有包含民间处理的死亡人数）；存在中国和国际慈善机构掩埋死难者遗体的详细记录；现存大量当时情况的真实记录，比如《东史郎日记》和《拉贝日记》等，完全可以证实"南京大屠杀"的真实存在。因此，日本人提出的所谓"南京大屠杀是捏造谎言"不攻自破，在这一点上毫无疑问。

随后与陈君、杨君讨论日本民族性问题，存在如下共同的感受：在日本国民性中，严重的"反华邪性"已深层蕴藏在日本民族文化之中。在丰臣秀吉时代，日本就制订了进攻东亚大陆的军事计划，并妄图定都北京，基本上确立日本"大陆政策"的雏形；在明治维新时代，日本武士道精神与西方近代先进科技相结合，再次确立东亚侵略和殖民的"大陆政策"，不仅吞并琉球，而且还对中国台湾和朝鲜半岛用兵。需要特别指出，在对中国台湾用兵时，遭到中国军民的顽强抵抗，导致日本处于军事失败的边缘，但清政府却与日本签订赔偿五十万两白银的丧权辱国协议，从而扩大日本军事侵略中国的胃口。随后在朝鲜问题的解决上，日本对清政府采取强硬的政策，最终导致爆发中日黄海大战，战败之后中国被迫割地和赔款，日本实现吞并中国台湾的战略目标，以致殖民中国台湾达五十年，并强行要求清政府赔偿白银达两亿两。上述利得更进一步地刺激了日本侵略和殖民中国的欲望。日本还利用赔款发展教育，建设基础设施，开展科学研究，由此国势日趋强盛，出现历史上从未有过的辉煌：明治盛世，由此日本利欲心更为膨胀，促使吞并朝鲜半岛，并将侵略触角延伸到中国东北地区。

在东亚侵略和殖民过程中，日本还以最多军队人数参与八国联军的侵华战争，并首先攻入清政府户部，抢走白银达300余万两。当然这还只是预估的数字，可能窃掠的资财更为庞大。随着在中国用兵之后暴利的获取，日本社会逐渐地涌出一股"明流"，开始有计划地对中国东北地区用谋施策，于是出现"皇姑屯事件"，致使张作霖爆毙和"伪满洲国"建立，以及日本女人远嫁溥仪和溥杰，并向中国东北地区大规模地移民，此即后来所出现战后日本移民后代问题的前因。日本还在中国东北地区大修铁路，此即后来所称的"满铁"，并掠夺大量的资财，实行极端残暴的殖民统治。日本并不满足于占据中国东北地区，还发动"卢沟桥事变"，掀起全面侵华战争。

综观日本侵华的历史，深入分析与探究日本社会、历史与文化，可见日本怀有侵吞全中国的战略野心。不难发现，日本侵略和殖民中国的政策具有一贯性特征，并深刻地渗透在日本社会和文化之中，具体表现为日本民族性中浓烈的"反华邪性"。其实在传统日本文化中，具有强烈的"归化中华"意识。毕竟在漫长传统社会中，日本文化是中华文化的支流，处于东亚文化的边缘地位。日本人对这样的文化传统具有深刻的意识，但却萌生出文化叛逆的心态，此即其中的"反华邪性"及"去中国化"色彩，表现在社会政策上，就是延伸了丰臣秀吉时代以来的"大陆政策"思想。

在文化发展目标上，日本强调与中国是同文、同种，要实现"归化中华"，但却不愿沿袭历史上臣服或朝贡的方式，而采取叛逆中华文化的方式，企图以元清朝代为榜样，通过酷烈战争获取中国的政权，从而建立包括日本列岛和中华大地在内的"大日本帝国"，并且这样的心态至今依然深扎在日本社会和文化之中。但在现实国际社会中，日本难以采取侵华的军事手段，只能采取从清末以来就已使用、养成中国人反政府势力的惯常做法，通过激化中国内部不同政治派系之间的矛盾与斗争，妄图从中国政治分裂中获取现实的利益，由此逐步扩大日本对中国的渗透与影响，同时寻找现实发展中的各种机会，比如中国内部动乱、发展迟滞和外敌入侵等，以便再次实现"大陆政策"目标，并获取全中国的政权，从而达到"归化中华"的最终目标。

日本民族只注重实力，中国必须确立自身的实力与优势，才能对日本实施"归化"政策，反制日本所谓的"归化"策略。但日本文化长期存在"反华邪性"，会导致产生"归化"后的乱源，需要引起极大的关注，并且必须清晰认识到无论是在现存情势之中，还是"归化"中华之后，对中华文化发展而言，日本"反华邪性"都是具有威胁性的因素。因此在制定相关政策时，必须考虑日本存在的上述因素，并在战略层面上注重解决这样的"反华邪性"，从而长久地避免这样的因素对中华文化所存在深层的冲击。

"日本や"：对石原思想的观察

无论是贴上"亲华"的标签，还是呈现出"右翼"的癫狂，日本人均以自身利益为转移。声称"亲华"的福田康夫突然辞职，按照福田自己的话来讲正是时机。辞职时福田对记者说"我和你不一样"，成为了当时日本社会的流行语，体现出福田对日本媒体的强烈不满。在日本社会舆论中，新闻媒体居于重要的地位，政治人物不愿轻易地得罪媒体记者。福田却在辞职时如此对待记者，在日本社会政治中实属少见。但毕竟这样的事情发生了，外人难以清楚其中到底存在何种原因。但不可忽视的是，日本媒体曾经秉持与福田政府不同的立场，这给福田对华外交产生较大的影响。由上可见，福田对华外交出现困局，应该是其做出迅疾辞职的重要原因。

可能会产生疑问，中日外交关系在福田任上已出现明显的转机，甚至在奥运期间，日本"右翼"东京都知事石原慎太郎访问了中国，得到了北京市长的接见，并进行了相应级别的事务磋商，应该说已展开对话，表明中日关系在不计前嫌的基础上获取了发展。但有心人会发现石原慎太郎返日之后的反应：提出所谓的"日本衰运论"。若没有历史的既有成见，会感受到石原慎太郎所具有较强的民族危机感，也许这是日本人的共性。但凡认真阅过石原慎太郎先前发表的言论，就会清楚其所说深含现实的用意，不禁惊呼其"右翼"思想并无变化。只是时代不同了，中国发展了，遂由"中国威胁论"转化为"日本衰运论"。可能也是一种变化，但两者在出发点上存在差异：前者强调中国对日本的作用；后者强调日本将会出现的变化。只要有一点日语基础和日本文化知识，都会明白石原慎太郎在访华之后，再次更深层地感受到中国的"威胁"，并忧虑由此带给日本更为深刻的影响，预见日本社会的发展将面临巨大挑战，以致担忧日本会呈现衰退的命运。

石原慎太郎曾经著述语言犀利的《日本よ》，突出地反映出其狭隘民族主义思想，对华敌意表现得异常明显，而且对美国也存在强烈不满——这是日本"右翼"共有的思想特点。但日本"右翼"在对美国和中国的态度上却差异显著，即对美国刻意地隐瞒憎恶的感情色彩，极尽遮掩内心的情绪，毕竟日本需要美国强权提供的保护；对华态度则明显不同，日本会清楚地说出内心的不满与愤懑，甚至会为博取美国的"欢心"，出面制造中日事端，甘愿充当美国在东亚的"马前卒"。由上可见，日本的"衰运"并非才开始。

准确地来讲，应在二战结束时就已出现端倪，只不过现实却并非如此。日本借助朝鲜战争大肆地获益，不仅避免了在国际社会被进一步追究战争责任、对日本不法财富的追缴与清算，以及对日本战犯的严厉惩处，而且恢复了天皇制度至战前的社会状态，同时还在朝鲜战争和东亚国际事务中，通过后方支援美国的方式，获取后者巨大支持并大发战争财，为战后日本社会的再次复兴，积累了经济和技术上的基础，由此导致日本社会产生美化美国的思潮，同时激化日本的"反华邪性"。在中国社会和经济面临转型时，日本社会再次出现"中国威胁论"。由上可见，这样的论调与石原慎太郎访华之后提出的"日本衰运论"，都与日本"右翼"特别是石原慎太郎存在密切的关联，可谓"司马昭之心，路人皆知"。

"日本衰运论"与"中国威胁论"

作为政治人物，石原慎太郎充满争议，他的起家缘于文笔。当坐上东京都知事（相当于北京市长）座椅之后，还不时地出版政论与历史著述，发表其"右翼"的思想观点，从而确立"右翼"代表的地位。石原慎太郎曾经到北京参加奥运开幕式，时任北京市长依据外交礼节予以接见。北京市长与日本"右翼"会见，足以表明中国政治人物胸怀的宽广与博大，以及中国政治的宽容与远视。石原慎太郎前往北京的重要使命，是为东京争办 2016 年奥运会。石原慎太郎开始向以追求和平为目标的奥运会靠拢，值得褒奖，但是否真的洗心革面，开始悔悟侵略的历史，却犹未可知。

从中国返回东京之后，适逢日本战败日，石原慎太郎发表讲话，提出"日本衰运论"，充分体现出深藏在其内心深处的危机意识，以及"日本优越论"的失落表现。日本政治生活中经常会见到这样危机意识的现实表现，其实这是很多日本政治人物惯常采取的蛊惑人心做法。石原慎太郎也是如此，到北京之后应很有感触，此后或许还有更多高论发表。但可以肯定，其出发点是"日本优越论"。无论从哪方面审视，日本都不具备特别的优越。关键是战败投降之后，日本依附美国的军事和经济，通过中美在朝鲜对抗中获取新的发展基础，从而实现战后日本社会、经济和技术的飞跃发展。

从历史角度来讲，确实存在中日发展的背反关系，其中具有单向性特征：中国在走向落伍过程中，日本会趁势壮大并谋取最大利益。在近代化进程中，日本通过侵华战争，攫取大量的战争赔款，通过掠夺和占有中国难以计数的经济与文化资财。此外，日本还采取极端残暴的大屠杀措施，妄图通过暴力手段，对中国进行永久的奴役与豪夺。中美参与朝鲜战争，更为日本创造新的发展机遇，从而实现战后日本经济和技术的崛起。随着中国社会稳定和经济发展，日本日益感受到发展的压力，于是散布"中国威胁论"，并在政治、经济、文化和外交等层面上，形成对中国发展和崛起的"围堵"。

日本的力量虽然有限，但对中国发展而言，日本采取的措施却又很致命。

在上述方面，中国应有所思考与分析，要尽量做到心中有数，才会不至于让日本的阴谋得逞。实际上，上述伎俩并非日本力量的表现，且不说美军长驻日本的本土和琉球，即使美军撤出，日本也难以对中国有所作为，但要给予特别的关注。目前，日本已成为国际经济和科技中不可忽视的力量，经济产业已遍布全球。同时还应注意，日本大量青壮年被派遣到海外经营产业，从而造成其国内低端劳动者的缺乏，形成日本老龄社会的"虚像"。

日本的战略与决策就是通过大规模地扩大游学教育，从海外吸引青壮年游学生，从而满足其社会对低端人才的需求。因此2009年以来，日本实施每年招收三十万名游学生的政策，这样至少每年为其社会提供二十余万名合格的劳动力，其中自费游学生占多数。日本大学普遍收取高额学费，由此实现对来日游学生的控制，迫使游学生在来日两年左右开始在其社会服务，从而填充低端劳动力不足的问题。日本政府通过制定游学生的劳动限时制度等相关政策，保障打工游学生可以维持生计，即基本上维持求学与生活的费用。终期目标是游学生在日期间为其社会提供最优质的服务，并成为免费宣传日本文化的使者，这也是日本大量吸收外国游学生政策的实质。当游学生归国时，则将日本文化散布到世界各地，逐步形成亲日势力。同时有些优秀游学生凭借自身的学位和学历，谋取在本国的身份与地位，有的还获取为日本社会提供服务的机会。

在日本招收的游学生中，中国游学生占据最大数量，其中以自费游学生为主。日本借助这样的机会，采取扶植中国人反政府势力的做法，进行思想渗透和洗脑，目前这样的倾向很严重。日本还采取限定赴日游学资格的做法，大规模地接收低龄和高中阶段毕业生赴日学习。上述人群赴日之后，接受洗脑的可能性更大，而又都是"中日世代和平友好"名义下进行的。赴日之后，低龄游学生接受到的服务，在很大程度上是意识形态的洗礼；学成之后，世界观已发生深刻的发展与变化，甚至接受比如"小国更好"的思想观点，宣扬中国分裂。对中国低龄游学生而言，政治洗脑具有很大挑战，需要中国政府和驻外使领馆负责教育的官员警觉与重视，并切实将游学教育作为国民教育的重要组成部分，给予必要的设备、资金和智力支持，进行深入的调查、研究与分析，及时提出得力的应对措施。

概括地来讲，石原慎太郎提出的"日本衰运论"，其实是"日本优越论"和"中国威胁论"的另类表现形式，充分地体现出日本社会普遍存在的危机意识，并对日本社会政策带来现实性的影响与作用，需要给予特殊关注和深入分析。

"归化日本说"与"日本优越论"

日本选择的汉字及其用词很考究，可以说经过了多方的考虑。日语采用的汉字达四千余字，但有些用词的含义已出现显著的变化。而这样的变化正反映出日本人的特性及其某种态度，比如中华图腾的"龙"字，日文的写法显得极为怪异，含有明显的军国主义色彩；日本对外国移民采用"归化"词汇，也含有强烈的"日本中心"味道。可以这样说，上述都是"日本中心论"的表现形式。很多日本事物的命名与中华文化之间存在紧密的联系，而上述这样的联系却以"日本中心"为标准，体现出"日本主体"思想意识的表现形式。

步入近代以来，由于中国走向衰弱，日本遂采取各种途径，肆无忌惮地劫掠中华文化，甚至存在强烈的反华心态与意识，从而更加重日本文化的"反华邪性"。在分析与研究日本文化时，需要特别关注上述问题。集中表现在如下方面：一是推进日本文字改造措施。近代日本加大了文字改造的力度，更多地采用汉字的形式，但赋以特殊的含义，其中大量存在对中国和中华文化的贬抑，凸显日本及其文化的中心地位。二是实施"脱亚入欧"国策。其中对传统中华文化进行肆意地贬斥，比如改用西方节日的形式，摒弃长期沿用中国农历的传统做法，以及在社会现实生活中采用与中国相异的某些做法，刻意地拉大与中华文化之间的联系，凸显日本在东亚的核心地位。此外在文化层面上，还掠夺中华文化的内容，逐步地演变为日本文化的部分，并肆意地改变传统中华文化的内涵，从而削弱传统中华文化在日本的社会影响与作用。

　　日本称外国移民为"归化"，明显地体现出"日本中心"的意识，借以弱化包括中国在内的国家和地区，企图抬高日本的国际地位与文化影响，体现出日本的霸权心态，需要给予高度的警惕。"归化"一词充分体现出日本民族的心态。天皇称谓、太阳国旗和中国地名等，也都着意凸显"日本中心"地位，体现出"大日本"的梦想。另外"归化"还有可能造成外国移民被同化，以及对母国的叛逆，这样汉字的提法则对在日中国人具有更大的影响与作用，在很大程度上会增强对日本的归属感，从而造就出中国人反政府势力，严重影响到中国社会和政治的稳定与发展。

　　日本偏居海岛，民族自卑的成分占有很大的比重，但却以自大和自傲的扭曲形态呈现出来。上述这样的心态与日本文化中的神道教与武士道紧密结合，逐渐地形成近代以来日本凶暴的民族个性。"日本优越论"是近代以来日本民族鲜明个性的有力体现，难以在短时期内有所改观，因此依然将会以不同的表现形式和理论形态呈现出来，比如"中国威胁论"和"日本衰运论"。"归化日本说"也是日本上述这样民族性格的呈现形式。由上可知，日本军国主义意识与思想难以完全消散，需要包括中国在内的周边邻国给予必要的警惕，从而防止历史悲剧的重演。

日本社会和科研的制度设计

　　在东京游学，有机会观察日本社会的各种现象，分析与思考其社会制度的设计特征。其中存在重要的发现：日本人非常关注具有暴力倾向的电视剧和电子游戏。在有轨电车的站点，几乎都设有大型游戏和娱乐设施。从外面来看，游乐设施内基本上场场爆满，生意很火爆，不仅年轻的日本人喜欢在此娱乐与消遣，上了年纪的日本人也乐此不彼。联想到中国的现状，社会生活显然过于沉闷，关键是存在中西方的差异，并导致中国社会存在某些值得思考和重新审视的问题。归结起来，上述问题主要属于社会政策层面。中国已实施三十余年的对外开放政策，逐渐地步入社会和经济发展的快车道，成为世界发展的"发动机"，但内部开放却明显地落后于对外开放，同时外部对中国的开放也明显地落后于现实需要。

目前中国社会出现过分关注明星的现象，经常刨制明星的绯闻与逸事，新闻记者乐此不彼，网络世界追星成风，仿佛如此就是内部开放，其实都是对内部开放的误解。内部开放的目标应是促进社会的发展，并尽可能地抵消外部的影响。比如在新中国成立时，中国基本上消灭了色情妓院和赌博行业，但近些年来上述被视为腐朽的事物又潜滋暗长起来，并且还遭到外部同行业的冲击，这与对外开放的政策发展紧密关联。由于存在政策性制约，上述行业只能采取地下作业的形式存在，而且没有必要的安全保障和监督管理措施，不仅成为行政部门的"专政"对象，而且成为从业者身心疾病和社会痼疾的滋生场所。

另外，以行政为主导的社会文化对研究事业产生极大的负面影响，研究部门的正常活动遭到行政性因素的严重干扰，科研经费往往掌握在行政官员和高级"学阀"之手，严重干预学术事业的发展和年轻学术人才的成长。西方和日本社会在上述方面则存在明确的功能划分：

一是社会政策容许多元观念。多元观念往往是社会走向繁荣的重要标志。日本社会容许赌博和娼妓业存在，有利于冲抵外部同行业的严重冲击，有效地维护日本民族的经济和利益，但日本也采取政策性的措施加强管制，进行安全保障和监督管理的制度设计，并纳入专门职业的范畴，这是符合人性需求的做法。东京的新宿和涩谷是有名娼妓业的发达地域，涩谷以"少女援交"闻名。虽然上述行业并非合法，但却在日本社会长期存在，而且大多掌握在黑社会之手。而日本的黑社会也与其他西方国家的黑社会存在明显的差异，即其中少有反社会的行为，甚至有时还与"右翼"等社会组织合作，成为日本国家主义和民族主义性质的社会组织。由于日本的黑社会与"右翼"组织在观点上存在某些一致，因此在事关日本国家和民族利益问题时，两者存在强烈的合流趋向。

二是通过社会性的提供加强引导。西方和日本社会倾向于以市场为导向，建有大量社会性的服务设施，但服务费用很昂贵。以理发行业为例，地处东京较偏僻的武藏野，理发店铺牌价为成人1800日元、老人1600日元、学生1500日元、儿童900日元。这样的高价位与日本社会工资水平存在显著的关联，但也存在日本社会性政策的引导作用，因为大多数日本人更倾向就职于经济产业和科研领域，而非这样的低端服务行业。此外，日本社会还设置漫画和游戏行业等大量休闲与娱乐性场所。

三是通过社会推广塑造民族的精神特质。日本是以神道教和武士道为主要精神特征的国家，社会民众对上述方面也极为看重，由此形成传统的社会风习。日本建有大量的神道设施和武道馆舍，并将相关的内容融入书籍、游戏和漫画等传播介质，特别是在传播媒体中强化和灌输上述精神。比如在游戏CLUB中，就涉及宣传武士道的精神；在社会习俗和祭礼中，也渗透有上述的思想与意识。

四是提高对多元文化的社会包容度。日本社会包容多元的生活态度，这样社会现象的出现与日本社会观念的开放存在较大的关联。曾经见到这样的事例，说明日本女人在战争中对敌人可以成为英勇的战士，对日军也可以成为称心的"随军慰安妇"。这里存在历史实据：在美军进驻日本的本土之后，为了日本国家和民族利益，娼妓业在日本出现较大发展，有超过七万余日本女人成为美军慰安妇。因此在现实日本社会中，见到皮肤黝黑的年轻人也就不足为奇，因为驻日美军拥有大量的黑人士兵，这样的情形就是历史和现实的真切反映。当然，上述年轻人在日本社会中受到很大程度上的歧视，甚至有的会遭遇日本母亲的遗弃或杀害，但日本基本上包容这样社会现象的发展，因为这样的政策和行为符合其国家和民族利益。

从上述事例可以看出，日本社会在处理问题时，明显存在某种灵活性特征，其实这也吸取了近代中国社会转型发展的某些教训。清末鸦片盛行于中国社会，以林则徐为首的"禁烟派"采取激进的销烟措施，但激起以英国为代表的西方列强的抗议，由此引发鸦片战争。当然，战争的责任并非在于以林则徐为首的"禁烟派"，这应成为对此历史事件的判定，但日本却从中获取重要的启示，即采取变相的措施对抗西方列强的凛冽攻势，在西方列强处于绝对强势的情形下,通过软化策略化解面临的问题与矛盾,从而减轻日本社会遭受的空前压力,并获取现实的利益。在这种社会思维模式的指导下,近代日本对西方列强采取"开门迎寇"的策略,并借机通过维新走向强大,以致培植殖民思维,在东亚开展侵略和殖民活动。日本近代化的模式与过程促使其社会形成容纳多元的思维模式,现实日本社会日益呈现出明显的多元特征,但日本社会的发展却未出现混乱的迹象,而且保持井然的秩序。

现代日本社会已确立"科学技术立国"的理念。从某种程度上来讲,这样的理念已成为现代日本社会的核心理念,虽然只处于社会实践层面。毕竟从传统到现代发展进程中,日本始终坚持"八纮一宇"的社会理念,而这样的理念处于社会文化层面。后者具有思想、文化和哲学特征,前者则具有实践、行为和现实特征。当然,日本"科学技术立国"理念的含义并非仅仅是促进科学技术的发展,而且还包括以科学技术为基础发展的各种实业,即这样的理念是建立在实用主义的基础之上。

在世界诸国中,日本在科学技术发展方面日本已成为佼佼者,主要得益于其科研创新的制度设计。表面上来讲,日本人办事时显得很刻板,甚至缺乏人情,其实这是日本社会"精忠奉公"的文化传统。"精忠"就是思想上保持对日本传统宗教和文化的尊重,即对天皇制度的竭力维护,甚至在现代日本社会中演变成为对"日本型文化"的秉承与监守;"奉公"就是处理现实社会事务时尽力做到恪尽职守、兢兢业业,不懈怠、不慵懒、不贪腐,甚至包括不浪费、不迟疑、不脱离、不违纪等实质内涵。因此,日本科研制度设计也极为严格,制定了完善的科研管理制度,不存在行政干扰学术,以及行政人员和"学阀"控制科研经费的现象,在科研立项、研发过程和成果鉴定发表等方面显得有章可循、按部就班,从而营造出有利于学术科研发展的优良环境与社会氛围。

在行政和科研事务中,日本社会也很看重资格,但与中国在科研上出现的学阀至上现象存在差异,关键是日本已制定激发年轻人从事学术科研的管理制度,甚至鼓励年轻人在学术科研上脱颖而出。最为重要的是日本出版和发表环境很宽松,给予公平发表的机会,毕竟其社会存在多元共融的思想观念,当然这并非以牺牲质量和水平为代价。日本社会注重学术科研的质量与水平,制定了严格的质量要求和完善的发表制度。比如,日本大学院生在院内公开发表论文,就存在严格的规制措施,特别是明确规定必须有两位正教授的书面性评价,并要求教授承担学术鉴定的信誉责任。

在学术人员评价和科研队伍建设中,只看重学术科研能力,而不看重资历、学位、学历和职称等外在身份条件,这是很现实的评估态度,也是日本"学力社会"的重要特征。因此在日本研究机构中,存在很多本科学历的博导教授。而中国大学则唯学历是从,甚至无博士学位不能上讲堂,由此也不能获取博士生指导资格。日本还对博士生毕业流程和博士学位授予采取严格控制政策。在京都大学、东京大学和早稻田大学等著名大学中,很多攻读博士者难以获取学位,简历也只能以"博士课程修了"表达。但日本社会对这样的现状并无太多诧异,关键是除了研究性岗位,用人单位并不过分看重表面的光环,即在人事晋升或职称评定等方面,并不过分倚重身份条件,而重视学术成果质量和科研实际水平。同时在科研经费分配与利用上,日本也具有极高的效率。

日本社会机构和企业都很重视科研工作,不仅普遍地设有科研岗位,而且还专门划拨科研经费,通过项目招标或委托等方式提供科研资助。科研经费的使用管理也很严格,从而保障科研经费能真正使用到科研过程之中。而中国科研项目及经费管理则存在资源分配不公、权力寻租等问题,其中存在社会性的影响因素,比如发票管理过于松懈,虚假发票比较流行;消费税的收取方式较为原始和传统,特别是电子化监控程度亟待提高。在上述方面的管理上,日本已获取可资借鉴的经验。正是科研经费的规范管理,促使日本在科研方面获取较大程度上的发展优势,并成为当今世界上科学技术研究与应用的强国。

其实,上述表现存在共同的成因:日本社会和科研存在较为科学与合理的制度设计,并实现了较好的贯彻与执行,从而保持稳定和有序的发展状态,并在学术科研上具有较高的效率。因此中国可以在日本经验中,获取有益的启示与借鉴。

二 日本政治的现实性与艺术化

日本总给中国人复杂的内心感受，既是繁荣和富庶的象征，同时又是"右翼"与褊狭的天堂。日本"右翼"往往乘飞机前往钓鱼岛查看，或者着侵华旧军装在东京街头或靖国神社前列队游行，大喊军国主义的过时口号，竭力地为日本历史中的行尸走肉招魂。然而，日本政治却从战后美国的压力下走上既具有日本传统又彰显现代特色的发展道路，这不禁令人沉思：日本政治缘何如此？其实，上述问题的答案很简单，即日本政治出现日趋现实性与艺术化的发展。

战后日本政治充分地体现出为民取利的灵活原则。日本民族具有典型的岛国根性，考虑事情时以日本国家和民族利益为主，体现出眼光褊狭的显著特征。即使对他国经济或技术的援助，往往也带有强烈国家和民族利益追求的成分。没有利益的事情，如同往大海中扔钱，日本人绝不会考虑。再者，日本也不像中国这样存在"两岸"关系，以及"两岸"争夺国际空间等问题，因而缺少向外部世界扔钱的客观条件。

清算侵华与太平洋战争，是西方和东亚诸国制衡现实日本的重要历史绳索，但战后美国和中国等大国都相继放松了这样的缰绳，而任由日本政客自由发展。美国试图通过自由和民主等西方观念，实现改造日本社会的目标，让西方所谓的民主制度，在东亚的日本扎根、成长，以便形成对中国和朝鲜等国家的社会影响，同时造就更多制衡中国发展的东亚国家，这就为战后日本崛起提供了发展的良机，当然这也与日本政府的灵活策略存在紧密的关联。战后美国军事占领日本的本土以来，除了初期对日本进行民主制度改革之外，基本上是利用日本来对付中国，而不是对日本进行彻底的现代国家改造。

日本采取迎合美国的做法，除了赞同美军长期驻扎本土和琉球之外，还采取与中国相抗衡的政策。当然，日本也利用美国等西方国家灌输的自由和民主思想，发动民众经常抗议驻日美军有损日本长远利益的事情，比如抗议驻日美军的军机扰民，以及提出驻日美军转移军事设施等问题。上述抗议导致素有自由和民主之称的美国，面临需要解决的难题，于是在日美政府之间就造成可以商榷的外交问题，从而达到实现日本国家和民族利益的政治目标。

当然日本尚未获取战后的完全独立，美军还长驻日本的本土和琉球，对日本人来讲这是日本社会发展的巨大障碍，因此想方设法地缩小驻日美军的空间，同时推进日本社会制度改革，采取各种利民的政策，从而形成具有其本土特色的社会系统。上述社会系统的形成与日本民族性也存在紧密的关联。比如，日本采取神道与武道相结合的思想策略，保持其民族性的特征；采取政府与民间相结合的方式，建立保障民间意志表达和参与的政治机制，形成在东方国家传统的基础上嫁接西方民主制度的模式。

日本社会教育系统很发达，已逐步走出学校教育的狭义范畴，充分体现出大教育的含义。比如，实施社会教育、改革社会习俗、发达社会生活、完善社会组织、落实社会民主、丰富社会自由和充实社会政治等，上述这样的社会教育系统建构不仅促使日本逐步摆脱美国思想的控制，而且渐进恢复传统神道教与武士道思维在现实日本社会中的影响与作用，从而激发"右翼"组织及其势力的发展，形成对世界和平与安全的新威胁。

日本"右翼"组织及其势力不断地为历史翻案，参与现实政治生活，并影响社会政治的发展，出现在地方政权长期执政的状况，比如石原慎太郎长期担任东京都知事等。同时，日本"黑社会"与"右翼"势力相互结合，最大程度上地维护其国家和民族利益。日本"黑社会"并不像其他国家中的"黑社会"成为危害社会稳定的异己角色，而是与地方政权中具有执政地位的"右翼"势力相结合，成为日本对付美国、中国、俄罗斯和其他国家的重要工具，同时还参与现实政治生活，往往以社会暴力的形式，协助"右翼"达成政治目标，给美国、中国和俄罗斯等国家，以及日本政府，带来社会压力，维护日本国家和民族的利益。

由上可见，日本的政治建构并非杂乱无章，而是具有完善的社会职能，即坚持为民取利的灵活原则。日本政党政治也具有鲜明的特色，即采取多党政治制度，但长期以来却表现为自民党与民主党相争的政党制度。在两党相争的制度设计中，自民党又长期处于执政的地位，民主党很少能获取政权，形成日本政治相对稳定的结构，从而保证其社会和政治保持和谐与稳定的情势。日本政治组织很发达，并反映到政治生活中，影响两党执政的多党议政程序。日本多党议政也并非政治理念的简单宣示，而是关照其社会现实生活，并建立电视论辩制度和公民告发制度等监督机制，借以达到充分地反映社情民意的政治目标，体现出日本社会的民主成分。

综上所述，战后日本政治逐步走上现实性与艺术化的发展道路，充分地体现出其社会所秉承为民取利的灵活原则。无论是在日本国内的社会政治，还是涉及日本的外交和国际关系，上述这样的原则都体现得极为充分、具体，以至很多对日本政治有兴趣的人，都不禁发出如下这样的感叹：原来政治也可以如此灵活。

日本矛盾制衡的外交策略

日本是社会组织的集合体，所有的社会现象都是社会组织系统运作的结果。日本人注重利用社会组织活动表达某种诉求，无论这样的诉求是否符合社会规范与道德要求。表面上来讲，日本社会的秩序保持得很规范，但当涉及自身利益时，任何规范和道德约束都视而不见。对日本民族来讲，有时谈论高尚道德与信念尤显多余。当日本需要时，可能日本人更为畅谈。对西方民主、自由和人权，也表现出如此的模样。本质上来讲，日本并不关注西方民主、自由和人权，而更为注重科学技术。虽然民主、自由和人权是西方普世价值的重要组成部分，但日本认为科学技术与其根本利益密切关联，并具有实用的价值，日本"右翼"言行就是很好的明证。

日本的外交也是如此：在和平理念上，日本喊得比任何国家都响亮，"和平宪法"更是其外交的招牌，但实际上日本是否遵循了"和平宪法"的相关条款，只有"上帝"才知晓。美国人很精明，但有时也难以防备日本的软硬兼施。比如，美军驻日基地再三搬迁，最后缩到有限的据点，最大的基地是由美国单方交给日本管治的琉球，这是朝鲜战争之后美国送给日本的"礼物"，也是试验日本贪婪程度的试金石。日本当然应声而据，改琉球为冲绳，这样的交易对美日来讲相得益彰，即美国获取在琉球的永久基地，日本则获取梦寐以求的琉球管治权。但现时的情形已出现变化，日本要求缩减美国驻冲绳的兵力，并促使驻日美军基地逐步向关岛方向迁移。当然，战后在琉球问题上，史实可证美日之间存在某种交易。

战后国际社会出现东西方"两大"阵营，中国存在内地与台湾的分治现状，上述方面决定中美之间将长期存在意识形态上的矛盾与斗争。因此战后中美对抗难以避免，朝鲜战争只是提前了战后中美冲突。但对中美关系而言，朝鲜战争却具有深远的影响与作用，导致中美在战略、外交和安全乃至具体事务上，都存在实质性的对抗。当前国际局势日趋缓和，中美政府已确认相互"利益攸关方"的关系，并在20世纪70年代建立了外交关系，但只要把眼光放在全球事务，特别是美国确立的全球战略上来，就很清楚美国与中国之间存在的实质性对抗，日本正是美国在全球战略中制衡中国崛起的"棋子"，日美关系由过去的冲突演变成为战略伙伴，符合日本的战略利益。

战后日本在本质上并未发生任何变化，"大陆政策"仍是其不甘舍弃的战略与计划，日本对华策略与上述这样的政策存在紧密的关联。日美的某种默契正是基于相互利益上的共同点，而在更多情况下则是美国在利用日本。日本偏居东亚的海岛，战略与自身条件很不般配，除非日本采取非常规的手段，否则难以达到其战略目标。从上述角度来讲，日本在侵华战争中的所为也正是这样实质状况的反映。因此在当前国际环境和条件下，日本只能采取相对灵活的政策与措施，通过美国在东亚的势力存在维持其既有的国际地位。这样狐假虎威的做法也正映衬出日本在东亚和国际社会的势力现状，也决定日本只能采取矛盾制衡的策略，实现局部的战略目标。对华如此，对美亦如是。在20世纪70年代国际外交变局中，在中美建交之前，日本迅速与中国建交。日本这样的做法令美国无比尴尬，由此可见日本在中美之间扮演的特别角色，以及采取策略的实质。

日本在国际和东亚还惯常采取离间的策略。比如在中印和中韩之间，日本凭借雄厚经济和技术优势，频频施展伎俩与手段，同时在中非关系中也横插其中，试图削弱中国在非洲的影响力。但日本自身势力毕竟过于弱小，不能仅凭经济和技术就能操控国际社会与中国的相关事务，毕竟中国日益走向强盛，而且成为有影响的东亚大国。在这一点上日本难以企及，毕竟其发展已很有限。因此，日本采取浑水摸鱼的策略、灵活机动的战术，破坏中国的发展和崛起进程，利用外交制衡的手段从中渔利，竭力地削弱中国的国际影响力。由上可见，无论从文化还是现实政治角度来讲，日本都是中国发展和崛起的重要障碍因素，长远而言具有潜在和现实的巨大危害，而且存在日益发展的趋势。

三 日本产学研与社会结合的发展模式

在社会治理方面，日本注重社会大系统的模式设计，由此构建社会制度与秩序，坚持社会生产、文化教育和科学研究等方面都与社会大系统保持紧密的结合。产学研与社会相结合的模式就是显著的例证。日本特别强调产学研与社会的结合，秉持产业以市场为导向，注重社会需求调查与实践应用研究。

从文教层面来讲，注重学校教育与社会以及与社会教育的结合，强调社会的教育性作用，而并非单纯地强调文化潜移默化的影响，即日本注重文教机构工作的主动意识。在现代日本社会中，文教机构都开设不同类别的课程和讲座，举办各类研讨会议，以及具有教育性和感染性的项目活动，而并非单纯地采取主办文化展览等形式。非但如此，日本社会教育机构开展的诸项活动，都与现实社会保持紧密的结合，分析与研讨现实社会存在的矛盾与问题，而并非单纯地进行思想政治和政策规制等方面的贯彻与宣传。上述社会教育机构的项目活动也并非局限于教育的场所，还适时组织到企事业单位，以及其他具有教育意义的场所，施教方式保持灵活多样，涉及群体的范围也很广泛，比如针对社区居民、中小学生和家庭主妇，还有的则针对具有特殊需要的人群。

日本产业坚持以市场为导向，很少存在行政指令性的影响与作用因素，注重科学技术的研究与应用，同时特别注意对产业职工进行再培训，激发所有成员参与相关科学研究活动。以市场为导向的产业特征决定日本企业发展注重社会需求调查，强调实践研究与应用的效果。因此在日本产业组织中，特别关注产业生产与社会需求之间的关系，并进行相关科学研究活动。另外，日本在世界范围内推行海外研修生制度，基础就在于日本科学技术存在比较优势，而这样优势的获取与日本注重产学研结合，以及产学研与社会结合，存在紧密的联系。同时，以市场为导向确保了日本产业能获取足够的经济基础，可以持续开展相关领域的科学研究工作，并通过相应教育、培训、研修和见习等类型的活动，训练高层专业技能型人才。

　　日本上述这样的优势又通过市场机制推行到世界范围，此即日本所实施海外研修生制度的由来。但还有一点需要弄清楚，即日本设置这样的制度，并非真正地要培养和训练他国的人才，而是通过建立这项制度，达到自身的利益：宣扬日本科学技术的发达水平，在无形中推广日本的技术产品；通过大力开展技术研修等国际假象，引进廉价的海外青壮年劳动力，补充因老龄化呈现出的体力劳动者不足；由于上述这样制度的实施对象是成长中的学生群体及青壮年人群，年龄上都相对年轻，容易进行思想感化，可以轻易地形塑出适合日本国家利益和需要的外国公民；在实施上述这样的制度同时，还特别规定工作时间，保证海外劳动者的待遇与在日生活消费保持基本符合，实现日本资本剥削的目的；通过借助上述这样的制度，还可以增加劳动时间和克扣劳动报酬，剥削海外劳动者的劳动价值，甚至通过没收护照，以及另行征收额度高昂的房租、水电、电话和炊具租借等其他费用的方式，达到获利的目标。

　　另外，日本还通过扩大吸引海外游学生的形式，剥削海外人才的智力，即日本社会采用的短期雇用方式，让在日游学生从事相对低端的智力劳动和服务行业，而且也进行时间上的限制，从而促使服务报酬与大学收费及日常生活的费用保持基本持平。通过上述制度性的规定，基本上达到无偿地利用海外青壮年劳动力的策略目标，而海外游学生收获的则是在日本接受的教育机会与纸质文凭。

无论是实施海外研修生制度，还是扩大海外游学生制度，日本能顺利实施的重要原因，就在于其科学技术水平处于世界领先的位置，而这又与日本制定"科学技术立国"的社会发展策略存在紧密的关联。核心的社会性政策就是实施产学研与社会相结合的发展模式，坚持产业发展以市场为导向，注重文教发展与社会需求及实践的交互适应。

日本生态型城市建设

从生态角度来讲，日本是环境优美的生态型国家，其城市建设具有明显的生态性特征。在城市规划设计中，日本考虑了维护优良城市生态的问题，充分体现出其城市建设与发展中的生态环保理念。城市发展与生态维护之间存在共生的关系，这样的关系不容剥离。

东京城市建设考虑了市民生活和城市发展的需要，具有鲜明的生态型特征：一是考虑到地震多发。在东京城市建设中，除了中心地带建有高层建筑之外，大多建筑是不超过两层的居民楼房，而且都充分考虑到抗震的需要。二是东京城市布局属于平铺型结构，确保居民不至于过度集中。东京城市的建设面显得很大，相对城市中心区而言，市民居住地呈现为分散的状态，但通过便捷的轨道交通，将城市运行协调起来。在进行城市规划时，东京城市建设也充分考虑了分区的功能，将城市中心地带建为办公地域，城市边缘则为生活地域，中间环节则是轨道交通。三是城市与农村交错，蔬菜和瓜果等生活必需品大多在地域内获取满足与解决。因此，东京难以见到运输蔬菜和瓜果的车辆，日常时蔬由社区农业种植园解决，相比而言价格比超市略低。社区从事农业种植的人将收获的时蔬放在菜地旁边的售卖点，并预备储钱箱，把时蔬和瓜果包捆好，并写好单位价格，购者只需将钱自行放入箱内，然后拿走购买的时蔬，完全是自行销售与购买过程，让人感受到被充分信任的感觉。四是城市与林业相结合。东京城市周边建有欣赏林木与花卉种植基地，不仅可以满足当地居民购买林木和花卉的需求，而且还对地域绿化和空气净化起到重要的作用。东京处处花卉盛开,四季都有绿树和花草,为城市增添无限的生机,也显得极为宜居。

中国城市建设则功能过于集中,没有为广大市民的生活环境提供必要的预留地域,市民生活环境显得较差,城市及其边缘地域之间的交通联络工具也较为低效,仍然主要依靠公路交通系统。因此就中国而言,借鉴东京城市建设的经验显得很必要:一是要做好城市规划。城市功能规划对城市发展具有重要的宏观协调作用,同时也是疏通城市系统运行的重要措施。二是城市功能地域需要呈现分散化的发展态势,即城市功能地域不能过于集中,宜于呈现出分散化的状态,这有利于满足不同地域市民的需要,从而保障广大市民应享有的各项权利。三是城市轨道交通应优先发展,从而实现沟通城市及其边缘地域,满足城市发展的高效率和便利需求。四是保持高度城乡结合,实现城市居民需要的生活时蔬能够自给,满足广大市民基本生活的需求。五是城市建设应给林业预备用地,以满足绿化、林木和花卉等种植的需要,便于改善城市居住的生活环境,从而保障城市生态实现必要的均衡。六是要落实城市运行便捷化的措施,实现科学技术的生活化,便利广大市民衣食住行等基本生活的需求。

由上所述,建设生态型城市是极为复杂的系统工程,涉及城市建设的各种事项,既需要进行宏观规划,也需要进行政策引导。但关键是要做到以人为本、树立民心、为民服务、予民方便。上述是中国城市建设需要特别关注的重要问题。

另外,中国在建设生态型城市的过程中,目前尚需处理好利益与民本、部门与整体、本本与实践、行政与民意、战略与决策、城市与农林、短期与长远、传统与创新、劳动型产业与技术型产业,以及持续发展与人事改革等"十大"现实关系。

日本确有可能建有"地下城"

通常所见,可能并非日本的全部,地下极可能还有同样的日本,即日本可能存在庞大的"地下城"。而日本"地下城"到底像什么样未曾可知，或许连本土的日本人也不得而知。但不能说它并不存在，应该说确有可能存在。到过日本的人，都惊叹日本轨道电车的便利，而在很多城市的中心地带，电车"下潜"的深度何止三十米，至少也应在五十米以下。在乘坐时或许会惊叹，并归结为日本轨道电车系统的发达，以及日本经济繁荣和技术先进。由上猜测，地上有个日本，地下可能依然存在另外的日本。军事爱好者可能会想知道日本原子武库的状况。在东京访学期间，有位韩国游学生声称，日本拥有五十余贮存核武原料的地点，拥有核武报复的强大能力。不管是否为真实的存在，但可以明确日本拥有巨大的地下核物质贮藏，或许存在公开的贮藏点，或许存在特别隐蔽的贮藏点，甚至连驻日美军也难以知晓。虽然美军在日长驻，但对高度绝密的工作，日本人做得极为缜密。

由此可以推测，日本"地下城"规模可能异常庞大，或许存在轨道电车的连通。这是具有部分事实性的推测，而非毫无根据的假设。这是日本在历史纷争特别是侵华战争和太平洋战争时期逐步完成的。世人周知二战时期德国的地堡，但并不知晓在侵华战争和太平洋战争时期的日本"地下城"。原因表现在如下方面：一是日本的本土并非为联军最终攻取，而是日本选择自动投降——天皇发布"玉音放送"，因此其本土免受战争的破坏。二是战后联军对日本本土的军事巡查做得很不彻底，除了美军地面占领之外，日本的军事设施基本上处于完好的状态，而"地下城"也得以幸存，为现代日本的军事建设所利用，并融入日本庞大轨道电车系统的建设。三是日本"地下城"建设大多数是在侵华战争和太平洋战争时期完成的，依靠大量其他国家的资源和人力实现的，而参与建设的外国人最终也只能藏秘"阴曹地府"，难以将建设的真相现形世界，因此导致日本"地下城"成为绝密。即便如此，在现代经济和社会发展之际，日本也并未停止"地下城"建设，而且逐步地由单纯的军事设施转变为军民两用的设施，从而出现众多地下的建筑设施，包括众多轨道电车的站点和线路，众多深藏在地下的商场，以及处在绝密状态下的核物质贮藏设施。日本"地下城"的利用还远不止上述方面，甚至连日本人也难以完全知晓，美军只知其一而不知其二，其他国家的人则一知半解，对日本毫无知晓的更只能杂谈。日本真实的"地下城"对局外人而言可能不会完全知晓，或许存在众多的秘密等待世人最终破解。

然而，日本"地下城"绝非世界之谜，而是现实存在的绝密事件。当世界发生骤变之时，日本可能会重新发挥上述设施的功能，而其他人或国家只注意到日本地上的繁荣，却无法窥视日本的地下区域，遭受打击甚至失败也就存在很大可能。而遭受上述风险，最大的是东亚与美国。日本若与美国进行终期决战，只依靠驻扎日本的本土力量，可能显得力不从心，但也不排除美国会呈现分裂的情形。由上可见，日美最终决战的历史景观可能将会发生，但在目前情势下日本要想与美军进行决胜，不占据东亚国家的人力与资源，难以获取胜利的结局。因此，当日本做出决胜美国的政策之前，肯定首先会重拾原有的"大陆政策"，实施对朝鲜半岛的吞并和对中国的侵略，甚至包括对东南亚诸国的掠夺。或许到那时，日本地下城将重新发挥其固有的军事功能，而上述一切都是在长期处在隐蔽状态下继续完善与运行的结果，因此亟须包括中美在内的国家及时预防，从而做到有备无患、防患于未然。

日本电子"废品"的循环利用

在东京游学的闲暇，偶尔打开电视，适巧播放日本回收企业经营的专题节目，看完之后感触颇深。日本回收国外电子"废品"，包括电脑、手机、电视和其他相关设备，来源地主要是中国。随着目前中国经济和社会的发展，电子产品的淘汰速度日益加速，但上述"废品"存有富含稀有金属的物件，在世界原料市场上的价格昂贵。若任凭低价流入海外，肯定会造成财富的外流。毕竟，中国人以较高价位购买上述电子产品，然后很快再以低价位淘汰向日本，而日本另行加工之后，仍以高价返销中国，这将是所有中国人都不愿见到的情形。

上述体现的是"废品"循环利用问题。按照发展经济学的术语，就是循环经济的问题。电子"废品"回收之后，日本人通常采取如下方式进行处理：一是选择零件相互配置，组装"古本"电子产品。日本的"古本"市场很发达，"古本"电脑充斥东京城区的小微市场，很多则以相对合适的价格，重新回流海外，从而赚取相对高昂的装配利润。二是拆卸金属配件，开展同类产品的维修业务。维修业务大多在海外拓展，形式则以日本投资的方式，聘请海外电子技术人员，赚取相对高额的利润，而且节约运回日本的成本。三是运回日本之后，拆卸提取金属物质。日本从海外回收而难以就地利用的电子废品，也包括日本国内产生的电子"废品"，统一运至相关回收和处理电子"废品"的企业，再次进行细致的分类，采用先进的技术处理手段，从电子"废品"中提取稀有金属物质，并进入电子产品的制造环节，从而实现循环利用的目标。

从节目内容可以看出，日本回收和处理电子"废品"企业的利润很可观。在当前国际稀有金属价格相对高昂的时期，中国大批电子"废品"流入日本，让人感到很沮丧，看来中国已到最该强调循环经济的时候。但只提倡依然不够，还要采取切实有效的措施，特别是要从社会大系统角度出发，筹谋和规划相关具体的政策与措施，包括电子"废品"的分类与回收，拓展"废品"回收和处理的渠道，以及扶持电子"废品"回收企业的发展等，这已成为迫切需要解决的重要问题。因此需要特别强调，要实现循环利用与发展，现在就应从关注电子"废品"的回收和处理开始，采取有效措施，大力扶持相关"废品"回收和处理企业的发展与壮大，从而推动中国企业、经济和社会的循环与科学发展。

恶心的日本人

日本作家高桥敷撰写过《丑陋的日本人》，揭示日本人的不雅面；中国台湾作家柏杨出版过《丑陋的中国人》，阐释中国的"酱缸"文化。柏杨现在已作古西行，"丑陋的中国人"再无人重提。在日游学期间，并未发现日本人的丑陋处，但却深切感受到日本人的恶心面。

日本"毒饺子"事件：日本媒体炒作"毒饺子"事件已过去很长时间，中日两国的相关部门对事件的刑侦工作也在持续进行，同时也达成基本的合意：放弃争议、继续侦察，力求尽快解决"毒饺子"问题。在北京奥运会闪亮登场时，日本报纸多次在显著位置刊登"毒饺子"事件，并指认中国河北饺子工厂造成饺子产品中毒事件，意图放大事件的社会影响，将世界目光吸引并关注到北京奥运食品安全问题，从而打击中国农产品及相关服务产品，同时对北京奥运会造成某些负面的影响，表明日本人普遍存在对中国发展的嫉妒心态，以及深层"大陆政策"的思维意识。日本人重提所谓"毒饺子"事件，日本首相福田也在前往中国参加北京奥运会时重提上述问题，体现出日本政治的基本策略，即在舆论上施加对中国的压力。可是中国并非朝鲜，日本妄图通过炒作"拉致"事件，控制朝鲜核问题的解决步伐，但日本不可能凭借"毒饺子"问题影响中国的发展，反而只能让人感到日本人很恶心。

日本"军机赴华"事件：在四川汶川抗震时，日本人可谓"表现非凡"。当然，这也是中国政府借此提升中日关系的政治意图，中国人民从这一现象中也感受到日本人"友好"，这件事情应可以更进一步促进中日民众之间的相互理解。但随后日本媒体却故意炒作日本军机运输救灾物资赴华的事件，导致中国民意中的反日情绪反弹。其后日本人又采取新的伎俩，即出现回访日本军舰装载救灾物资到中国湛江，同时提出福田在参加北京奥运会开幕式时将乘坐军机赴华。这件事情本来并不能反映什么，军机与民机只是词语上的区别，军机若无军事用途与民机也无区别，但日本媒体借此进行炒作，仿佛这才体现出日本的优越。对中国政府来讲，允许日本这样做，体现出中国的博大与开放。日本媒体炒作则充分展现日本人的嫉妒心理和狭隘心态，足以让人感到日本人很恶心。

日本"原爆纪念"事件：日本人对美国在广岛和长崎"原爆"记忆犹新，每逢是日都举办纪念活动，借此提醒其国民不忘遭受美国"原子弹侵害"的历史。但令人费解的是，日本人却已忘"南京大屠杀"事件，甚至出现"南京大屠杀"是杜撰的声音。然而，日本人对美国为结束太平洋战争而使用原子弹的事件，却丝毫无法忘记，不仅给予受害者司法申诉的权力，而且日本媒体还经常发布"原爆"受害者的胜诉报道。但却很少见到中国和周边国家受害民众在日本胜诉的结局,因此日本人的健忘存在选择性。在日本尚未澄清对华侵略的真相之前,其实中国政府没必要派员参加这样的纪念活动,中国民众也不应赞成政府采取这样的步骤。毕竟"原爆"发生具有正义的性质,历史上是太平洋战争结束之前的绝响。日本政府和社会在对待中日受害者的态度上存在显著的差异,对受害者的相关申诉采取迥然不同的政策,而且司法解释也难以说通:无非中国受害者的申诉时限已失效,但为何日本受害者的申诉时限却永远有效?这样的非常态逻辑实在令人感到恶心。

由上可见,某些日本人的恶心依然存在民族性原则,这与日本社会和政治态度高度一致。由此可获如下分析结论:中日永久和平是虚幻的,中国政府应将真相告诉民众,特别是战争受害者,并要依据形势的发展与变化,及时的调整对日政策。

日本侵华反华的策略及对中国的危害

在日本侵华过程中,难以数计的资源与财富落入列岛,最显见的是精神层面上的文化资源,比如古董、艺术品与图书;最难以辨别的则是物质层面上的金融资源,比如黄金、白银和货币。查阅资料时,无意中见到一份资料,记述战时日本将六千余吨中国的黄金运至列岛。但由于战后中国爆发国共内战,美国占领日本列岛,以及此后采取敌视中国的政策,运到列岛的中国黄金并未归还,反而成为战后日本复兴的储备基金,促使其迅速建立日元国际货币体系。明治维新以来,日本在侵华中尝到甜头,掠夺中国的物资与财富成为其"反华邪性"发展的推动力量。比如,侵略中国台湾之后,索取五百万两白银作为军事补偿,从而获取日本侵华最初的"第一桶金";参与"八国联军"进攻北京,首先占领清政府户部,劫掠至少三百万两白银,以及其他经济资源,并获取战争的赔款。二战之后日本又施展伎俩,获取中国政府放弃国家赔偿的承诺。上述历史事实导致现今日本社会还并未彻底清算侵华战争的罪行，依然充斥"反华邪性"，日本"右翼"组织及其势力还很猖獗，甚至否定"南京大屠杀"的历史存在。因此对中国来讲，日本这样充满邪恶文化心态的民族与国家，实在令人深恶痛绝。

在和平时期，只要中国稍微放松管制，日本就会获取很大现实利益，"东海油气田协议"让日本又感受到明治维新以来没有过的滋味。但现在已并非清末中国，任何让步都已深思熟虑，这也符合中国的大战略。毕竟在现阶段，中国需要和平建设的发展环境，希冀周边长期处于靖宁和稳定的状态，但并非如同清末中国软弱可欺，而是一种策略。在关键问题上，中国绝不可以向日本让步与妥协。在东海油气田谈判中，中国鲜明提出"主权在中方"，明确告诉日本不要染指主权问题，但可以容许日本在投入资金情况下实行"共同开发"，就如同中国境内现存的中日合资企业。但这里存在特殊性，中国政府可以采取某些特殊的处置措施，从而确保中国利益不会遭受侵害。日本所谓的"中间线"是冷战思维的产物，也是明治维新以来日本思维方式的延续与发展，原因是战后日本并未清算发动战争的罪行，没有彻底反省侵华战争，反而是中国放弃国家赔偿，以致现今中国受害者依然难以获取应有的民事赔偿，同时还纵容日本社会再次出现好战分子——"右翼"，甚至再次垂涎中国的物质与精神财富。

明治维新以来，日本以豢养中国反政府势力为能事，这样的习惯已延续至今，比如支持、资助"邪教"和所谓"民主派"，日本"右翼"反华势力与中国人反政府势力相互勾结，导致中国政局时常出现不稳定。日本政府正是利用这样的不稳定，胁迫中国政府做出某些让步，从而签署有利于日本的相关协议，最终获取其所企求的现实利益。然而中国反政府势力自以为代表了中国社会的发展趋势，竭力地依附于日本政府及其相关反华组织，干着危害中国稳定和长远利益的勾当。在信息化发展日益加速的时代，这样反政府势力的把戏已不能蒙住中国民众的眼睛，更不能混淆中国民众的判断，当然中国民众也不会只看伪善言辞而跟随，因此，日本的阴暗策略在现时期已不能起到过去所能起到的作用。当然，日本民族的狭隘性导致其经常会采取卑鄙的对华手段，虽然已使用多年。或许过去日本已获取现实效益，但时代已发生巨大的发展与变化,现今中国人反政府势力只能成为日本为达成反华制华目标挟持的工具,在中国社会已无吸引力,并不能对中国民众产生现实性的社会影响与作用。

日本NHK电视台的"避讳"

在北京奥运会场中,五星红旗几十次在雄壮国歌声中冉冉升起。为配合北京奥运会,中国特意加长各国国歌的演奏时间,表达举办和参与北京奥运会的中国热情。在上述过程中,多次出现中国队与日本队之间的决胜,但每当中国队获胜之后,日本电视台就刻意回避中国国旗升起和国歌唱响的激动场景,基本上忽略颁奖的镜头,似乎这已成为日本媒体的职业习惯。

在中日女排对决中,在中国队领先、日本队基本无望的情形下,日本NHK电视台甚至中途放弃直播,改播"归化"韩国人的战争走访实录。其实这是日本人心理的微妙变化。难道中国会为"中日世代和平友好"而另择国歌和国旗?绝对不会。具有革命传统的歌曲和象征意义的国旗,已融入中华民族的历史记忆与时代潮流,改变将意味着对历史的背叛和对现实的无知。在中国走向崛起的路途中,日本还会坚持回避中国的国歌和国旗多久?东京若申办成功奥运会,日本又该如何应对中国的国歌在列岛会场雄壮唱响、五星红旗在东京上空迎风招展?或许在申办之前,石原慎太郎就应考虑清楚这样的重要问题。

上述事情深刻地反映出日本人心理状态,特别是对侵略历史采取的消极回避态度,而并非正视历史,更不愿正视中国即将崛起的现实。石原慎太郎为申办东京2016年奥运会,不惜暂时停歇对中国的"右翼"叫嚣,前往北京参加奥运会开幕式,其间还大唱赞歌。但其内心到底在想什么?回到东京出席记者会时,石原慎太郎发表谈话,提出"日本衰运论",由此可以窥测些许。不懂中日关系和历史的人,对石原慎太郎这样的思想观点,会认为在评论日本的发展,其实内含的意思是对中国走向崛起的担忧,即由过去倡导

"中国威胁论"，转变为现在提出"日本衰运论"。这样的危机意识在日本社会并非首次出现，其实这是日本政客吸引民众眼球采取的通常方式，内核依然是"日本优越论"。

无论是"日本衰运论"，还是"中国威胁论"，都是日本侵华和"二战"时期军国主义思维的时代变异，也是"右翼"思想观点的现实反映。世界和时代都出现了历史性的发展与变化，日本"右翼"已难以凭借激烈的言论煽起日本民众的情绪，而石原慎太郎这样的谈话却是"右翼"思想观点的时代发展，即运用危机意识，以便唤起日本人狭隘的民族意识。在这样思想观点的指引下，军国主义在日本会有复活的可能，这并非杞人忧天的"虚幻遐想"，而是富有真切感的"政治地图"。

在明治以来的日本文化中，存在强烈的"反华邪性"与"反华情结"，可以归结为"日本型文化"。传统日本文化的本土性集中以武士道为特征、以神道教为纽带、以天皇制度为机制，形成文化与社会之间的紧密联系。明治维新前后，本土性特征日益凸显，呈现出"本土化"、"去中国化"和"西方化"的显著特征，出现了"日本型文化"的基本形态。战后，"日本型文化"并未清除，而在美国纵容下甚至还获取延续与发展，并在现实日本社会中展现出反华制华的思想、意识、观点与行为，体现出浓烈的"反华邪性"，日本"右翼"组织及其势力甚至利用其社会民众的上述文化心态，煽动激进的民族情绪。

随着中国加速发展与崛起，日本社会感受到巨大的心理压力。"中国威胁论"和"日本衰运论"等社会思想，也正是日本民族心态的真实反映。但中国的发展与崛起步伐不会因此而停顿，而且会不断地加快，虽然日本在千方百计地阻止与破坏，包括在国际上"围堵"中国的发展与崛起。日本的作为只是"螳螂挡车"和自不量力，难以改变中国发展与崛起的大趋势。但同时中国也不能小觑日本反华制华和"围堵"作为。新中国成立以来，中国政府畅谈"中日世代和平友好"，这样的提法只是虚幻和妄想。中日社会发展中存在诸多真实的事例，不时地做出提醒与告诫。作为外交辞令，这样的提法尚可以接受；若作为行为的指针，会对中国民众产生社会性的影响与作用，导致对中国的发展与崛起产生诸多不利，因此长远来讲不利于中华民族的存在、延续与发展。

从历史角度来讲，丰臣秀吉时代开始，日本逐步地确立"大陆政策"思想。上述这样的政策思想已存在好几百年，并成为日本传统文化的重要内容，现今依然是日本文化和媒体宣传的重要点，即日本并未抛弃"大陆政策"思想。很多人被日本遵循"和平宪法"和"中日永不再战"承诺所欺骗，其实日本自卫队现已远超建立之初秉持的自卫原则，并已走向世界军事的舞台，其科技程度也存在威胁世界和平的意味，可见日本并未停止执行传统的"大陆政策"，而且日本社会还不时地提起日本所发动侵华战争和太平洋战争的"辉煌"历史。比如，日本学者依然对伪"满洲"开发和"日韩合并"兴味十足，日本媒体对歪曲中国更情有独钟，肆意地挑拨中国与西方世界，以及周边国家之间社会各领域关系的发展，甚至挑拨中国与其他发展中国家之间的矛盾，并在世界各地与中国进行利益的争夺。由上可见，日本是中国安全与发展的最大威胁，并具有长期性、历史性和文化性特征。

从文化角度来讲，"日本型文化"的"反华邪性"已根深蒂固，以致从语言文字到社会习俗对中华文化都经历尊崇与鄙夷的复杂过程。在上述变迁过程中，伴随"大陆政策"的成长，日本文化发生着深刻的发展与变化，从而形塑出具有反华制华特色的"日本型文化"。其实这与近百年来中国衰运存在紧密的关联，也与日本对华侵略获取的暴利紧密相连。当然这样的强盗行为并非近百年才发生，实际上明代就已存在，中国史书中所常称为的"倭寇"。日本"大陆政策"形成已久，并非近百年才出现，只不过中国的衰运给日本提供绝好的表现机会，但却给中华民族的延续与发展带来从未经历过的巨大灾难。这样的灾难记忆不应抹杀，需要深刻反省并从历史经历中吸取教训，而并非一味采取容忍和宽容的绥靖政策，即不应把"中日世代和平友好"——这样一厢情愿的对日政策，灌输给普通的中国民众，相反应对日本采取必要的防备与反制措施，当然包括民族心理上的预备。在现代日本社会中，"反华邪性"表现得极为显著。日本利用中国社会生活和交通等物价低廉，以及日本经济勃兴和在华产业获利的机会，对中国采取系列侦测与卑鄙策略，包括培植中国人反政府势力，以便实施"以华制华"的策略，以及扰乱中国政局的稳定与发展，从而达成"浑水摸鱼"的战略与策略目标，获取在华最大的国家和民族利益。

从日本"毒饺子"问题到日本"毒饺子"事件

对日本而言，"毒饺子"问题是司空见惯的伎俩，只是中国尚未洞悉其中的本质和关键，因此中国政府和社会仍然紧随日本政府、社会和媒体而步趋，把事情看得很严重。其实日本人并非如此，毕竟其更清楚问题的奥秘。有时把话说清楚，会让人莫名感受到查无实证的窘境，中国对日本的上述伎俩，只要做到心领神会，就可以适时止息。

日本"毒饺子"问题发生在北京奥运会前夕，这种事情的发生对中国而言绝对不是时候，但对日本而言却是蓄意和精心的策略安排。居家邻里之间有时会顾及脸面，比如适逢邻家偶有喜事，也不可以将鸡鸭稻米等日常琐事搬弄出来。若出现上述这样的事情，肯定存在邻里不和，或早已内生芥蒂，因而刻意地抖落出来，以扫邻家的脸面。国家之间又何尝非此？日本"毒饺子"问题就是属于上述这样的类型。日本媒体是其国家意向的指示标，适时地区影射出日本政府和社会所深藏的复杂心态，当然也存在日本文化因素的社会影响与作用。毕竟在现代日本社会中，"反华邪性"很盛行，以致反华制华的思想、观念意识和行为已成时尚，这与"日本型文化"的存在、延续和发展存在极为紧密的联系。从上述方面而言，日本"毒饺子"问题具有深刻的文化和社会基础。

就食品安全而言，日本"毒饺子"问题的出现并非偶然。现代日本社会也存在过期销售、产地错讹和质量欺诈等问题，世界各国食品安全问题在日本也是社会中的常态，而并非轰动日本社会的新闻事件。但日本"毒饺子"问题通过其新闻媒体刻意地炮制了出来，并在日本社会形成前所未有的声讨浪潮，出现全民性抗击中国制造食品的社会运动。这样明显针对中国制造产品的社会事件,在日本并非首次发生,中国也没必要感到特别的意外与震惊。即使存在中国制造饺子质量问题,其实也只是食品安全个案,并非中国制造食品都存在质量安全问题的标志。因为中国制造食品依然要求符合质量安全标准,特别是售往海外的商品。中国是礼仪之邦,惯常在国际上展现最好的一面,商业上也是如此,故而销往海外的商品质量会略高于国内销售的商品质量,以致这样的做法遭到中国社会的诟病。这与日本存在显著的差异:后者通常把最优质的产品保留给日本人,将较为次劣的商品售往海外,特别是发展中国家,毕竟与日本相比,发展中国家在技术层面上依然存在某些差距。

针对日本社会炒作的"毒饺子"问题,并无必要进行过多的苛责,但日本社会的低劣行事方式让中国社会感到很难堪。若存在上述问题,解决即可,其实不必兴师动众地渲染,更不应形成社会性的运动,并妄图对中国施加国际性的影响与压力。日本适时地提出上述这样的问题,并把问题界定为事件,本身就体现出存在特别的意图。由上可见,日本"毒饺子"问题并非简单的食品质量安全问题,而是蓄意策划国际性的新闻事件,根由在于日本社会所存在浓烈的"反华邪性",外显的是充溢反华制华的社会情绪,表达的则是反华制华的思想、意识、观点与行为。

中国要对日本"毒饺子"问题的来龙去脉进行理性观察与分析:一是问题的发生地在日本,首先必须给予明确。二是问题出现在北京奥运会前夕,虽然可能存在时间上的巧合,但日本将问题提升为中日之间社会性事件的高度,仍让人感到匪夷所思。三是事件为日本媒体所为,经日本政府和社会渲染而成,甚至时任首相福田康夫扬言,要在北京奥运会开幕式之际,当面与中国领导人商谈。四是问题出现之后,日本政府、社会和媒体毫无分歧地将问题的发源地锁定在中国,并进行大范围地宣传和染指,甚至声称主角是中国河北饺子企业,这样的臆测混淆了舆论的视线。在尚未调查清楚之前,存在这样的可能:日本"毒饺子"问题的发源地在日本,或运输中存在纰漏,或销售时出现意外,甚至不排除存在故意的作为,毕竟问题的发生正处于北京奥运会召开之际。中国也不必臆测问题发生的缘起,但从刑侦角度来讲可能需要给予斟酌，而不应在未获取调查结论之前，武断地做出问题的发源地在中国，以及责任在中国及其食品企业的浅薄论断。由上可见，由日本"毒饺子"问题转化为社会性事件，完全是由日本政府、社会和媒体合力所造成的结果。

当然也并不是说中国食品企业肯定不存在任何问题，但存在问题就解决问题，而并非要转化为社会性事件。即使问题出在中国食品企业，也应通过正常的途径来解决，并非要上升为社会性事件。何况在问题尚未搞清楚之前，更不应武断地认定问题的起源地在中国，甚至确定责任在中国及其食品企业，因为这实在是极端不负责任的做法。

但在问题上升为社会性事件之后，又出现另外的关键问题：日本为何抓住中国食品企业不放，而且还以肯定的语气进行判定？中日之间已就"毒饺子"问题展开联合调查，但难以澄清问题的真相，难点依然在"毒饺子"问题的定性和解决路径上。日本早已将问题上升至国际政治层面，声言要通过外交途径予以解决，中国则强调首先要查清问题的真相，然后依据国际贸易惯例来解决，而不应上升至国际政治层面。在北京奥运会前夕，日本就"毒饺子"问题不断地扩大事态，无论是日本政府还是日本社会和媒体都不愿迅地即平息，并坚持以外交之争来解决问题，甚至力求采取与炮制朝鲜绑架问题相同的手法，从而达成制衡中国的策略目标，日本的用意何其险恶！

日本"毒饺子"问题出现之后，陆续出现了其他的事情，甚至逐步地形成由日本"毒饺子"问题转化为日本"毒饺子"事件，并把事件的发生再次定位于中国，妄图借此改变之前中国民众的舆论方向。但也不排除日本采取这样的做法，激发中国的民愤，从而获取中国人民对日本的理解与支持。其实这也是分化中国政府与民间舆情的做法，借以消化前段时期日本"毒饺子"问题的舆论劣势，并尽可能地再次将"毒饺子"问题上升到国际舆论层面。但显而易见，日本"毒饺子"问题不可能出现如此大的间隔，除非使用非常的手段，而这样的手段就是将日本"毒饺子"问题的起源地转移到中国，通过视野的转换而造成中国食品企业生产"毒饺子"的假象，借以打击中国食品行业的发展步伐，并给予北京奥运食品安全以现实性的压力。随后中国警方在中国抓获携带中国制农药的日本记者，虽然感到很蹊跷，但更增添解决"毒饺子"问题的复杂程度。

目前的问题是中日联合调查该从何处入手？首先要弄清楚事件的发生对中日两国来讲在性质层面上是否存在异同，比如产品出厂时间的差异、货品流通的详细过程，特别是货品经由的营销企业、饺子"中毒人"群状况，以及分析问题出现的前因后果，从而真正地揭开问题的真相。但日本为何紧抓"毒饺子"问题，并提升到社会性事件的高度？其实目的很明显，但如何揭穿日本由"毒饺子"问题引发的事件真相，仍需中日刑侦部门共同努力，特别是要运用特别的智慧与手段，从而搞清楚问题的来龙去脉。"毒饺子"问题由产品质量安全上升至中日外交层面，事件的出现并非偶然，而是日本妄图利用国际舆论，制衡中国社会和经济发展的重要步骤与措施，因此中国应充满自信，迎接这样的挑战，并采取必要的应对措施，力求达成"以其人之道，还治其人"的效果，必要时可以给予日本惩罚性的措施，从而避免日后再次发生类似的事件。

从日本"毒饺子"问题到日本害"毒饺子"事件的转换，反映出国际上解决问题的复杂程度，但这也有利于中国政府和人民深思中日关系的实质及其发展趋势，以及在"中日世代和平友好"政策的荫蔽下日本社会存在的反华暗流。中国政府和人民应主动和积极地维护中国的国家与民族利益，并对反华制华的思想、意识、观点与行为采取必要的非常措施，从而有效地制止类似事件的再次发生。根绝事件的发生还难以做到，但可以采取适当措施予以防止，从而维护中国政府、企业和人民的根本利益。综合上述，中国在处理"毒饺子"问题过程中，应吸取经验与教训，或许这是日本"毒饺子"问题转换成日本"毒饺子"事件，给予中国政府、企业和人民的有益启示。

由美日改变奥运排名的方式说起

在北京奥运会上，中国奥运金牌榜的排名勇超美国，占据第 29 届世界奥运会金牌榜首席。但网络中却出现对奥运排名方式的特别议论：美国报刊、媒体改变惯常以金牌数量为标准的排名方式，改由获取金银铜牌奖牌总数为标准进行排名。更有甚者，美国某些报、刊媒体主张采用1906年以来金牌或奖牌总数为标准的排名方式，某些欧洲国家提出以欧盟为整体进行统计，这样就会出现美欧奖排榜对决的场景。日本奉行灵活原则，参照美国以奖牌总数为标准的排名方式。但从现状来讲，中英法等国家仍然采取以往以金牌数量为标准的排名方式。

北京奥运奖牌排名方式争议的起因，毫无疑问是由于中国在金牌数量上的巨大增幅。中国竞技体育的崛起已无可争辩，无论从金牌的数量还是奖牌的总数来讲，无不反映出中国竞技体育已达较高的水准。从北京奥运会上的表现来讲，明显地可以与美国比肩，甚至在某些项目上已经超越美国。但美国报刊、媒体执意找出奥运奖牌的排名说事，也体现出其在处理相关问题时的多重标准。

若再对美国报刊、媒体心态进行详细分析，这样的状况不仅体现在北京奥运排名问题，而且体现在其他相关问题，比如大学排名问题。追溯以往，美国等西方国家制定的大学排名往往成为标准，很多中国学者也大唱赞歌，其实这样的排名方式有利于西方国家的大学，标准则是维护西方国家的大学利益，包括经济利益和社会效益。从经济利益角度来讲，可以通过大学排名提升某些大学的知名度，从而吸纳优秀学生（包括游学生）和访问学者，甚至有助于承接国际研究项目。从社会效益角度来讲，大学的知名度获取提升，有利于大学占有更优质资源，包括社会舆论、公众视线和国际影响等软实力。多重标准的排名结果导致其他国家的大学，特别是发展中国家的大学，往往排除在排名之外，无形地降低国际影响力和竞争力，从而有效维护美国等西方国家大学的根本利益。

通过北京奥运排名方式的争议，可见美日等西方国家伪善和狡诈的本来面目。中国应对这样的国际现象给予深刻的剖析，揭示其中的本质内涵，从而有助于提升对其他相关事情的理解深度，认清诸多事情的内在本质和问题所在，以便做好自己的工作。同时，由此可以更好地排除某些外在因素的干扰，通过发展克服前进中的困难与障碍，并争取更大程度上的进步与发展。

反华制华策略：归日韩国人的事例

在国内曾经认为，中韩关系比过去有较大程度上的改善与发展，但来日之后才逐步明白，两国关系并非这么简单。首先是"学艺"韩国学生探讨"日本拥有五十余处核物质存放地"的发表，其后是北京奥运会圣火传递的韩国站冲突，都清晰地体现出韩国人的历史观。韩国人将端午节注册为韩国文化遗产的事情，在中国国内闹得沸沸扬扬，当然在其他文化遗产问题上也存在争端。在阅历韩国人的多次"作为"之后，不禁思考韩国人反华的由来。概括地来讲，大致可以总结为如下方面：一是在朝鲜战争时，中国人民志愿军的参战无疑是造成韩国人反华的重要根源，这是不可否认的历史事实。二是无论韩国还是日本，都曾经学习和借鉴中国的传统文化与制度，现代韩国人采取与日本相似的做法，竭力地分享中国悠久传统中的丰厚文化遗产，以利于谋取国际软实力和文化地位。三是韩国人曾经历过日本的殖民统治，侵华战争中还充当日本"走狗"的角色，正是这样的角色担当，培植出大批亲日势力，这批势力及其后代很多都没消除日本型文化的影响，误认为这是其祖先的历史光荣，也体现出浓烈的"反华邪性"，并与日本"大陆政策"思维相呼应，为日本军国主义思想的复归招魂，但中国却是日本军国主义思想复归的最大现实障碍。四是近三十余年来中国实施改革开放政策，并行将制定逐步扩大开放的战略，在社会发展上获取巨大的成就，于是韩国人也与日本人一样，感到发展面临着新的危机，而不像其他国家，将中国的发展看成机遇，因而伙同日本，竭力地阻止中国发展与复兴的步伐，阻挠中国崛起的大业。五是韩国人具有强烈的亲日传统，这是丰臣秀吉以来"日韩合并"思想影响的结果。韩国人虽然将倡导上述这样思想的人定为"韩奸"，但韩国社会却存在很多这样的"韩奸"。

当观看"归化"日本的韩国人走访实录之后，更坚定对上述感受的认同，并窥测出日本拉拢韩国人反华制华的策略。典型事例：日本 NHK 电视台在直播中日女排奥运会比赛时，在前两局中国队以 2∶0 暂时领先，第三局比分达 8∶5 的情形下，突然中断直播，并播放"归化"日本的韩国人走访实录。内容主要是太平洋战争中的日军战俘营管制着包括英奥等国家战俘的史实，主角是助纣为虐的韩国人。在走访实录节目中，韩国老人战时曾经在日军中担任俘虏关押所所长之类的职务，当然也是血腥的"屠夫"，并在东京审判中定为绞刑战犯。但朝鲜战争爆发之后，美国将他无罪释放，随后参与朝鲜战争。当然很多人都成为了战争的"炮灰"，但也有些人侥幸地存活下来，参与节目的几位老人就是其中的侥幸者。最为深刻的印象就是日本在利用"韩奸"，为其侵略和殖民的历史翻案，并企图在战后唤起日本对侵华战争和太平洋战争的历史记忆，以及美化日本军国主义的侵略历史，反映出日本军国主义和"右翼"组织及其势力的反人类本质，应是日本走向永久和平的障碍，也是对全世界爱好和平国家和民族的威胁。

　　日本曾经长期占据朝鲜半岛，很多韩国老人都会讲日语，因此在走访中韩国人也都以日语对话。节目通过韩国老人在日韩两地的走访实录，揭示的是对战殁者的哀思，更多的则是对战败的惋惜情绪。节目中的韩国老人走访了几位战友，或自然死亡，或在朝鲜战场上湮灭，还有投水自尽者。韩国老人探询其战友的遗族，参加遗族会，到作古者的战场遗址、墓头或自尽处祭拜。并与遗族座谈，言语大多对作古者进行辩护，细述战时的表现与功绩，表达惋惜和哀悼之意。走访实录还将太平洋战争与朝鲜战争相结合，将韩日相联系，主导的意涵很清楚，即为战殁者招魂。但节目内容做得很巧妙，通过"归化"韩国人的言行，表达这样的情绪。言谈中见不到对受害者的忏悔，只有对战败的忏悔，以及对战殁者的哀思。从节目中，可以看出为何现今仍有很多韩国人在竭力地亲近日本，主要还是受到这样思想观念的影响。战时韩国人参与和协助日本人的战争，包括参与对华的战争、在南京的屠杀事件，以及参与对东南亚诸国的战争。这位"归化"韩国人担任了英奥等盟军俘虏关押所所长的职务，并组织俘虏修筑战时铁路，节目中也出现了这样的镜头，并"引经据典"地进行了辩护，主要反驳战后东京审判庭的裁决，表明了无罪的立场。从节目内容还可以看出,韩国人不仅是太平洋战争的受害者,也是加害者,很多研究文献经常忽视这一点。

在日本殖民统治的特殊时代中,韩国人在日本的引诱和胁迫下参与了惨绝人寰的非正义战争。虽然史实在历史风尘中已远离视线,并逐步地遗洒在历史的角落,但却仍然存在遭受日本军国主义思想影响的某些韩国人心中。这些人确确实实就是"韩奸",还存在浓烈的反华思想等突出特点,并将近代与现代战争的记忆结合起来,不仅坚持日本军国主义思想,在特定时期之内不时利用各种场合与平台,为日本军国主义思想招魂,而且以此作为"阿Q"精神,作为对中国参与朝鲜战争,打击韩国军队记忆的现实回应。无论是在近代殖民战争中符合日本的殖民意志,还是在现代朝鲜战争中符合美国的东亚战略,韩国都是从属国的角色与地位。然而,上述"韩奸"却以参与日本在东亚的殖民战争而感到自豪,这样的小国思维在东亚具有普遍性特征,比如现代日本社会也存在上述这样的思维模式。

日本电视台从直播女排比赛,到中断直播转放上述节目,除了认为有必要将节目做出调整的因素之外,仍然存在其他问题,比如奥运会节目为何出现中断;中断之后又为何播出上述节目;为何选择韩国人作为主角;为何要否定东京审判的结果;日本人是否反省侵略和殖民战争;日本是否"永不再战";"中日世代和平友好"是否是伪命题;中国应如何做好相关宣传,如何看待韩国的历史责任;中国是否需要反省对日韩的外交政策,以及如何制定未来对日韩的外交政策?上述方面应引起中国政府和社会的关注。在当前走向崛起的路途中,中国奉行睦邻友好的对外政策,甚至在中国关切的领土主权问题上,也采取"搁置争议,共同开发"主张,但即便采取这样宽容和怀柔周边的交往政策,还出现诸多主权和领土冲突,其中存在深刻的国际战略环境和现实社会背景:一是在美国全球战略中的东亚战略。不久的将来,西太平洋地区将成为美国全球战略中的重点地域,由此导致美国更加注重东亚战略的重要地位与作用,因此会更为强调美国在西太平洋地域的战略利益,当然就会对美国在东亚存在潜在挑战的中国,存在戒心和警惕,以致必然会采取策略性的步骤,阻止中国的发展与崛起,甚至策划和支持损害中国利益的事件，以及采取制衡中国的政策与措施，比如实行"围堵"中国的策略。二是某些周边国家附和美国的东亚战略，采取反华制华的举措，包括营造反华制华的国际舆论和环境氛围，制造不利于中国主权、领土和利益的事端，比如中日钓鱼岛之争、中越菲南海主权之争，甚至由此引发渔民民事纠纷。其实上述事端的症结，就是周边国家希冀获取现实利益，包括主权、领土和资源，其中掺杂美国东亚战略的影响因素，日本、韩国、菲律宾和越南等国家表现得很明显。

上述事实也表明，和平的愿望并非一厢情愿就可以获取，必须具备足够的经济、社会和军事等综合国力，战争与和平是孪生姊妹，不可能永久确保和平目标的实现。比如在对待和平态度上，日本存在典型例证：在日本社会和文化中，和平只是手段或策略，以及战争循环发生的"暂停键"，而并非战争的"休止符"。在通常情形下，与日本达成的和平协议，只不过是"懦弱女人"，一旦日本感受到条件渐趋成熟，其发动战争的性情将会再次受到宗教文化和社会政治等因素的激发，这是列岛特定自然和社会条件下的发展趋势，在某种特定自然和社会氛围中，日本发动侵略的历史将有可能会再次重演。

现实世界需要和平的国际环境与氛围，但中国不应仅仅依凭和平的主观意愿。毕竟和平的获取必须依靠国家和民族的实力，而并非自然形成的国际状态。一味地依赖和平的社会环境与氛围，往往会遭遇发展的挫折，因为世界从来都不会出现绝对的和平状态，即和平也是相对的概念，并非呈现为永恒的状态。战争总会在合适时期内发生，这是绝对的客观规律。片面地否认战争——秉持这样的绝对性概念，就会不自然地坠入战争的深渊，近代中国就经历了这样的"活剧"。从上述角度来讲，中日和平也只是暂时的状态，"中日世代和平友好"只是虚幻和遐想的外交说辞与概念，违背和平与战争之间的客观规律，注定会给中国以发展中的误导，要慎重地认识到其中的致命问题。中国需要调整对日宽容和怀柔的绥靖政策，不能仅凭历史的陈迹，而要进行必要的改弦更张，特别是要正视现实日本社会的发展状况。在中日关系的新形势中，主动地迎接来自日本宗教文化和社会政治等方面的挑战，特别是"右翼"思想、意识、观点和行为的挑衅，而不能抹杀上述势力的存在，无限制地夸大中日之间的和平因素。日本"右翼"组织及其势力与日本普通民众之间存在紧密的联系，过度地夸大日本民众的和平意愿也是一种误读。简单的道理：没有日本民众的支持，就不会存在非正义战争，也不会产生"右翼"思想、意识、观点和行为的"土壤"环境，更不会导致战后还获取延续与发展。

在走访实录节目中，突出体现出这样的事实：日本在竭力否定东京裁判的定案，并试图推翻所有对日本侵略和殖民行径的历史判决，这已成为日本社会普遍存在的思潮。作为受害国的政府和民众，不应忽视这样思潮的存在，而应正视它的存在与影响，并制定相应的政策与措施，找到现实性的解决问题策略。从中国历史与现实出发，应及时地修订对日外交思维和政策，广泛地听取中国民众的正义呼声，采取必要的政府行为，维护中国公民在战争民事侵害追赔中的申诉权益，这也是新时代中国政府应承担的重要社会职责，否则不仅会助长日本军国主义的复活步伐，而且会对中国民众的感情造成不必要的伤害。深层上来讲，我国政府的漠视态度会造成自身与民众之间情感决裂的社会风险。目前中国政府应采取的步骤，集中体现在如下方面：一是采取适当政策，扶持中国内部国家主义和民族主义思想及其组织势力的存在与发展，比如可以引导"两岸三地"的"保钓"组织，逐步地发展成为中国社会中具有实力的"右翼"团体，通过民间力量反击日本"右翼"思想、意识、观点和行为的社会影响，切实维护中国的国家和民族利益。二是支持民众通过相关法律追究日本的侵华责任，比如对中国公民的战时伤害与战争责任，特别要强调维护中国受害者的人权和民权，利用西方民主机制维护中国民众的利益，借此还可以缓解西方对中国民主和人权的肆意指摘，必然会获取多重的社会成效。

韩国人的反华情结虽然与日本人存在某些相似的特征，但仍然存在某些区别，比如韩国与日本相比，韩国的文化根基更为薄弱，往往更深地依附他国。传统中的韩国文化依附中国，殖民地时又依附日本，现今则依附美国。但明治维新以来，"日本型文化"获取形成与发展，其中具有强烈的"反华邪性",表现为存在反华制华的思想、意识、观点与行为,相较而言对中国具有更大的危害。在近代走向中西交往之时,日本接受魏源的"师夷制夷"思想,而且参透其中的精髓,因此惯常会采取"以韩制韩"甚至"以中制中"的策略,基本的做法是扶植韩中的亲日势力,制衡韩中社会和政治等发展方向,从而在最大程度上达成有利于日本国家和民族的利益。同时,日本通过各种特别的途径,破坏中国经济和社会的发展,制造各种矛盾与纷争,提出反华制华的"右翼"思想观点,比如石原慎太郎提出"分裂中国论",麻生太郎提出"繁荣与自由之弧论",还存在"围堵中国论"、"中国威胁论"和"日本危机论"等。在参加北京奥运会开幕式之后,石原慎太郎又提出"日本衰运论"。日本社会出现反华制华的现象并非偶然,而是受到日本文化、社会和政治等因素的深刻影响与作用。因此,中国政府和人民应对上述现象给予充分的关注和重视,并需要提出相关的应对策略,从而避免上述这样的事态在国际社会中持续蔓延与发展。

附录

凭窗夜语录

撰述缘起

学术贵在发现与坚持。思考的火花可能转瞬即逝,及时记录与整理很有必要。从东京回国已半年,回想起在东京访学的成果,发现最大之一就是养成了记录思考的习惯。

回国之后还有一个重大的进步,就是耐得住寂寞的情绪。当年看见北大陈洪捷先生在著述中概述德国大学"寂寞"特征时,尚未完全明晰概念的具体含义,而当度过东京访学的历程,对笔者而言"寂寞"概念已具有感性的含义,即成为激发学术思维的重要机遇。其实在东京时,已开始思索回国之后学术思考的记述问题,当时考虑撰述"凭窗夜语"的文字,大致的范围包括对社会中各种现象的观察与思考。回国之后各种琐碎事情缠身,难以深度考虑启动的规划,以致拖延再三。时至"十一"(2009),乘全国大兴庆祝的时机,开始构思上述方面的东西,借以实现学术的承诺,也是对自己学术思考的记录过程。

在"常人"尚未成为"伟人"时,或许都要度过不平凡的人生经历,好像已成为常例。笔者并非"伟人",而且永远只是"常人",因此更难以享受"伟人"的人生待遇。因为习惯于"常人"的生活,也就不盲从"伟人",故而在笔者眼中,不存在对"伟人"的崇拜。但也不是说,不肯定世界中存在"伟人"。其实很欣赏"伟人",譬如爱因斯坦和毛泽东:前者是国外的著名科学家;后者是新中国的创建者。同时,还会理解"伟人",原子弹的爆炸并非爱因斯坦的错;"文化大革命"也不会抹杀毛泽东的丰功与伟绩。本是"常人",故而总说些"常人"的话语。或许琐碎,或许偏见,当然或许还有正义。但无论有用、没用,还是记录下来,这是"常人"的做法。俗话也说,好记性不如烂笔头,相信斯言真理性的存在。或许,这也是经历东京访学之后的感悟与收获。"凭窗夜语"正是这样的记录文字。

时光永在流逝,有时存在时不我待的感受。关键是年龄与健康的问题。从年龄来讲,已过"而立"之年,走在奔向"不惑"的路途之中。幼时一路读书,对诸多世事了解甚少,待到关注时,常有不解之惑,记录下这样的困惑,或许也是不错的解脱。从健康来讲,近些年来身体状况日下,有种岁月沧桑的感触,有时还有某些追时的意念,于是也就比之前更注重表达。"凭窗夜语"也正是这样表达的过程与结果。

上述表白权作缘起,或作序言,并作为最初撰述的意思表达。谨作《夜书感怀》,表达此刻心情:幽月孤灯台前恼,长夜难眠起笔豪。试问河汉明朝事,且将蛛丝马迹淘。

日本近代教育相关事件记述

1868 年明治天皇颁布"五条誓文",确立日本国家的发展愿景,标志由"锁国"转变为"开国",开始"文明开化"的发展历程,史称"明治维新"。此后,明治天皇不仅在精神上以神道教统御日本列岛上的人民,而且还在实像层面上实质性地掌握政权,日本开始由封建时代向资本主义时代变迁。"明治维新"之后,日本由中国的附属国演变成为在东亚的强国,并开展对东亚诸国的侵略与殖民活动;首先,吞并琉球王国,即现在的冲绳;之后,发动与中国及其周边国家所谓的"十五年战争",并采取"奇袭珍珠港"的军事,发动太平洋战争,这是第二次世界大战重要的组成部分。

日本由弱小变成强盛的国家,存在复杂和渐进的发展过程。从思想角度来讲,福泽谕吉无疑是明治日本具有代表性的重要人物。在东京游学期间,曾经翻阅《福泽谕吉全集》,其中的思想具有开创性的意义,犹如清末魏源著述的《海国图志》。当然,后者比前者要早很多年,而且还对前者产生过重要的影响。"明治维新"之后,日本社会思想进步还与"岩仓使节团"出使西方世界的事件存在极大的关联,这是当时日本杰出人物首次对西方世界的实际接触,回国之后撰成《美欧回览实纪》,其中特别关注西方资本主义的社会治理制度。

从教育角度来讲,1869年明治日本设置中小学教育调查科;1870年制定"中小学规则";1871年设置工学寮(相当于理工科大学),以及主管文化、科技和教育等社会领域的专门机构,即文部省;1872年参照西方模式制定"学制令";1877年东京大学宣布成立;1879年文部省颁布"教育令",1886年又颁布"学校令",揽括"帝国大学令"、"师范学校令"、"中等学校令"和"小学校令";1889年制定"大日本帝国宪法",标志日本进入"宪政"时代;1890年天皇颁布"教育敕语",将教育正式纳入军国主义的发展轨道。

在日本教育实现军国主义化的过程中,元田永孚和井上毅具有一定的代表性,前者显得保守,后者明显激进,并进行了一定程度上的对话与交锋,最终发生"二二六事件",包括高桥是清在内的内阁大臣多人被杀,标志日本走向军国主义的发展道路。1894年明治日本颁布"高等学校令";1899年颁布"实业学校令",修正"中等学校令";1900年修正"小学校令",颁布"实施细则";1903年颁布"专门学校令"。上述方面标志日本教育完全纳入规制化发展轨道,从而实现教育"军国化"与"规制化"并行的发展局面。

另外，森有礼对美国教育的观察，也对日本教育的发展产生了巨大的影响。森有礼在1886年任日本文部大臣，还与清末中国存在一定的联系，并与李鸿章进行过历史性的对话。

二 日本社会和政治情形的再分析

从外部世界观察，日本社会和政治生态充满"魑魅魍魉"的氛围，存在明显的新闻效应。在东京访学时，曾经将这样的特征概括为两种理论表达："虚实共生论"和"泥潭论"。访学归来之后，依然关注日本文化、社会和教育等方面的问题，自然也就难以脱离对日本政治生态的关注。综观2009年日本政治形势的发展，仍然完整地证实了这样的概括与总结。阅读报刊材料，其中12月23日《参考消息》刊登三则日本的相关信息。从日本政治现象报道来讲，可以进行如下的实质分析：

第一，日本执政党所存在中途换相可能与否的实质分析。对日本社会而言，2009年也是面临挑战的年份。具体表现在如下方面：其一，面临国际金融危机的冲击。源自美国的全球性金融危机，对日本经济存在较为巨大的影响，但也难以改变日本的国际经济实力，虽然存在中国经济总量追赶的现实可能。其二，存在中日经济的世界地位逆转。经历金融危机之后，虽然中国国内的就业和经济形势出现难以预测的后果，但凭借强大的刺激经济计划，迅速地由外向型为主向内部消费型经济为主的经济模式转变，并以大型基础建设为重点，特别是城际高速铁路和城市地铁交通建设的加速，在最大限度上拉动内部社会需求，从而刺激社会经济的增长，实现人均GDP四千美元，以及经济总量趋向世界的第二位，存在取代日本世界经济地位的可能。其三，发生日本内部形势的变化。日本政治出现新的变化，即长期执政的自民党下台，而民主党再次走向执政的舞台，虽然只是"能剧"的表演秀，并不会产生实质性的形势变化。上述方面也只是日本社会和政治的现象，并没有改变其社会和政治的本质特色，也就不会对其社会和政治的虚实产生实质性的影响。由上可见,《参考消息》有关日本民意危机或致民主党中途换相的信息,并不能反映日本社会和政治的实质性变化。无论是民主党总裁小泽一郎,还是首相鸠山由纪夫,甚至可以追溯到前首相麻生太郎,皆不可能改变日本社会和政治的实质特征。

第二,日美之间就基地搬迁问题所存在争执的实质分析。日美之间的现状是"二战"以来国际格局的延续,实质上存在占领与被占领的关系。但日美关系又存在特殊性的方面,这也是由战后国际形势发展导致的结果:首先,战后东西方阵营的出现与对峙,导致日本成为最大的得益者,重新获取了发展的机会。其次,战后中美之间在东亚的战略对抗也给日本以发展的现实空间,导致日本获取重大的政治与经济利益。最终的结果是日本获取琉球的管治权,并实现社会和经济的巨大发展,长期占据世界第二大经济体的地位。但上述这样的状况同时也加剧美国对日管治的需求,即美国妄图以国际形势的威胁入手,借助日本建立在东亚的霸权,而日本是美国实施东亚霸权战略的重要堡垒,据点就是位于日本列岛和琉球的基地。其实,这也体现出美国对付日本的手段:"虚实"以对。"虚"体现为给予日本治权地位,甚至超越日本领土的范围,转让琉球的管治权;"实"则建立长期性的军事基地,既控制日本主权发展,又确保东亚霸权地位。美国民主党上台执政之后,日本也出现民主党的内阁,这是顺从的表现。但现实性上来讲,又存在于"虚实"之间,出现对美关系的强硬姿态,其实这是日美之间很有趣味的政治生态,而日本只有选择俯首称臣的结局。由上可见,《参考消息》刊登日美关系日益重病缠身的信息,只是表达出其中的"虚像",并不反映日美关系的内在实质,这是由国际社会和政治现状决定的必然结局。

第三,中日历史共同研究所存在重大分歧的实质分析。日本侵华战争的"实像"尚未获取最终的揭示,这是日本社会对上述历史所存在"再造"的体现。其实日本历史也存在"再造"的过程。从文化发展角度来讲,日本文化是东亚文化的组成部分,但始终处于边缘的地位,因此日本文化并没有独立性的特征,长期以来成为中华文化的附庸,甚至可以说是中华文化的组成部分。但近代以来日本通过"明治维新"和"脱亚入欧",成功地实现了社会转型的过程，日本文化又成为了西方文化的附庸。由上可见，日本并没有形成独立的文化，而只是处于东西方之间附庸文化的地位。而日本对近代侵华战争"实像"的否认，正是上述这样文化特性的体现。中日关系在"虚实"之间，中国政府表现为"就虚避实"的状态，主要出于国际政治的考虑，即处理中美日"大三角"关系，当然也存在中国大陆与台湾地区之间关系的问题，但这势必也对清算日本侵华战争责任产生历史性和社会性的影响与作用。目前中日之间有关侵华战争的性质形成了初步的结论，这是对"实像"的揭示，但并非是实质性的揭示，比如日本所表达侵华战争的发生，原因在于受军部一部分势力的挑唆，由此发动和扩大了中日战争，这与中国的结论——有计划地侵华，相去甚远，其中渗透了强烈的"虚像"成分，即流于不确定性的限界，而并没有实质性的成分，更不用说存在定性与定量的成分。而作为侵华战争的实质分析，主要是看定性限界和定量成分。定性限界是揭示历史的真实，定量成分是揭示确切的数据，这才是研究和解决问题的关键。日本否定"南京大屠杀"的死亡人数，体现出"就虚避实"的态度，而并非实事求是的态度，数字范围从数万人到20万之间，也开创了模糊数学的先河，基本上采取了否定的态度，而并非历史研究的科学态度。中国有关30万人的数据并非简单的推断，而是通过对当时居住人口和俘虏人数进行严密统计获取的结论。但《参考消息》报道的研究结果，却采取"两论并记"的方式，从而"再造"了上述历史，充分地体现出日本否定侵华的危害程度与用心，这才是历史"实像"的体现，需要中国政府和人民给予切实的关注与警惕。

日本文化中的阴谋与复仇意识

日本文化存在典型的形态——武士道。物化的武士道是日本的樱花，由此导致日本人多崇拜樱花的形象，并赋予樱花以日本大和民族的气质与性情。而武士道的精神形式则体现为阴谋与复仇的意识。日本社会存在"虚实共生"的发展规律,并由此形成日本的社会制度与生活形态。在上述这样规律的运行中,表现为存在两种鲜明的社会意识——阴谋与复仇,其实这是武士道中最为突出的精神表现形式。

一是阴谋意识。大和民族具有鲜明的特性——岛国根性。这样的民族气质与精神对日本社会产生了深刻的影响与作用,从而决定了日本社会的运行机制和行为规则。无论是在维护日本的国内秩序,还是发展国际关系等方面,都充分地体现出上述这样的民族气质与精神,比如"对华邪性"的存在并非日本一时的政策取向,而是长久的气质与精神,即存在战略性和文化性的取向,需要给予必要的关注与应对。在上述这样气质与精神的鼓动下,日本社会存在强烈的对华阴谋意识,并由此产生系列的反华行为,而这样的行为已经作为日本国家、民族和社会的日常内容,这是存在持久威胁性的意识、状态与行为。

二是复仇意识。西方学者将日本文化归结为"耻感文化",其实这是一种文雅的表达,实质上是复仇意识的表述形式。日本"耻感文化"的外在表现是忠君和自杀等思想与行为,而对外部世界的其他国家、民族和公民而言,则表现为强烈的复仇意识,这是日本大和民族气质与精神的体现形式。复仇意识不仅表现在日本的国内社会,而且还表现在国际关系的处理方面,比如对华的历史情结。传统上日本处于中国的附庸和中华文化的边缘地位,存在于中华朝贡体系之中。虽然上述这样的状态对日本来讲曾经是传统文化的发展优势,但日本并不认同这样的结果,而是在文化上存在强烈的自卑感,发展到民族行为中产生了强烈的复仇行为。近代发达之后,日本采取的对华政策与措施就是鲜明的佐证,比如传统中国称日本为"倭",而近代日本则称中国为"支那"。若前者体现出世界认识上的时代局限,而后者则纯粹是思想意识上的复仇行为。再比如,近代以来日本对华侵略和殖民的政策与行为,其实这是日本对蒙元中国侵日战争的复仇行为。

在迈向现代发展的进程中,日本社会依然充斥上述的阴谋和复仇意识,并产生诸多的现实形态,比如提出"中国威胁论"、"围堵中国论"和"日本衰运论",并且打压中国的国际空间,采取政治上依赖西方、军事上"联美制中",合纵连横地处理国际关系的策略;在生态环保和商品质量等具体方面,采取系列的实际行动,甚至表现为国家、民族和公民层面上的全方位行为。日本更伙同美国导致琉球灭国,设置冲绳地方行政机构,这样的名称存在明显的反华意识。上述表现是对历史事实采取的特殊态度,具有浓烈的阴谋和复仇意识。日本这样的民族心态在国际社会的其他国家、民族和公民之中,难以找到类似的第二个例,其实也不可能找到这样特殊的个例,毕竟这是由日本大和民族的气质与精神所决定的结果,即日本武士道精神的表现形式。

中日关系戏剧性场景及其展望

中日关系是中国对外交往中最为特殊的事情,其中的历史纠葛与现实协调具有特殊的意味,在中日两国政府与民间、历史与现实之间,形成日益复杂的"组合拳",在各种交往中存在相互妥协与冲突的成分,但依然维持当前较为稳定的现实状态。其实,上述这样的稳定状态只是"旋转的螺旋",而一旦出现"外力中空",随时会出现停摆的结局。这样的外力就是国际之间存在的复杂关系,而且是基于利益上的战略存在。但在稳定中日关系的影响因素之中,存在文化上的联系,这样的联系是维系中日关系的特殊纽带,从而导致日本虽然"脱亚入欧",但还保持"东亚传统",甚至当前还处于东亚文化的中心地位,从而"维护"了中国对日本的"特殊关照",不仅在东亚护卫日本的存在,而且在国际共同维护东亚的利益,因此出现非常化的政治处理方式,比如中国主动地表明放弃日本发动侵华战争的国家赔偿。当然上述这样处理历史问题的方式导致出现不利于中国长远发展的现实问题,但着眼于东亚的稳定与发展,这样的举措依然存在战略性的意义。在历史与现实之间,中日关系出现诸多戏剧性的场景,体现出中日之间所存在特殊的关联,既包括地理因素的影响,又包括国际、社会和历史等因素的影响,因而可以认为受到综合因素的普遍影响。集中体现在如下方面:

一是中日之间文化的迁移。长期以来，东亚文化的中心在中国大陆，并以中国大陆为核心地带辐射四围，因而传统中国出现"中央之国"的社会思维和心态。中日之间的文化联系存在悠久的历史过程，唐代中国对日本列岛具有更为巨大的影响与作用。唐代中国的社会和文化制度传入日本列岛，把列岛中的诸多国家带入封建时代，并由此实现日本列岛的文化觉醒和制度发展，形成"日本型"的亚文化形态，从而奠基日本最初的民族特性。

二是中日之间历史的纠葛。长期以来，中国成为日本文化的输出国，但也造成日本民族产生自卑的心态，在内部形成"耻感文化"的类型，以及出现对外暴力文化的特性。当然，还有很多影响中日之间历史纠葛的因素，比如中日战争。由于长期以来中日之间存在"朝贡"制度，同时中国财物富庶，而古代日本除渔业和有限矿产资源之外，处于生产力并不发达的发展状态，而且处在东亚的边缘地带，因而那时中日爆发战争的概率并不很高。在多数情形下，只存在"倭寇"扰边的情形，以及出现蒙元中国忽必烈率军东征的历史。但蒙元东征战争非但没有解决"倭寇"扰边的问题，也没能彻底地制伏日本列岛。近代以来，日本成功地实现社会的转型，而中国则在半封建半殖民地状态中徘徊，于是日本开始了征服中国的历史，即发动侵华战争。

三是中日之间复杂关系的延续。由侵华战争发展到太平洋战争之后，日本面临美国、苏联、中国诸大国的社会和军事压力，最终在"二战"中败北。但随后世界格局出现新的发展与变化：首先是中国建立新的政权，以蒋介石为首的国民党政权退守台湾。随后是中美参与朝鲜战争，以及美国派遣舰队阻止中国大陆解放台湾。当然，其中存在战后日本的身影，比如参与美国为首的多国部队，并进驻朝鲜半岛，以及支持蒋介石反攻大陆的计划，随同美国援蒋并提供各种援助。通过多方介入针对朝鲜和中国的行动，日本从美国等西方国家获取诸的多实际利益，包括解除战后的限制性措施，比如保留天皇制度，获取琉球的管治权，以及加入西方"俱乐部"，从而实现战后日本的复兴与发展。

四是中日之间新关系的开辟。20世纪70年代之后，国际形势出现新的发展与变化，主要体现为美苏世界争霸和中苏关系恶化。美国决意要拉拢中国,并逐步地缓和了与中国的关系,进一步地离间中苏关系,因此筹划与中国建立新的关系,此即尼克松访华之前的国际背景。日本发现美国的对华政策行将变化之后,于是在中美关系恢复之前,建立中日之间新的关系,并获取中国放弃国家赔偿的承诺,可谓起到"一箭双雕"的成效。当然对中国来讲,这样的承诺遗留下诸多的历史问题,但中日新关系的开辟依然具有重要的历史意义。随着中国实施对外开放政策,中日经济和社会联系日益紧密,从而为中日关系的新发展创造了重要的条件。

五是中日之间新矛盾的出现。中国的社会发展对日本在东亚的中心地位造成较大的冲击,对中国而言这只是势力的回归,而对日本而言则是近代以来在东亚地位的逐步丧失。前者是历史发展的必然趋势,而后者则是"螳臂挡车",竭力地维持在东亚的中心地位。但在当前国际形势下,中日之间难以出现新的较大冲突,不仅因为中国的实力尚不强大,没有实现国家的完全统一,而且存在美国因素在东亚的制衡作用,不仅压制了日本的暴力冲动,而且对中国的发展产生迟滞性的影响与作用。在这样的情形之下,中日之间尚存在保持特殊关系的环境与基础,但不能排除会出现新的矛盾。其实中日关系中潜伏着很多不确定性的因素,包括日本社会存在浓烈的"反华邪性",并且出现"毒饺子"问题和民间索赔案件等处置,当然还包括日本对华间谍活动等问题。

六是中日之间关系新的表现。日本在自民党福田和麻生政权之后,又出现民主党鸠山政权,但日本社会的政治架构并没有出现明显的变化,天皇制度依然在精神和世俗层面上控制了日本社会和政治的发展方向,即天皇依然存在无上的权力,虽然处于隐性的状态。比如在意大利 G7 会议之后,日本前财务大臣离奇去世,就是很好的证明。其实在很大程度上,其死亡是天皇权力之下的表现形式,表明天皇制度依然是日本社会和政治的"实像",而政权的更迭只是日本社会和政治的"虚像"。在鸠山政权之后,中日关系出现诸多新的表现:习近平夫人率团前往日本,演出"木兰诗篇",并受到日本皇太子的接见;时任日本民主党干事长小泽一郎访问中国,并受到中国高层领导人的接见;时任中国国家副主席习近平访问日本,并会见日本天皇夫妇。上述方面的变化与互动都充分展现出东方外交的"大智慧",证明中日关系出现了新的表现。

由上可知,中日之间存在极为复杂的关系,具有多方面的影响因素,并对东亚的形势产生重大的影响与作用。可以这样说,中日关系是东亚社会和政治形势稳定的基础,不仅经历了"跌宕起伏"的过去,而且面临着机遇与挑战并存的现实,同时呈现出不稳定的未来。正如政治评论家所指出,中日关系的发展需要两国政治家表现出"大智慧"。当然,这样的"大智慧"决非表现为中国一味地绥靖与妥协,而应表现为理性的分析与思考,洞察和权衡历史、现实与未来的发展趋势,从而做出具有长远和战略眼光的政治决策。对中国而言,更为重要的是要掌握中日关系处理的主导权,这需要以社会、经济、军事和外交等领域的发展为后盾,并采取适当的决策措施,致力于达成战略性的目标,从而为中日关系的进一步发展指明正确的方向,并由此开创崭新的发展局面。

日本前财务相中川突然去世随想

日本财务相中川昭一突然去世,很令人震惊,以致在网络和报纸等新闻栏目中,充斥对其死讯的报道。其实对日本这名财务相很了解。在东京访学期间,他正是麻生时期的财务相。或许不太走运,在任时正赶上全球金融危机,波及日本金融界,造成日本经济和金融处于低迷的状态。而正是在这段时期,中国经济可谓一枝独秀,日本社会呈现出羡慕与嫉妒并存的状态,诋毁性的言论沉渣泛起,其实这不足为怪。比如,石原慎太郎提出"日本衰运论",以及田母神俊雄撰述的获奖论文"日本曾是侵略国家吗",军国主义的色彩都表现得很明显,这是需要注意的问题。

中川昭一给人最为深刻的印象,是在意大利G7会议期间呈现出的不雅神态。其实在意大利G7会议上,麻生太郎的状态也并不很好,甚至发言时读错汉字,以致成为日本和国际媒体的笑柄。中川昭一的表现更为差劲,在记者招待会上打起哈欠，表现出明显的醉意，以致答非所问，丢尽日本颜面。此后日本政坛震动，中川辞职、麻生下台，造成自民党竞选失败，最终实现由自民党到民主党执政的转变，此时传出中川昭一去世的信息。

媒体报道，中川昭一是正常死亡，但其中存在可疑成分：首先，中川正值中年，在日本政治家阵营中，年龄并不算大；其次，中川在任时，并未出现身体不适的报道；再次，中川下台，没有引起日本媒体的悬念。

由上可见，中川昭一的下台存在必然的因素。可以做出如下分析：一是中川为意大利G7会议上的不雅神态担责，而其中更深层的原因，是在会议期间所存在内部的纷争，可能发生在麻生与中川之间，当然还可能存在更复杂的背景因素，可以归结为日本政治家或政治组织之间的激烈冲突，这就可以解释麻生和中川在意大利G7会议上不寻常状态的原因。二是麻生太郎竞选失败，标志自民党执政暂时结束，麻生承担名义上的责任，但责任追究可能涉及中川的作为，中川的死亡极有可能是为自民党竞选失败而采取"殉葬"的措施。

中川昭一的死因存在多种解读：一是中川因病致死说。中川在担任财务相时，适逢全球金融危机，造成日本金融业出现严重问题，中川为防止金融危机波及而致病而亡。二是中川抑郁而死说。中川在意大利G7会议之后，遭到日本和国际媒体的恶评，辞职之后波及自民党竞选，最终抑郁而死。三是中川担责自杀说。由于在意大利G7会议上表现不佳，给日本国家声誉和自民党竞选造成现实性的损害，日本社会又盛行武士道精神，中川践行武士道精神，采取自杀行动，担负起责任。四是中川天皇赐死说。这样的说法存在文化上的根源。日本实行天皇制度，内阁成立之后都要经过天皇的任命，明治以来天皇成为日本国家实力和权威的象征。虽然战后名义上剥夺了日本天皇的权力，但恢复天皇制度之后，实质上恢复了日本天皇至高无上的权力。由于意大利G7会议上麻生和中川存在不雅的表现，麻生要为自民党担责并最终辞职，中川也要为日本的声誉担责。虽然中川随后辞职，但难以弥补其表现对日本国家声誉和自民党败选所带来的损失，因而中川可能由天皇赐死。中川死后的调查也只是在司法掩盖下蒙蔽日本人民和国际舆论的行为，突出地体现出日本社会的专制特色。五是中川党内谋杀说。或许存在另外的释读：中川之死与自民党的内部纷争存在紧密的关联，以致被自民党的内部人员谋杀而死。

概括地来讲，中川昭一之死存在诸多疑点，绝非正常疾病而是政治角力致死，其中隐秘的情形也只有日本内部信息可以提供确切的佐证。

日本医生在手术台上的报复行动

翻阅历史图籍和资料文献，有时会有重大的发现。检阅"名人之死"类别的文献，可谓存在多种来源渠道，比如历史图书、网络信息和报刊资料，发现其中存在的"秘密"。其实这也并非秘密，而是历史事实的存在，比如日本医生在手术台上报复中国抗战中的名人。当然这里指出的都是中国抗战中的名人，而没有谈到普通的中国人，毕竟普通人难以成为关注的对象，并非日本没有针对中国抗战中的普通人。

首先，汪精卫之死。只要稍微懂得历史，都会知道汪精卫其人。若问询汪精卫何许人，肯定大多会站出来，指认他是抗战中的亲日派代表。而正是这位亲日派代表，却死在日本人的手术室，看上去似乎有点感到意外。按照医学事故的解释，也就了结了此公的死因。其实汪精卫之死因只有日本人知晓。说明白一点，此公死在日本医生的手术刀上，死因是日本医生在手术台上报复性的谋杀行动。

其次，汤恩伯之死。提起这位军事人物，目前中国大陆学者已给予重新审视，逐步地公正评价其抗日的功绩，以及追随蒋介石的内战作为。现在汤恩伯是一位历史人物，应该用历史的眼光，评论其人生功过。但不可以忽视一点：他死于日本医生的手术台上。汤恩伯去台湾之后，蒋介石委派其前往日本主持事务，虽然处于所谓"台日友好"时期，但日本人依然心怀对抗日名人的仇恨，决定乘机在汤恩伯生病住院和信任日本人时，将其杀死在手术台上。当然，这也是日本医生在手术台上报复性谋杀案件。

再次，吴佩孚之死。他是有名的军阀，这是都清楚的历史事实。但或许都忽略了一点：他是著名的抗日人物。当然在抗日的间隙，还是对日本人存在信任和好感的人物。毕竟当时日本占据了中国人"倾慕"的高峰，无论从当时在东亚的国家实力，还是科技创新和发展水平来讲，日本都是中国人信任和好感的对象，而且日本从来都是具有"多面性"的民族。当然，要注意这里谈到的是日本大和民族的"多面性"，而不仅是日本人的"多面性"，即日本人灵活的处世原则。即使在"中日友好"时期，日本人报复中日间隙时期的行动也依然存在。当时吴佩孚生病之后，决定利用日本人的技术医治疾病，不想却让日本医生谋杀在手术台上。事情发生在中日战争的相持阶段，当时吴佩孚对日本还存在幻想。但只要是抗日过，日本人就会毫不留情地实施这样的谋杀行动。

至于有多少中国抗战中的名人，以及有多少中国抗战中的普通人死于日本人的谋杀（如比国歌《义勇军进行曲》词作者聂耳在日本泳池溺亡），依然是未知的数字。但存在这样的历史事实：上述抗日名人死于日本医生在手术台上的谋杀行动，这是历史性的事实推断，存在历史事实的根据。

当然，还有必要关注这样的事实存在：日本在中国资助创建"中日友好医院"的事情。中国实施改革开放政策之后，长期封闭的国门徐徐打开。日本人感到开发中国的资源以及获取利益的时期已经来临，决定大规模地到中国来经营事业。但中日战争心结未了，日本人在内心中依然存在诸多的顾虑。其实，当时某些中国人把来华日本人当成了神仙般的客人，因为中国人需要资金支持。报纸到现在还报道，火车为日本"客人"临时停靠站点；飞机为日本"客人"临时延迟飞行。但日本人依然很不信任中国人，确实这是事实的存在。于是，日本人决定资助创建"中日友好医院"，作为投资中国的重要内容，而且名正言顺地以"中日合作"的形式，以致现今"中日友好医院"矗立在北京三环路的北侧。

当然，中国向来关注别人的好，而非记仇的国家。当今很多中国人早已遗忘中日历史的过节儿，或许体现出中国的大国气度。但这样做，依然需要有一点原则性，至少不应忘记历史事实的存在。当然，这并非否定"中日友好医院"的存在，事实上这所医院对现在北京人甚至中国人来讲，依然具有救死扶伤的功绩，这是现实的事实存在。但必须考虑日本资助创办这所医院的另外现实目的：为在华日本人提供具有"爱心"的服务，而不让日本人，特别是存在侵华"前科"的日本人，也死于中国医生的手术台上。

或许有人觉得，这是"以小人之心度君子之腹"，但却不可否认存在上述的历史事实。忘记历史事实，绝对是一种悲哀；忘记历史事实存在的民族，绝对没有好的前途。因此，要呼唤中国的民族特性，转变中国政府和社会的对日策略与政策，关键是不要忘记日本社会所存在的浓烈的"反华邪性"与"多面性"特征。

建议举办在日中华文物回归故里展览

在东京访学期间，曾经前往日本国家博物馆，最受震撼的是其中的东洋馆，陈列的大多是历代中华民族的重要文物：上溯夏商之前、下追近现代的精品，可谓精美绝伦、流光溢彩。其中大多只注明文物的名称，来源于中华地域，而并没有具体的出土地点，特别是中华文物流入东瀛的过程，更简洁地声称为民间收藏的捐赠。其实，只要对历史存在些许常识，就很清楚文物到达日本列岛的过程。

目前追还流散海外文物工作难以取得实质进展，毕竟流散文物大多是绝世精品，况且通过非正常的渠道流散海外，而且已几经异手，很多文物已成为拍卖行中的玩物。上述的问题无形增加了追还的难度。由上可见，追还流散海外文物是一项系统工程，需要进行长期的战略规划和策略应对，而并非简单通过竞拍回购的手段，就可以达成回归的目标。随着拍卖行情的疯长，文物的拍价也会出现水涨船高的情形，而流散海外的文物难以计数，况且文物流散还在继续发展，因此采取竞拍方式难以真正实现文物回归的民族夙愿。

随着日本近代化的推进，日本文化逐步地由东亚文化的边缘转换成中心的地位，并形成"日本型文化"的特征。这样的文化虽难以形成自己创新的特色，但逐步地摆脱中华文化的"专尊"，引入西方近代的科技文化，当然包括西方的宗教文化。而在走向近代化和国力趋于强盛的过程中，日本逐步地走向东亚侵略和殖民的发展道路，由最初"征韩论"发展到构建"大东亚共荣圈"，侵华战争更是将日本民族性的残暴面发挥到极致的程度。而对中华文化而言，更经历了空前的浩劫，大批文物通过非法手段运往日本列岛，而且战后由于受到美国等西方国家的庇护，至今依然没有实现文物的追还。其实，当前中华文物积聚日本列岛，正是这样历史事实的反映。

改革开放之后，中国社会追索海外中华文物的工作启动。但说一句实在话，尚未存在战略规划和具体实施的策略，只有零星集团或个人通过竞拍回购的方式捐赠回国，这是需要进行必要检点的重要问题。其实，追还流散海外文物，不应只采取这样的途径或渠道，而应采取更为灵活的做法，特别是要采取依法追还和无偿回归等手段。当然，还可以通过其他渠道和途径，但绝不能单纯地依赖竞拍回购的方式，这是需要认识与理解的重要问题，否则流散海外文物将很难尽数回归中华故里。

在处理流散海外文物的过程中，还可以采取其他更为灵活的方式，比如力促文物短暂回归中华故里，进行中外博物馆之间的文物回归故里展览，以及编纂流散海外文物的大藏，从而在文化层面上弥补文物流散海外的缺憾，或许上述是当前处理流散海外文物的可行做法。上述做法是现代中国文化建设的组成部分，并在改革开放的国情中形成中华文化走向世界的现实效应。其实，上述做法只是"借鸡生蛋"的策略，即对现代中国的文化建设有利，而并非着力于竞拍回购流散海外的中华文物。

现在日本是中华文物的聚集地，堪称中华文化的博物馆。在走向近代化进程中，虽然日本社会逐渐地步入"脱亚入欧"政策，但中华文化的影响与作用却并没有断绝，而且绵延至今，以致成为中华文化的历史馆藏。这是迫切需要开发的丰富历史和文化资源，需要找到具有战略性和灵活性的文物保护办法，不断地发挥流散海外文物的利用价值，从而为现代中国的文化建设提供必要的助力，这是很有必要的事情。因此，建议力促中日博物馆之间合作开展在日中华文物回归故里展览之类的项目活动。当然也可以采取其他的途径和渠道，比如合作分析与探究中华文物的文化内涵，加强中华文化研究的国际合作与交流。上述做法也是弘扬与传播中华文化，以及增强中国软实力的做法，关键要是调整好中国社会的心态，并且在战略与策略等层面上采取更有力的步骤与措施，从而获取广泛的国际与社会效益。

持续开放战略的思维模式

在社会经济发展中，应在生产、收入、消费、福利和金融等领域中，确立系统和国际的战略思维，而不仅仅关注生产与外汇收入的多寡。从目前国际情势来讲，更应关注中国社会内部商品的质量与消费，即要采取扩大内部需求的发展战略。当然，福利和劳动等方面的发展也很重要，需要在战略层面上特别关注和保障国民的利益，从而达成国强民富的发展目标。美国金融危机昭示，国际社会和世界经济是紧密联系在一起的，因此在考虑中国社会和经济问题时，必须着眼于国际社会和经济的大环境，并把中国社会和经济的发展战略，建立在系统和国际的思维模式之上，而不仅仅局限于中国内部社会和经济的发展。

中国社会目前缺乏战略思维，没有建立系统和国际战略的思维模式。比如，西方国家大量地超低价进口中国商品，但依然采取更多措施，压低"中国制造"商品的价格，目的是把利益转至本国的居民，维护本国社会或集团的利益。中国获取发展所需要的外汇储备，但若储备过度将会产生另外的问题，即如何处理生产与消费之间的关系问题。中国人勒紧腰带生产，而没有足够的消费水平来适应这样的生产规模，只能生活在繁忙和贫困之中，而没有自己休闲的余暇。但当中国外汇储备达到一定程度时，国际社会和世界经济又经常出现新的问题，比如金融危机，造成外汇储备突然之间蒸发与缩水。由上可见，单纯地追求外汇储备，并非最佳的发展战略，而应将中国社会和经济发展建立在均衡状态的水平之上，并与国际社会和世界经济发展更为紧密地结合起来，以致产生共振的效果，这才是中国社会和经济发展的战略方向。

与世界其他国家相比，当前中国社会和经济的发展水平依然存在较大的差距。因此，急切需要大力地发展中国社会和经济水平，特别是要加大中国社会基础设施，以及社会服务和民生日用的体系建设，提升中国社会和公民生活的现代化水平，由此要求中国社会和经济的发展必须由单纯地依赖商品出口，转而关注提升内部社会和民生的发展水平，比如关注商品和服务的质量与供给，同时应采取诸多有效的步骤，不断地扩大高附加值商品的出口，并积极采取战略性的必要措施，保障这样出口战略的实施，这就需要确立系统和国际的战略思维。然而，最关键的具体步骤依然是要确立持续开放的思维模式，包括对内开放和对外开放，即对内开放要着眼于改善社会民生；对外开放则要着眼于开拓市场空间，两者相辅相成、不可或缺。

家国省思

　　通常会讲到有关国家的事情，然而从递进关系的角度而言，应是"家国"的提法。古籍中也是这样的阐述，"齐家"然后"治国"。因此，应容许"家国"这样思想和提法的存在。其实有一句歌词，对此有鲜明的表述："家是最小国，国是最大家。"当然，按照国际主义的观点，世界才是"最大家"；按照天文学家的观点，或许宇宙才是"最大家"。由上可见，最大家存在不同的释义。然而，站在现今诸国分立的角度，国家应成为"最大家"。但现在依然有必要对"家是最小国"给出适当的释义。

　　"家"是由成员所组成，最基本的"家"应由父母与子女组合而成。当然，现今开夫妻店的较多，形成诸多两口之"家"。无论如何，这依然只是从成员的角度，观察"家"的概念含义。应该说，"家是最小国"属于社会学的提法，关涉家与国之间微妙的联系。当把"家"——这个社会单位投放于社会当中，把"家"中的硬资产和软实力都看成是"家"诸多领域中的资本，"家"就具有了"国"的含义。比如，在人际关系方面。中国是特别注重人际关系的国家，这已成为中国文化的组成部分。人际关系有时表现为社会礼仪，成为社会规制，其实这已形成"国"之间所存在外交关系的含义。从上述意义角度来讲，"家"就是"国"，而且是"最小国"。

社会用语不会脱离概念含义的特殊限定，否则社会学难以确立概念牵涉的研究范畴，即社会学研究的概念都只是限定性的概念，而并非具有一成不变的概念含义，比如外交的概念。对"家"而言，外交在很大程度上表现为家庭成员与外界之间的接触与沟通，若达到以"家"的名义进行，就具有了"外交"的含义，即由人际关系发展到最基础的"外交"关系，具备了国家之间"外交"关系的最基本含义。从"家"这个社会学概念含义来讲，这样的社会现实也具有了"国"的含义。

国家需要国防，否则内部四分五裂，外部强敌压境。对"家"而言，何尝又不是这样。"家"也需要具备"杀手锏"，即最基础的"国防"，确实是这样。俗话说得好，暗箭难防，这多指人与人之间关系的处置问题。和谐关系是常态，但遭遇不和谐也是常有的事情；遭遇陷害，也偶尔会碰到。需要防止诸如这样事态的出现，或许这就是最小的"国防"。

文化决定社会的法则

按照马克思主义的观点，"经济决定政治"，其实这样的社会法则已在中国家喻户晓，正如西方人信奉"物竞天择，适者生存"的社会法则。但无论是从中国还是西方的角度来讲，具有长远性地决定社会现实形态的决定要素，应包括文化的力量，很多人都很忽视这个问题。西方文化在近代已播撒民主、自由和博爱的种子，其必然的结果是结成现代的"民主之花"，这也就证实"文化决定社会"的法则。任何社会组织或政党政治都是对某种类型特征文化的现实反映，这是社会组织或政党所难以长期控制的社会因素。"经济决定政治"的社会法则，只是微观层面上的描述，可以看成是短期性的决定力量。但从长期性和持续性的角度来讲，"文化决定社会"才是特定民族和国家的社会法则。

长期以来，中国人浸润在以儒家文化为主导的中华文化之中。当然也存在其他类型的文化，但都难以超越儒家文化在中国的社会影响与作用。在中国历史发展的进程中，岁月可以任凭流逝，朝代可以不断变换，甚至汉族主导的政权也可以易位，即外族可以实现入侵与统治，但任何其他民族或政权所难能改变的，是中华文化的社会影响与作用。当很多学者在探索中华文化的融合性特征时，其实都没有揭示"文化决定社会"的普遍法则。当然，这样的文化并非某种特定微观层面上的文化，而是已经实现定型并且具有长久生命力的宏观文化。在社会历史发展的进程中，存在很多定型的文化，比如古希腊的雅典文化、古印度的佛教文化、古美洲的玛雅文化、古埃及的尼罗河文化，以及中亚地区的古巴比伦文化等。上述文化都不断地湮灭在社会历史发展的烟尘之中，而唯独中华文化具有持久的社会力量，其中的原因值得深入分析与探究。

　　当然，上述方面是人类学、文化学和社会学等学科领域的重要议题。其实这不应成为中国人获取自信的历史根据，只是没有产生取代中华文化的社会基础和政治条件，毕竟中华文化具有悠久的历史存在与坚实的社会基础，已经成为中国具有恒久力量的文化因素。近代以来，西方曾经进行过多种取代中华文化的不成功尝试，比如西方传教士倡导和实践的"西学东渐"，以及美国战后对日本的西方式改造，但上述历史和文化活动都难以改变中华文化在东亚的存在及其影响，反而延伸以日本文化、朝鲜文化和新加坡文化等亚文化类型而存在，并产生广泛社会性的影响与作用，这是任何政治和军事力量都难能达成的结果。西方传教士的尝试必定以失败而告终，美国在日本的民主实践也必定是失败的结局。日本社会当前依然浸润在东亚传统文化之中，即使具有"日本型文化"的特征。虽然日本基于民族感和地域性的认知，很不愿承认日本文化是中华文化的亚文化类型，但却不能规避中华文化对日本社会和文化的深刻影响与作用。承认日本文化具有不完全独立性的文化类型，即具有在东亚的亚文化特征，其实正体现出中华文化在东亚的社会影响与作用。

　　由上可知，文化是可以超越社会和历史的力量，更是可以超越政治和经济的力量。后者的证据可以从"中东冲突"的现实中获取。无论是"巴以纷争",还是"美伊战争",甚至"阿富汗反恐",其实都是不同类型文化的冲突,而现实的表现是对丰富资源和现实利益的获取。前者是长久性的影响因素,而后者是短期性的影响因素。毕竟对恒久的社会历史而言,对资源和利益的争夺只是沧海一粟,何况国家之间的战争,更不具有长期性的社会条件,其最终的结局依然是要结束纷争,回归社会发展的历史轨迹。但文化冲突完全不同,比如希伯来文化与阿拉伯文化存在千年"恩怨情仇",这才是当今存在"巴以纷争"的历史根源,其实这是"文化决定社会"的现实表现。

中华文化与西方民主之间的关系,也是"文化决定社会"法则所决定的结果。对中国而言,西方民主是很难实现的社会幻境。可以作如下分析:一是中华文化具有集权和专制的特征。中华文化强调"正统"的形成,长期以来儒家文化被奉为中华文化的"正统",历朝和历代都奉为圭皋,成为实现政治统治和社会稳定的现实工具,其实这就是文化所具有恒久力量的生动体现,二是中华文化具有关照精神和现实的双重特征。中华文化具有与其他文化类型不同的特征,既具有精神层面上的文化特性,也具有现实层面上的文化特征,即奉行以出世的精神做入世的事情,这是古印度佛教文化和古美洲玛雅文化所不具备的特征,也是古希腊雅典文化和古埃及尼罗河文化所不具备的因素。因为上述文化类型不是缺乏精神层面上的因素,就是缺乏现实层面上的因素,往往存在"二者缺一"状况,而中华文化却两者兼备,因而具有恒久的文化力量,这是决定中华文化具有长久生命力的所在。但正是由于存在这样的特征,中华文化崇尚权威,体现为精神和现实的双重层面,即精神上崇尚伟人;现实中崇尚权力。

当然中华文化也存在致命的弱点,比如缺乏竞争性和暴力性的内涵,这是必须指出并要给予强调的方面。但中华文化的亚文化类型,比如日本文化,却弥补了这一巨大的缺陷。其实,日本文化特性也具有弊端,中国深受其害,但这正是中华文化自身缺乏的特性。因此,中华文化需要吸取诸多亚文化的比较优势,否则从文化恒久性的角度来讲,难以更好地发扬中华文化的社会影响与作用，这也是为社会历史进程证实的结论。当然，这也并非在宣扬文化的暴力性和侵略性，而是文化所应具备的内在特征，否则文化就不具备扩大社会影响与作用的基础。由上可见，恒久性的文化与现实性的政治存在迥然差异的基础，这样的基础就是建立在"文化决定社会"的普遍法则之上。

中式餐饮改革

中国素称地大物博、人口众多，但也可谓是权力铺张和物质浪费的典型国家。权力铺张存在历史和文化传统因素的深刻影响与作用，比如"大一统"思想的形成与发展，以及由此所形成传统中华文化和官僚型社会机制的建立。上述社会文化和治理方面的特，性难以在短期之内获取改变，这也是民族性特色的呈现形式，虽然在某些方面存在变革的必要。然而，物质的浪费却是在任何时代都可以实现改弦更张的事情，毕竟只是改变社会风尚或习俗的表现形式，比如中式餐饮改革。

前往日本访学，在东京会馆旅居。在观察与思索中存在诸多的感受，比如思考日式餐饮的特色。其实这也并非行到东京，就称颂日本的优势，甚至存在崇洋媚外的嫌疑，而是在观察与分析之后，做出比较性的结论。西式餐饮的特色已经家喻户晓，不值得过分地浪费笔墨，因为西式快餐文化已经蔓延至中国，而且无论在中小城市还是在大城市，西式餐饮都具有普及中国的发展趋势，比如麦当劳和肯德基，当然还有商场出售的西式点心。日式餐饮尚未像西式餐饮在中国获取普及，但却已存在扩张中国的发展趋势，比如吉野家，在中国大城市已经开设诸多的连锁店铺。

目前中国餐饮业依然是中式餐饮占据绝对的优势，但若不进行改革的话，中式餐饮不见得就能恒久地长盛不衰。其实这已并非耸人听闻的新闻，而是迫在眉睫的事情。无论是西式餐饮还是日式餐饮，存在的共同点是注重卫生和节俭，仅凭上述两项，足以让中式餐饮逐步地丧失悠久的传统优势。随着现代社会和经济的发展，特别是对卫生的要求日益严苛，同时环保观念也深入人心,中式餐饮采取"大拨供"的方式,已经难以适应对卫生的严格要求,同时用餐浪费也着实存在亵渎劳动的嫌疑,不符合社会和经济发展的现实需要。

其实中式餐饮改革依然存在可供借鉴的偶像,即日式餐饮的模式。日式餐饮文化并没有独立的特色,如同日本其他方面的文化。但日式餐饮文化并没有对东方文化进行简单地照搬,而是采取改革的策略与方式,把中华传统文化中的有利因素加以吸收与借鉴的同时,也融入某些改革的因素,最终形成"日本型"的餐饮文化。吉野家就是日式餐饮文化的时代象征,同时由此也指明了中式餐饮的改革方向,因此必然会成为中式餐饮改革的必要镜鉴。

为何要提出对中式餐饮进行改革的问题?需要首先从中式餐饮文化说起。只要进入中式餐厅,总是满桌丰盛的菜肴,但临行别离之时,总留下诸多的残羹冷炙,并且都属于垃圾之列。但在中国边远的乡村和穷困之家,依然有众多贫穷的百姓,处于小康社会的边缘。其实这体现了中国现存二元结构的社会实态,特别是存在城乡之间的巨大差距,以及社会的不公正、不公平,上述这样的问题存在改革的必要,切不可以等到社会采取革命步骤的时候。或许有人不以为然,认为这样的事情不至于产生如此恶劣的社会后果。其实"小恶之积方成大患,小过之积才成大过",凡事要做到"防患于未然",切不可以等到矛盾激化的地步,方采取应急性的措施,这才是寻求问题及早解决的缘由。而当某种不良的社会风尚或习俗成为文化,就会成为社会的痼疾,虽然具有某种民族性的特色,却也逐步地归入根性的范畴,比如专制和集权对民主的追求,就是这样的政治文化。

中式餐饮特色体现出的也是上述这样的社会文化,而不仅仅是餐饮业的特色。由此波及广泛的社会领域,就是形成铺张浪费的社会文化,这才是问题存在的关键。而一旦权力与物质紧密地结合起来,社会就不可能存在任何的公正、公平和平等,也就不可能实现和谐社会的发展目标,这是必然的发展结果。或许又有人会说,何必小题大做,中式餐饮的特色会引起如此大的社会问题?从短期角度来讲,难以出现或发现上述这样的问题,特别是社会处于发展与进步的阶段。但一旦社会发展与进步呈现出一定阶段性的特征，上述这样的问题就会凸显出来，因为难以保证中国会一直保持如此高速的发展。何况作为文明发展而言，随着社会的发展与进步，文明发展也应成为其中重要的内容，不文明的社会文化若没有进行必要的改革，对社会的负面影响与作用迟早会体现出来，这是必然会发生的事情。

  由上可见，中式餐饮特色存在改革的必要，或者说已到了非改革不可的程度。毕竟，随着中国社会的发展与进步，中国加速与国际社会接轨，全球化趋势日益获取发展。在这样的国际情势下，若没有社会的配套改革，中国融入国际社会的步伐，肯定会受到很大程度上的影响。其实，中式餐饮在其他国家的扩张已受到某些瓶颈、障碍或问题的束缚，世界性的扩张动力明显地出现不足。当然这也是相比较而言，而具体比较的对象就是日式餐饮在国际上扩张的步伐，这已不仅体现在世界其他地区和国家，而且就发生在中国社会内部和近旁，甚至很多中国人开始迷恋日式餐饮，这已成为社会性的问题，其中重要的原因就是卫生和节俭问题。

  在中式餐厅中，食品浪费多存在于公款消费的行为之中。相对而言，家庭性消费存在较小的浪费程度。但随着社会和家庭经济的发展，这样的家庭性浪费也出现了不断增长的趋势。有人说，现在中国人不差钱。其实应该说，现在中国"富人"不差钱。在现实社会生活中，"富人"基本上成为中国人的代名词，毕竟中国消费的社会主体是所谓的"富人"，包括中上层的社会群体，普通民众处于社会底层之列，消费份额依然维持在较小的程度，其实这是中国社会不平等的具体呈现形式。庞大的群体被忽视在中国社会的消费之外，其实本身就是非正常的社会现象。

  当前中国社会亟须采取扩大内需的政策，然而实施这项政策的成败，则取决于中国社会底层民众的消费程度，但这却又与社会财富分配紧密地结合在一起。因此，扩大内需是重大的社会问题，而不仅仅是解决社会内部需求的问题，更不是短期性的政策行为。既然这是具有长期性的社会行为，就应首先从改革社会文化入手。中式餐饮改革是实施扩大内需政策的重要举措，需要采取切实的改革步骤，存在现实的必要与意义。

杰出人才的培养与育成

当前存在很多批评中国学术成果质量的声音,甚至出现些微的懊恼,为中国人难以获取世界学术奖项而沮丧。其实,上述都是正常的社会反应。毕竟中国社会人才济济,这是现实的状态。但杰出人才却难脱颖而出,这也是事实的存在。著名科学家钱学森带着遗憾,走向另外的世界。遗憾的是"中国这么多年以来怎么没有培养出杰出科学人才?"

任何结果的存在都由最初的基础决定。目前中国难以出现杰出人才的现状,正是存在的现实基础决定的,即中国缺乏对文化、社会和教育的系统建构与功能设计,反映到学术科学研究领域,就是存在诸多不利于杰出人才成长和脱颖而出的社会文化氛围。从宏观社会环境的角度来讲,就是存在很多不利于杰出人才出现的制度与政策;从学术文化的角度来讲,就是缺乏有利于杰出人才成长和拔尖的环境与氛围。过分地提倡和存在社会性应酬,就是上述这样文化的鲜明表现。其实并不能简单认识与理解上述这样的表现,而必须从杰出人才产生和拔尖的现实基础出发。概括地来讲,需要注意如下问题:

一是社会应容忍杰出人才成长的学术"寂寞"。学术"寂寞"既体现为学术的环境与氛围,也体现为学术的需求与条件。在人才成长和拔尖的过程中,学术"寂寞"是重要阶段与意志品格。目前中国社会广泛存在浮躁的现象,同时也体现在杰出人才成长和拔尖问题上,产生诸如学术"麦当劳化"的问题,即"快餐化"的倾向。然而,杰出人才成长和拔尖需要"寂寞"的学术氛围,这样的浮躁现象与学术"寂寞"难以相容,确实是杰出人才成长和拔尖过程中的大问题。

二是注重杰出人才成长的条件预备。这样的预备不同于其他方面的准备,而是条件的给予,包括提供有利于学术发展的硬件设施与软件环境,比如学术研究的图书和资料支撑,以及营造有利于学术研究的文化氛围,比如注重创设学术舆论环境,更为重要的是要为促进学术发展而创设规制与搭建平台，比如学术职称聘定、学术奖励颁发、学术课题批准、学术论坛开设，以及学者权益维护等。虽然上述方面只是杰出人才成长和拔尖的条件预备，但在杰出人才成长和拔尖的过程中，却具有基础性的重要价值和意义。

三是区分学术交流平台的世俗与纯粹。这样的说法可能存在一定程度上的"片面"，但却是杰出人才成长和拔尖中必须关注到的重要问题。中国社会存在上述两种类型的学术交流平台，但主要的形式依然具有世俗的显著特性，导致出现过分地存在社会应酬的现象，不仅表现为学者参与各种非学术的应酬，而且包括非学者主导各种学术活动，而纯粹的学术交流平台则很难找到，确实这是中国社会和学术中的事实。因此有学者谈到，需要更多与经典对话，而不要跟俗人对谈，或许上述这样的提法存在以偏概全的倾向，但也可以作为对当前杰出人才成长和拔尖问题的反思与鉴戒。纯粹的学术交流平台建设对社会发展的价值可谓非凡，虽然难以用世俗标准现实性地加以衡量，但这样的价值和意义则体现在不久的将来以至长久的未来。其实，杰出人才成长与纯粹学术交流平台建设具有面向未来的特征，需要环境的自然支撑，以及常规发展的实现，当然也不排除满足某种世俗事业的需要。其实可以为杰出人才成长和拔尖，提供非自然的环境和非常规的发展，但这不在讨论的世俗特性之列。

由上可知，中国存在不利于杰出人才成长和拔尖的影响与作用因素，充分地体现在社会、文化和生活等方面，更为突出的是存在于制度与政策的安排，以及社会和文化惯性之中。在杰出人才培养与育成中，还是需要尽量地避免世俗的特性，特别是不必过分地提倡和存在社会性的应酬，从而为杰出人才成长和拔尖创造必要的前提与条件。

思维、对话和发表的教学模式

最近切实感受到探究现代教学模式的重要性，或许这是提升学校教学质量的重要路径。前往东京访学，对日本学校普遍注重发表教学模式，产生浓厚的兴趣，由此结合实际，提出规制研讨的概念及其落实要素。在日本访学之前，曾经推进思维教育学方面的思考与探究。就教学层面而言，提倡思维教学，构建思维教学模式，具有重要的价值与意义。查阅一些资料，发现有关对话的理论探究，这样的理论对教育教学也具有很重要的作用，可以作为重要的教学模式，即对话教学模式。其实这样的模式已经而且长期在教育教学中运用，只是并非作为主要的教学模式。在这里，把对话教学模式特别地提倡起来，关键是由当前教育教学发展实际决定的。现代教育不再是单纯的知识传授过程，在更大程度上已发展成为思维和活动过程；教育目的不再是单纯地追求对已有知识的认识、掌握和阐发，而是指向发明和发现的过程与结果。

当前世界日益朝着信息化的方向发展，知识的储备不再单纯地依靠人的记忆，还可以通过现代信息工具适时地获取，因此单纯地关注知识的记忆特色，在现代教育中已不再是最主要的目标，而思维发展和工具利用的方式，则成为重要的取向，因为其已成为达成目标的重要方面。思维教学模式强调人的思维发展，通过这样的教学过程，可以有助于促进思维的发展，因此教学方式上也逐步地向促进思维发展的目标迈进，这必将促使课程、内容、组织和检验等教学环节，产生深刻的发展与变化，从而导致教育教学特色产生整体性的变革。发表教学模式强调发挥学生的能动性，以及师生之间的互动性，特别强调学生的主体性和参与性，这已成为现代教育教学发展的选择与趋势。对话教学模式则更为强调教学与活动之间的关联，通过对话方式达成教学目标，另外这样的对话还可以采取与实践活动相结合的形式。

由上可见，现代教育教学发展更为关注学生自觉、教师引导、环境生成，以及全面目标指向，更加关注思维和能力的育成，而不再是单纯知识和经验的传授。当然，上述的发展与变化还存在重要的社会基础：在现代社会中，教育教学出现了工具性的变化，即科学与技术的发展带动了现代教育教学的模式变革。这也就从另外方面表明，科学与技术的进步是社会历史发展的革命性因素，其发展上的跃进不仅仅是社会历史发展阶段划分的重要标准，以及社会生产力发展的重要标志，而且还是人的发展的重要推动力，以及社会前进的重要标杆，具有极为重要的社会价值、作用与意义。

三 新中国成立"甲子"喜庆时刻的随想

在六十年前，中国共产党历经艰难与险阻，通过抗日战争和解放战争的浴血奋战，终于迎来新中国的诞生，这是鸦片战争以来先烈们用生命代价取得的丰功伟绩。每当忆念上述革命历史之时，不禁想起烽火连天的不平凡时期。中国共产党何以成功地实现伟大的奋斗目标，而中国的其他政党，包括国民党，都没有实现中华民族独立和自主的奋斗目标？在新中国成立"甲子"喜庆时刻，应深刻地反思这样重大的社会历史问题。归纳起来，中国共产党存在如下方面的比较优势：

一是确立宏伟目标。凡欲成大业的社会组织或个体，制定宏伟目标至关重要。大业所成，非一时之功能遽然成就，必须经历千辛万苦的"炼狱"。而宏伟目标正是前进中的"灯塔"，指引参与大业的社会组织或个体，为之不懈地奋斗。国民党曾经提出"三民主义"，即民族、民权和民生，其中具有西方资本主义革命的特色，同时融合了中华民族的传统因素，但这样的宏伟目标更多拥有现实的成分。这样与当前利益挂钩紧密的宏伟目标，久之往往造成社会组织或个体信心疲乏，最终只能消磨在时光的隧道。

凡成就大业的社会组织与个体，其宏伟目标绝对是理想与现实的紧密结合。理论的目标应更多具有理想性的特征，甚至具有宗教性的特征，但解决现实问题的宏伟目标不能堕落成单纯的宗教，这是需要注意到的事情。单纯的宗教只能引导社会组织或个体步入发展的歧途。现实的目标往往体现在解决实际问题之中，即要把实现宏伟目标与解决现实问题紧密地结合起来，在现实的汪洋大海中实现民心的笼络，从而积储发展与壮大的实力，获取源源不断的补充力量，形成牢固的后方群众基础。其实，上述解决的就是战略与政策之间的关系问题：前者解决的是理论性的问题，后者解决的是现实性的问题。实现上述两者之间的紧密结合，才是完成宏伟大业的关键。

二是建立统一战线。凡获取民心者，就有可能获取天下，这是颠扑不破的真理。概括地来讲，就是古语中的天时、地利与人和。天时是等不来的，而是对时机的把握与运作，即要抓住机遇。中国共产党之所以能取得成功，存在如下多方面的机遇：一是国家内外交困，这是"大时世"；二是指导理论先进，就有"大理想"；三是社会动荡不安，这是"大现实"；四是民众生活困苦，需要有归依；五是政府无组织，造成社会失秩序。可以这样地说，机遇是自己优势与他人劣势的比较，从而形成自己的"大势力"。抓住这样的机遇，造就自己的力量，特别是民心的归附，就把握和拥有了势力。如何使得民心归附，就是建立统一战线的问题。在成立之初，中国共产党只有自己的"大理想"，即树立了自己的宏伟目标，但要实现这样的目标，尚需具备相应的"大势力"，并要通过超越现实中的各种社会组织或个体来获取。初期的骨干成员都关注如何促使中国共产党获取"大势力"。毛泽东进行农村问题的调查，其实就是在分析中国社会现实中的问题，即通过解决社会中的问题，争取和获取民心，获取广大民众的力量，充分地利用天时。

地利要通过战略和政策的结合来实现。战略的力量源于信念。中国共产党的信念就是共产主义的宏伟目标，这是可欲难求的"终点线"，正如宇宙一样，探求永无止境。这样的信念支撑中国共产党人奋斗不息。这就是战略的力量，属于思想层面上的东西，而并非现实层面上的东西，这是问题的关键。政策着眼于现实的层面，致力于解决现实社会问题，它是具有变化的东西，中国共产党用"与时俱进"的词汇，概括和揭示出其实质性的内涵。在不同的社会发展阶段，必须有"大战略"的牵引，制定具有阶段性特色的政策。在现实社会运行中，中国共产党又创造出新的层面，可以称为阶段性的"小战略"，这也具有理论性的成分，比如社会主义初级阶段理论，甚至还可以划分为邓小平理论、"三个代表"重要思想和科学发展观，这是具有时代性意义的"小战略"，介于"大战略"与政策之间，可以说是指导政策面向现实的理论形式，以及符合现实特征的奋斗目标。

人和需要信念与机制之间的协调来实现，即要通过一定的机制，实现统一战线的结果。从个人角度来讲,即"为人"的问题。从社会学角度来讲,"为人"的概念可以划分为不同的层面:一是日常社会的层面,这是立身社会应具备的基础规范;二是人类社会的层面,这是推进社会历史发展需要的体制与机制,即社会规则或规制。当然,这样的社会规则或规制与现实社会的法律规制存在一定程度上的区别,属于特殊时期的社会规制,但实质上又具有一定的一致性特征。中国共产党在发展壮大中不断地形成多样的体制与机制,制定多种制度与政策。比如,在积蓄势力的初期,制定《新土地法大纲》;新中国成立之前,发动声势浩大的"整风运动"。上述两者体现出制定规则与维护规则之间的关系。由上可见,人和需要通过一定的社会规则或规制来确立,同时需要通过一定的体制与机制来维护。上述方面实质上又具有统一的特征,最终要争取"民心",从而实现统一战线的目标。

三是做到运筹帷幄。任何时代都需要"伟人",任何"伟人"都又依赖时代,这是社会历史发展的重要法则与规律。"伟人"最为重要的特点是掌握了运筹帷幄的本领,而这样的本领并非与生俱来,而是在后天环境和条件中历练出来的。毛泽东就是显著的个例。毛泽东的人生轨迹可以划分为如下阶段:一是韶山时期。这个时期是毛泽东在思想上确立"走农村路线"的出发点,毛泽东思想的诸多论点都是以韶山为起点和根据的,因而毛泽东并非天生的英才。二是师范时期。毛泽东考入湖南师范之后,接触到新文化运动中的著述、刊物和思想,接受了社会改造的思想观点,确立了最初的革命思想。三是北大时期。毛泽东获取多位教授的赏识,特别是杨开慧之父杨昌济。杨昌济介绍毛泽东前往北大,担任图书馆员。北大图书馆是李大钊革命活动的主阵地,毛泽东在这里接受了马克思主义,确立了共产主义的革命理想。新中国成立之后,诸多政策充分地体现出毛泽东这样思想的足迹。四是延安时期。在遵义会议上确立了毛泽东的领导地位,但毛泽东思想的成型是在延安时期。延安时期是毛泽东思想走向社会实践,以及从参与建党到形成毛泽东思想的重要阶段。其中出现多次危机,但并非毛泽东的个人危机,而是党组织的危机。其中的代表人物有陈独秀、王明和张国焘等,当然正是上述人物的陨落,造就了毛泽东思想的社会影响,表明了毛泽东思想的革命意义。五是新中国成立之后。这是毛泽东全面领导社会主义建设的新时期。当然，对毛泽东新中国成立之后的评价，存在诸多说法，难以形成统一的结论。但邓小平的提法更为符合对毛泽东的评价："七分功劳，三分过失。"而后者大部分是在新中国成立之后，特别是发动"文化大革命"的失误，这是符合辩证唯物主义和历史唯物主义的说法，也是值得信服的历史评价。

在中国共产党成立到新中国成立时期，从诸多领袖人物中脱颖而出的毛泽东，成为了领导中国共产党开展抗日战争和解放战争的旗帜，并逐步地形成了毛泽东思想，这是中国共产党集体智慧的综括与结晶，而并非毛泽东的个人思想体系。因此，邓小平在阐述毛泽东的失误时说过，毛泽东的失误他也有份，这也是实事求是的历史态度。正如毛泽东思想，代表了中国共产党的思想一样，毛泽东的失误也正是中国共产党的失误，这样的说法不仅不矛盾，而且完全符合思维的逻辑。但不能忽视"伟人"重要的社会作用，这也是辩证和历史的态度。在革命年代，毛泽东运筹帷幄于千里之外，比如在井冈山斗争中，成功地领导了四次"反围剿"；在万里长征中，成功的实施了"四渡赤水"；在觉察到张国焘的阴谋之后，又提出"东进"抗日的策略，以及毅然地发动千里跃进大别山和三大战役。在新中国成立之前，经历上述关键性的发展阶段，筑就了以毛泽东为代表、中国共产党的辉煌业绩。

四是体验守业唯难。创业艰难，守业更难。中国共产党经历了曲折的奋斗过程，对守业唯难的感触更多、更深。在革命初期，从秋收起义和南昌起义开始，中国共产党经受到挫折的考验；第五次"反围剿"失利之后，八万红军踏上长征的路途，到达陕北时只剩近三万人，而且丧失了最初稳固的根据地，当然也失去了最初建立的红色苏维埃政权。可以这样地说，瑞金苏维埃政权是中国共产党创业和守业的开端，也让中国共产党经受了守业唯难的体验与历练。

在中国共产党创业的过程中，经受过多次内部思想与观念的纷争，比如陈独秀的"右倾"错误、王明的冒险政策，以及张国焘的分裂图谋，上述纷争几乎葬送中国共产党最初创建的革命基础。新中国成立之后，中国共产党又经受多次严峻的考验，比如三年困难时期、朝鲜战争、文化大革命、百年未的遇洪水灾害，以及汶川大地震，足见守业唯难。由上可见，无论是在新中国成立之前，还是在新中国成立之后，中国共产党都经历了守业唯难的过程，只不过体验及其方式不同。因此，既要拥有足够的意志和信心，进行艰辛的创业，又要具备足够的智慧和力量，担负守业的责任，从而继往开来地创造美好的未来。

守业与创业之间既存在一致性，但也存在某些差异性，关键是要继承传统、与时俱进。前者面向历史，总结经验与教训，从过去的体验中寻求新的发展路径；后者面向未来，确立发展的战略与方向，在展望未来中把握时代发展的脉搏。在上述两者之间，要充分地认识到守业唯难：要以发展的观点，看待前进中的问题；要用改革的手段，推进社会的进步与发展。

中国共产党的理论基石经历了不断发展的过程，体现出继承传统和与时俱进的先进品质。从马克思、列宁主义发展到毛泽东思想，这是中国共产党在思想与理论上的飞跃性进步。从毛泽东思想到邓小平理论，标志中国共产党实现了思想与理论上的阶段性发展。中国共产党自己实现了"拨乱反正"的历史任务，艰难地度过文化大革命的社会劫难，开创了改革开放的新时代，这是中国共产党获取思想和理论发展之后的现实成果。邓小平提出建设中国特色社会主义理论，成为新时期中国共产党在社会发展上的指导思想与基本理论，为现代中国的社会发展奠定了根本基础。"三个代表"重要思想和科学发展观深化和发展了邓小平理论，促进了中国特色社会主义的发展步伐。由上可见，继承传统和与时俱进的先进品质是中国共产党完成时代任务和实现宏伟目标的根本保证，也是解决守业唯难和实现民族崛起的重要步骤，具有社会理论和实践上的重要价值与意义。

参考文献

[1] 蒋百里. 国防论 [M]. 长沙：岳麓书社，2010.

[2] 于长敏. 菊与刀：解密日本人 [M]. 长春：吉林出版集团有限责任公司，2009.

[3] 凯风. 东洋武士：图说冷兵器时代的传奇 [M]. 北京：中国时代经济出版社，2009.

[4] 吕理洲. 明治维新：日本近代史上最为惊心动魄的一页 [M]. 海口：海南出版社，2007.

[5] 袁鹰. 东瀛物语 [M]. 北京：华夏出版社，1997.

[6] 严加红. 文化理解视野中的教育近代化研究 [M]. 西安：西安交通大学出版社，2011.

[7] 唐晖、梁明. 大和"超霸"梦 [M]. 北京：时事出版社，1996.

[8] 高平、唐芸、阴雨. 血债：对日索赔纪实 [M]. 北京：国际文化出版社，1997.

[9] 王屏. 近代日本的亚细亚主义 [M]. 北京：商务印书馆，2004.

[10] 翟新. 近代以来日本民间涉外活动研究 [M]. 北京：中国社会科学出版社，2006.

[11] 黄鹤逸. 东京大审判 [M]. 北京：改革出版社，1999.

[12] 王晓秋. 近代中国与日本：互动与影响 [M]. 北京：昆仑出版社，2005.

[13] 梅桑榆. 侵华日俘大遣返 [M]. 济南：济南出版社，1991.

[14] 余杰. "暧昧"的邻居 [M]. 北京：光明日报出版社，2004.

[15] 郝祥满. 日本人的色道 [M]. 武汉：湖北长江出版社、湖北人民出版社，

2009.

[16] 萧宇. 日本特务在中国 [M]. 北京：团结出版社，1995.

[17] 高殿芳、刘建业. 田中奏折探隐录 [M]. 北京：北京出版社，1993.

[18] 乔良、王湘穗. 超限战：对全球化时代战争与战法的想定 [M]. 北京：解放军文艺出版社，1999.

[19] 白益民. 三井帝国在行动：揭开日本财团的中国布局 [M]. 北京：中国经济出版社，2008.

[20] 何清. 全球化与国家意识的衰微 [M]. 北京：中国人民大学出版社，2003.

[21] 王埕. 日本对华ODA的战略思维及其对中日关系的影响 [M]. 北京：中国社会科学出版社，2005.

[22] 王向远. 日本右翼言论批判："皇国史观"与免罪情结的病理剖析 [M]. 北京：昆仑出版社，2005.

[23] 郑若曾. 筹海图编 [M]. 北京：中华书局. 2007.

[24] 林景渊. 武士道与日本传统精神：日本武士道之研究 [M]. 台北：自立晚报社文化出版部，1990.

[25] 孙立祥. 战后日本右翼势力研究 [M]. 北京：中国青年出版社，2014.

[26] [日] 小泉八云. 日本与日本人 [M]. 胡山源译. 北京：九州出版社，2005.

[27] [日] 宫本武藏. 五轮书 [M]. 宗建新译. 成都：四川出版集团、四川辞书出版社，2007.

[28] [日] 内藤湖南、长泽规矩也. 日本学人中国访书记 [M]. 钱婉约、宋炎辑译. 北京：中华书局. 2006.

[29] [日] 加藤周一. 日本文化中的时间和空间 [M]. 彭曦译. 南京：南京大学出版社，2010.

[30] [日] 山本文雄. 日本大众传媒史 [M]. 诸葛蔚东译. 桂林：广西师范大学出版社，2007.

[31] [日] 森贞彦. 《菊与刀》新探 [M]. 王宣琦译. 武汉：武汉大学出版社，2007.

[32] [美] 鲁思. 本尼迪克特. 菊与刀 [M]. 吕万和、熊达云、王智新译. 北京：商务印书馆，1990.

[33] [日] 新渡户稻造. 武士道 [M]. 张俊彦译. 北京：商务印书馆，1993.

[34] [日] 野村浩一. 近代日本的中国认识 [M]. 张学锋译. 北京：中央编译出版社，1999.

[35] [日] 井上清. 钓鱼岛：历史与主权 [M]. 贾俊琪、于伟译. 北京：中国

社会科学出版社,1997.

［36］［日］东史郎.东史郎战地日记：1938.10-1939.9［M］.纪廷许、王丹丹、王健译.北京：世界知识出版社,2000.

［37］［美］戴维.贝尔加米尼.日本天皇的阴谋（上册）［M］.张震久、周郑、何高济等译.北京：商务印书馆,1984.

［38］［日］吉田茂.激荡的百年史：我们的果断措施和奇迹的转变［M］.孔凡、张文译.北京：世界知识出版社,1980.

［39］［日］夏掘正元.北方的墓标［M］.南京大学外文系欧美文化研究室译.南京：江苏人民出版社,1977.

［40］［日］广岩近广.原子弹下的广岛［M］.南敬铭、南方译.呼和浩特：远方出版社,2001.

［41］［美］约瑟夫·C.格鲁.使日十年：1932至1942年美国驻日大使格鲁的日记及公私文件摘录［R］.蒋相泽译.北京：商务印书馆,1983.

［42］［日］历史研究委员会.大东亚战争的总结［M］.东英译.北京：新华出版社,1997.

［43］［日］小原雅博.日本走向何方［M］.［日］加藤嘉一译.北京：中信出版社,2009.

［44］［日］土居健郎.日本人的心理结构［M］.阎小妹译.北京：商务印书馆,2007.

［45］［美］西奥多·C.贝斯特.邻里东京［M］.国云丹译.上海：上海译文出版社,2008.

［46］［日］福泽谕吉.劝学篇［M］.群力译.北京：商务印书馆,1996.

［47］［日］藤枝晃.汉字的文化史［M］.李运博译.北京：新星出版社,2005.

［48］［中］刘建辉.魔都上海：日本知识人的"近代"体验［M］.甘慧杰译.上海：上海古籍出版社,2003.

［49］［日］西里喜行.清末中琉日关系史研究（上、下）［M］.胡连成等译.北京：社会科学文献出版社,2010.

［50］［日］小森阳一.日本近代国语批判［M］.陈多友译.长春：吉林人民出版社,2004.

［51］［日］平山武章.铁炮传来记［M］.东京：八重岳书房,1969.

［52］［日］富永健一.近代化の理论［M］.东京：讲谈社,1996.

［53］［日］安井久善.玉碎战史［M］.东京：军事研究社,1970.

［54］［日］立花隆.天皇と东大：大日本帝国の生と死（上）［M］.东京：文艺春秋,2005.

［55］［日］小岛淑男. 留日学生の辛亥革命［M］. 东京：青木书店，1989.

［56］［日］中村通夫. 文字教育［M］. 东京：春秋社，1957.

［57］［日］奈良本辰也. 武士道の系谱［M］. 东京：中央公论社，1971.

［58］［日］黑川雄三. 近代日本の军事战略概史［M］. 东京：芙蓉书房. 2003.

［59］［日］竹内诚等. 教养の日本史［M］. 东京：东京大学出版会，1987.

［60］［日］加藤健二郎. 自卫队"战略"白书［R］. 东京：宝岛社，2004.

［61］［日］加藤地三. 教育敕语の时代［M］. 东京：三修社，1987.

［62］［日］宫崎正弘等. 中国が崩坏する日［M］. 东京：オークラ出版. 2008.

［63］［日］井上清. 日本の军国主义 I：天皇制军队の形成［M］. 东京：现代评论社，1975.

［64］［日］海保岭夫. 近世虾夷地成立史の研究［M］. 东京：三一书房，1984.

［65］［日］高桥庄五郎. 尖阁列岛ノート［M］. 东京：青年出版社，1979.

［66］［日］大江志乃夫等. 近代日本と殖民地 8：アジアの冷战と脱殖民地化［M］. 东京：岩波书店，1993.

［67］［日］新妻利久. やまと邪马台国［M］. 东京：新月社，1967.

［68］［日］三浦藤作. 青少年学徒ニ赐ハリタル敕语谨解［M］. 东京：大阪东洋图书株式会社，1939.

［69］［日］大雄信行. 国家科学への道［M］. 东京：东京堂，1941.

［70］［日］藤田省三. 天皇制国家の支配原理［M］. 东京：未来社，1966.

［71］［日］我部政男. 近代日本と冲绳［M］. 东京：三一书房，1981.

［72］［日］栗田元次. 日本の特性［M］. 东京：贤文馆，1937.

［73］［日］西村真次. 日本民族理想［M］. 东京：东京堂，1939.

［74］王敏. 日本と中国：相互误解の构造［M］. 东京：中央公论社新社，2008.

［75］［日］新崎盛辉. 冲绳现代史［M］. 东京：岩波书店，1996.

［76］［日］高桥紘. 平成の天皇と皇室［M］. 东京：文艺春秋. 2003.

［77］［日］船桥洋一. 日本の对外构想［M］. 东京：岩波书店，1993.

［78］［日］笠原十九司. 南京事件论争史［M］. 东京：平凡社，2007.

［79］［日］池田清. 海军と日本［M］. 东京：中央公论新社，1981.

［80］［日］村上重良. 国家神道［M］. 东京：岩波书店，1970.

［81］［日］大野晋. 日本语の起源［M］. 东京：岩波书店，1957.

［82］［日］山边健太郎. 日韩合并小史［M］. 东京：岩波书店，1966.

［83］［日］藤村道生. 日清战争：东アジア近代史の转换点［M］. 东京：岩波书店，1973.

［84］［日］入交好修. 德川幕府制の构造と解体［M］. 东京：印刷局朝阳会，

1963.

[85][日]加藤圣文. 满铁全史:"国策会社"の全貌[M]. 东京:讲谈社,2006.

[86][日]高仓新一郎. 北海道小史[M]. 札幌:榆书房,1956.

[87][日]石原慎太郎. 日本よ[M]. 东京:产经新闻社,2002.

[88][日]木村素卫. 国家に于ける文化と教育[M]. 东京:岩波书店,1956.

[89][日]并木赖寿. 日本人のアジア认识[M]. 东京:山川出版社,2008.

[90][日]和歌森太郎. 日本史の虚像と实像[M]. 东京:每日新闻社,1972.

[91][日]风间健. 武士道教育总论[M]. 埼玉:壮神社,2000.

[92][日]司马辽太郎等. 古代日本と朝鲜[M]. 东京:中央公论社,1974.

[93][日]藤木坚准二. 陛下の"人间"宣言:旋风里の天皇を描く[M]. 东京:同和书房,1946.

[94][日]笠谷和比古. 武士道と日本型能力主义[M]. 东京:新潮社,2005.

[95][日]大久保乔树. 洋行の时代[M]. 东京:中央公论新社,2008.

[96][日]平川祐弘. 和魂洋才の系谱(上、下)[M]. 东京:平凡社,2006.

[97][日]坪内祐三. 靖国[M]. 东京:新潮社,1999.

[98][日]松本三之介. 明治精神の构造[M]. 东京:日本放送出版协会,1981.

[99][日]冈本太郎. 冲绳文化论[M]. 东京:中央公论社,1972.

[100][日]堀雅昭. 战争歌ガ映す近代[M]. 东京:苇书房,2001.

[101][日]吉川宗男、行广泰三. 文化摩擦解消のいとぐち[M]. 东京:人间の科学社,1989.

[102][日]别册宝岛编集部. "南京大虐杀"という阴谋[M]. 东京:宝岛社,2007.

[103][日]山本博文. 殉死の构造[M]. 东京:讲谈社,2008.

[104][日]井上清. 天皇の战争责任[M]. 东京:岩波书店,1991.

[105][日]大桥武夫. 指挥の要诀:命令は行动开始の合图にすぎない[M]. 东京:建帛会,1970.

[106][日]加濑俊一. 吉田茂の遗言[M]. 东京:读卖新闻社,1967.

[107][日]东野治之. 遣唐使[M]. 东京:岩波书店,2007.

[108][日]佐伯有清. 最后の遣唐使[M]. 东京:讲谈社,2007.

[109][日]梅棹忠夫、多田道太郎. 日本文化の构造[M]. 东京:讲谈社,1972.

[110][日]外间守善. 冲绳の历史と文化[M]. 东京:中央公论社,1986.

[111][日]尾籘正英. 日本文化の历史[M]. 东京:岩波书店,2000.

[112][日]渡边诚.禅と武士道：柳生宗炬と山冈铁舟まで[M].东京：KKベストセラース，2004.

[113][日]小川津根子.祖国よ："中国残留妇人"の半世纪[M].东京：岩波书店，1995.

[114][日]小田部雄次.华族：近代日本贵族の虚像と实像[M].东京：中央公论社，2006.

[115][日]加藤彻.贝と羊の中国人[M].东京：新潮社，2006.

[116][日]加地伸行.儒教とは何か[M].东京：中央公论社，1990.

[117][日]铃木正幸.皇室制度：明治から战后まで[M].东京：岩波书店，1993.

[118][日]猪木正道.军国日本の兴亡：日清战争から日中战争へ[M].东京：中央公论新社，1995.

[119][中]钱国红.日本と中国における"西洋"の发见：十九世纪日中知识人の世界像の形成[M].东京：山川出版社，2004.

[120][日]石原莞尔.战争史大观[M].东京：中央公论新社，1993.

[121][日]福泽谕吉.文明论之概略[M].东京：岩波书店，1995.

[122][日]三好行雄.漱石文明论集[C].东京：岩波书店，1986.

后 记

中日关系源远流长，同时也异常复杂，受到历史、社会和文化等因素的深刻影响。在现代新的发展时期，更存在诸多复杂的国际因素，特别是"二战"之后美国等西方国家的因素，包括经济、科技、文化、社会和军事等方面的深刻作用。现在中国正处于崛起的进程之中，但在崛起的中国和守成的美国之间，形成共存与竞争的发展态势，从而导致中美关系面临更为复杂的国际环境与氛围。

作为战后美国在北太平洋的重要盟国——日本，其社会中存在极为浓烈的"反华邪性"，而且渗透在文化、社会和教育等诸多层面，比如提出"中国威胁论"、"自由与繁荣之弧论"和"日本衰运论"等，体现出强烈的忧患与危机意识。中日关系的前景并非很美妙，虽然中国政府采取摒弃前嫌的历史认识态度，以及奉行"中日世代和平友好"的对日政策，但不久的将来中日之战恐怕难以避免，因此在战略、策略和战术上，中国政府和社会都需要进行充分的准备。

时光倥偬、白驹过隙，人生短暂、岁月如梭。现今距离赴日游学，虽已有七八年，却恍若昨日。本书的内容是在东京游学期间电子札记成文的部分文稿（其他纸质文稿将另行整理），并进行周详的组织与分类，以及严谨和认真的编校，但肯定错讹依然不会鲜见，还望读者多有海涵。拳拳之心，日月可鉴。特别强调，国家教育行政学院冯文宇同志为本书花费了许多心力，细致地校勘全书，提出修订建议，在此表示衷心感谢！

　　承蒙学苑出版社接受文稿的出版，内心充满感激！非常感谢学苑出版社领导和编辑同仁，特别是洪文雄主任、郑泽英编审、任彦霞编辑和张芳编辑的帮助与支持！因为这不仅展示了多年之前的撰述成果，而且重拾了2007年10月至2010年2月之间思考中日关系的经历与忆念，应该说是个人和国家的共同记忆。值此出版之际，还应诚挚地感谢善意提携和无微关照的人生伯乐，衷心地感谢父母的呵护与养育、妻儿的关照与陪护、亲朋的鼓舞与激励，以及人生旅程中幸遇的"街角"关怀！相信人生会更精彩，世界也会更美丽！

严加红　谨识

2015年12月27日